Gerhard Lauer

Lesen im digitalen Zeitalter

Geisteswissenschaften
im digitalen Zeitalter

Band 1

Herausgegeben von
Constanze Baum,
Gudrun Gersmann
und Ulrich Johannes Schneider

Gerhard Lauer

Lesen im digitalen Zeitalter

Die Deutsche Nationalbibliothek verzeichnet diese Publikation
in der Deutschen Nationalbibliographie; detaillierte bibliographische
Daten sind im Internet über http://dnd.d-nb.de abrufbar

wbg Academic ist ein Imprint der Verlag Herder GmbH.
© 2020 by wbg (Wissenschaftliche Buchgesellschaft), Darmstadt
Satz: SatzWeise, Bad Wünnenberg
Gedruckt auf säurefreiem und
alterungsbeständigem Papier
Printed in Germany
Besuchen Sie uns im Internet: www.wbg-wissenverbindet.de
ISBN 978-3-534-26854-2
Elektronisch sind folgende Ausgaben erhältlich:
eBook (PDF): 978-3-534-27279-2
eBook (epub): 978-3-534-27280-8

Inhalt

Vorwort

Es sind nicht wenige, die sich Gedanken machen, welche Zukunft eine so nützliche und so wirkungsvolle menschliche Erfindung wie das Lesen von Büchern noch hat, seit Computer und Internet in alle Bereiche des Lebens vordringen, auch in die der Bücher und des Lesens. Das Lesen von gedruckten Büchern scheint altmodisch zu sein. Ein Unbehagen in der Lesekultur beschleicht uns daher nicht von ungefähr, als wäre alles längst nur noch eine Frage der Zeit, wann das Lesen nicht mehr als ein Nischendasein führen werde. Diese Entwicklung beklagen viele. Doch dieses Buch ist kein Buch der Klage. Davon gibt es mehr als genug, deren populärste Exemplare ich wiederholt hier bespreche. Es ist vielmehr ein Sachstandsbericht mit einer hohen Sympathie für das neue Lesen. Grund zur Klage besteht gleichwohl in digitalen Zeiten, aber wie die Leserinnen und Leser dieses Buchs schnell bemerken werden, besteht der Grund weniger darin, über das Ende des Lesens zu lamentieren. Denn dieses Ende ist nicht viel mehr als ein Gemeinplatz, der eine lange Geschichte hat und wenig dazu beiträgt, genauer zu verstehen, was sich in Sachen Lesen ändert. Dieses Buch zeigt dagegen, warum wir auch im digitalen Zeitalter mehr denn je lesen, warum wir unverändert auf eine spezifisch moderne Weise lesen, warum und wie wir das Lesen fördern sollten und sich doch vieles verändert hat und wohl auch noch weiter verändern wird. Notwendigerweise ist die Halbwertszeit aller vorgetragenen Erkenntnisse kurz. Die digitale Welt dreht sich schneller als alle Zeitalter vor ihr. Und dennoch: Gerade die digitale Welt braucht das Innehalten, Nachdenken und Abwägen der Argumente. Dazu lädt dieses Buch ein.

Bücher brauchen nicht nur Leser, sondern auch Autoren. Die brauchen Zeit, und Zeit ist in modernen Industrienationen ein knappes Gut. Dass ich dennoch die Zeit gefunden habe, vieles zum Stand des Lesens zusammenzutragen, verdanke ich einer Einladung an das Institute for Advanced Study der Durham University in England, den Kollegen David Cowling, Barbara Ravelhofer und Nicholas Saul. Matthias Richter danke ich für den Anstoß über dieses Thema des Lesens im digitalen Zeitalter zu schreiben. Er hatte mich eingeladen, für die Schulen über das Thema nachzudenken. Daraus wurde ein Aufsatz, aus dem Aufsatz dieses Buch. Schließlich danke ich den Herausgebern Constanze Baum, Gudrun Gersmann und Ulrich Johannes Schneider für die Aufnahme in ihre Reihe sowie Lena Baumann und Jens Seeling für die sorgfältige Betreuung des Manuskripts.

Einem solchen Thema hätte ich wohl nicht so viel Zeit zugewendet, wenn ich nicht drei Kinder hätte, die mir täglich vor Augen führen, warum Erziehung notwendig ist, auch wenn das Ergebnis dann ein ganz anderes ist, als es sich Professoren ausdenken mögen. Elisabeth, Nathan und Alban ist diese Abhandlung gewidmet.

Basel und Durham, Frühjahr 2020   Gerhard Lauer

1. Vom Unbehagen in der digitalen Welt

Im digitalen Leben wird alles anders, auch das Lesen, so sagt man, und meint damit zumeist ein unbestimmtes Unwohlsein darüber, dass sich vertraute Kulturpraktiken wie die des Lesens im digitalen Zeitalter zu verlieren scheinen. Es werde nicht mehr so viel wie früher gelesen, und vor allem werde nicht mehr gründlich gelesen, so der gefühlte Konsens über einen Wandel, wenn nicht eine Revolution der medialen Verhältnisse, für die sich keine so recht passende Bezeichnung eingebürgert hat. Von einem ‚Ende des Lesens‘ will noch keiner reden, und doch sei die Verkehrung der Verhältnisse geradezu mit den Händen zu greifen. Weder Radios noch Fernsehapparate haben vermocht, diese uns so vertraute Weise der Weltaneignung durch Bücher überflüssig zu machen, sondern Computer und Internet scheinen es zu tun, tun es immer schneller und mit einer schier nicht aufzuhaltenden Macht. Das alles sind Vorzeichen. Sie lösen Unbehagen aus, freilich ein Unbehagen, das nicht genau angeben kann, ob der Verweis auf die rasante, digitale Modernisierung immer weiterer Lebensbereiche Symptom oder Ursache ist. Wer treibt hier was an? Verschwindet das Lesen, weil gleich eine ganze Reihe bildungsbürgerlicher Lebensmuster an Bedeutung eingebüßt haben oder ist der Wandel vom Analogen zum Digitalen der Grund für den Verlust auch des Lesens? Vielleicht, dass sich auch beides gegenseitig antreibt. Den einen ist der Computer, den anderen sind die sozialen Netzwerke oder amerikanische Internetfirmen die Verursacher einer Krise, die weit über die Verstörung lange eingeübter Praktiken der Welterschließung hinausreicht. Wieder andere machen die Auflösung bürgerlicher Institutionen oder den Zerfall der Familie für das Eindringen der digitalen Welt verantwortlich. Wo abends niemand mehr den Kindern vorliest und jeder nur für sich in sein digitales Endgerät starrt, geht die Kunstfertigkeit des gründlichen Lesens verloren und die sozialen Folgen sind nicht zu übersehen.

Solche und ähnliche Diagnosen sind nicht unbedingt das Ergebnis gründlicher Untersuchungen, sondern Symptom einer Verunsicherung über die digitale Leserevolution. Es ist die Stunde der Kulturkritik. Kulturkritik hat den Vorteil, weder umständlich nach den Ursachen zu fragen, noch Analysen zum Wandel des Lesens erstellen zu müssen, dafür umso wirkungsmächtiger das Unbehagen in der Kultur aussprechen zu können. Zumeist kulturpsychologisch inspirierte Krisenmodelle reichen hier schon aus, um rasch Antworten zu geben, die im Ungefähren bleiben können und doch die Verunsicherung auszudrücken vermögen. Gewissen in Zeiten des Internets und Stachel wider die digitale Modernisierung zu sein, das ist die Aufgabenstellung der Kulturkritik, wenn sie das Schwinden der Lesekultur beklagt. Ihre erste und nicht geringe Aufgabe ist das Formulieren dieses Unbehagens. Argumente, warum das so sei, finden sich dann im Arsenal kulturkritischer Argumente fast von selbst. Und so hören wir mal schärfer zugespitzt, mal resignativ verbreitet, viel vom nahenden Ende des Buchs und des Lesens.

Nun sind die, die solche Kritik vorbringen, durchaus kluge Köpfe, wie Nicholas Carr etwa, der als Wirtschaftsjournalist ebenso in der gedruckten Welt der *Encyclopaedia Britannica* wie in der digitalen des Cloud-Computing-Projekts des Weltwirtschaftsforums zu Hause ist. Er beobachtet ein Lesen-Verlernen im weltweiten Maßstab. Glaubt man Carr, so verlieren wir die Fähigkeit zum vertieften Lesen, dem „Deep Reading"[1], wie er das gründliche Lesen nennt, und das beträfe nicht nur die Literatur, sondern auch die Auseinandersetzung mit anderen Künsten und den Wissenschaften. Nachdenkliche Schriftsteller wie Jonathan Franzen beklagen einen ähnlichen Verfall der Lesekompetenz angesichts von iPad, Amazon Kindle und Internet.[2] Die Folgen für die Gesellschaft seien nicht mehr zu übersehen. Das Lob der lesenden Erschließung der Welt, das jahrhundertelang unsere Kultur angeleitet hat, kehrt sich um in eine Klage über deren Ende. Solchen und ähnlichen Stimmen ist wohl zuzuhören, und doch wird man den Eindruck einer gewissen Hilflosigkeit nicht los. Alles wird digital, aber wir haben noch einmal kritisch den Kopf geschüttelt. In den Stunden der Kulturkritik warnen wir noch einmal vor den digitalen Eitelkeiten der Welt, wärmen uns noch einmal am Rückblick auf eine Lesewelt, die es so wohl nie gegeben hat, und gestehen uns zugleich ein, Dinosaurier zu sein, die schon den Kometen anfliegen hören.

So klug, so eloquent und so verkaufsfördernd die Kulturkritik des Lesens formuliert ist, der kulturkritische Ton im Umgang mit dem Lesen ist bei näherer Betrachtung erstaunlich, denn es ist einigermaßen schwierig, genauer zu sagen, wie sich das Lesen in digitalen Zeiten tatsächlich entwickelt hat. Haben vor dem Zeitalter des Internets und World Wide Webs, also sagen wir um 1990, mehr Menschen hierzulande gelesen als 2010 oder 2020? Was meint man mit dem ‚mehr Lesen‘, etwa dass mehr Bücher und diese intensiver studiert worden seien? So genau wird das in den kulturkritischen Anmerkungen zum Leseverfall nicht angegeben. Vielmehr steht der Sicherheit im Urteil über den Stand des Lesens eine vergleichsweise schmale Datenbasis gegenüber, die aufschlüsselt, was es mit dem Lesen auf sich hat, seit es Computer und Internet gibt. Ob es tatsächlich abnimmt, wird eher vorausgesetzt denn geprüft, wohl, weil man sich in dem gefühlten Niedergang schon so sehr eingerichtet hat, dass gar nicht nach belastbaren Untersuchungen gefragt wird. Das entspricht dem Denken in kulturkritischen Urteilsroutinen. Kulturkritik ist ja eine Abkürzung für das Denken, das war sie früher schon und ist es hier einmal wieder.

In ihrer deutschen Variante kreuzt solche Kulturkritik einen emphatischen Bildungsbegriff mit Technikskepsis, Kulturphilosophie mit pädagogischer Reform und normatives Pathos der Persönlichkeit mit Zivilisationskritik, und das erst recht dort, wo es um Buch und Lesen in der Gegenwart geht, dem Herz der Kultur, vielleicht der deutschen Kultur gar. In diesem so deutschen Argumentationsmuster gehört der Computer zur Welt der Technik, der man mit einer prinzipiellen Distanz gegenübersteht. Zum Muster dieser und ähnlicher Überlegungen gehört denn auch das kulturphilosophische Versprechen auf eine irgendwie natürlichere Lebens- und Lernweise, die es zu bewahren, zu erreichen oder wiederherzustellen gelte, etwa durch das gute Buch, das wenige, aber gut geschulte Leser hat. Das Buch ist dann etwas geradezu Natürliches, der Computer dagegen etwas Künstliches. Dahinter steht der schiefe Gegensatz von ‚deutscher Kultur' und ‚französischer Zivilisation', von sogenannten natürlichen Lebensformen und urbaner Entfremdung, wie ihn die Kulturkritik vor mehr als hundert Jahren konstruiert hat, eine Konstruktion, die bis heute die Debatten um Computer und Internet bestimmt. Der Computer und das Internet zählen in dieser Logik kulturkritischer Gemeinplätze zu der sogenannten entfremdenden Zivilisation, die alles Ressentiment auf sich zieht, jenes Gefühl, zwar im Recht und doch schon überholt worden zu sein. Entsprechend schnell ist man mit der Kritik an den Folgen der Digitalisierung unserer Lebenswelt zur Hand. Feuilletons und Radiosendungen sind voll davon und viele Bücher werden verkauft, die alle sagen, dass es bald keine Bücher mehr gäbe. Das ist längst ein Geschäft geworden.

Zu den kulturkritischen Routinen der allzu deutschen Argumentation gehört dann auch noch das Vertrauen in die großen Deuter der Bücher, die den seltenen Sinn zu ermitteln wissen und die Massen anzuleiten vermögen. Sie sind die gründlichen Leser und der Maßstab, wie das gute Lesen gelingt und nachzuahmen ist. Eben sie, die Autoren der Feuilletons, die so kritischen Neurowissenschaftlerinnen und Germanistikprofessoren schütteln bedenklich ihre Häupter, sobald sie auf Computer und Internet zu sprechen kommen und wissen viel zu sagen, warum das alles nur ein weiterer Irrweg der Modernisierung sei. So dreht sich die Argumentation schnell im Kreis, und was herauskommt, sind die immer gleichen Klagen über das Ende von diesem und jenem, des Lesens und des Buchs. Aus dem Gegensatz von Kultur und Zivilisation lässt sich immer noch ein suggestives und kritisches Potential für die Debatten hierzulande gewinnen, obgleich ein Blick in die Geschichte dieses Deutungsmusters[3] vor allem zeigt, wie überholt solche Urteilsroutinen und wie abgestanden alle diese Varianten des alten Gegensatzes von Kultur und Zivilisation doch sind.

Und dennoch: Wie langweilig und uninspiriert solche Konventionen der Kulturkritik sonst auch sein mögen, die Frage, die sie aufwerfen, ist von erheblichem Gewicht. Denn moderne Gesellschaften sind auf die möglichst gründliche und breite Fähigkeit zum Lesen angewiesen. Kein Land kann gut regiert werden, kein Patient geheilt und kein Flugzeug fliegen, ohne dass Menschen in der Lage sind, Sachverhalte genau und über einen langen Zeitraum hinweg zu studieren. Vor diesem Hintergrund haben die Warnungen der Kulturkritik nicht nur ihre Berechtigung. Sie sind eine notwendige Selbstbeobachtung der Gesellschaft, so unscharf die Befunde auch formuliert sein mögen. Weil sich durchaus auch ansonsten kluge Leute in die Debatte einbringen, lohnt es sich, näher hinzusehen, was genauer gemeint sein könnte, wenn so viel vom Verfall des Lesens und dem Ende des Buchs die Rede ist. Aufgabe dieses Buchs ist es, die Selbstbeobachtung der Gesellschaft in einem für sie so wesentlichen Bereich wie dem Lesen zu schärfen. Ob das gelingt, wird man einmal mehr auch hier durch Lesen erfahren.

2. Der Hunger nach Geschichten

Eine Gruppe von Sozialpsychologen hat eine nicht ganz unaufwändige, experimentelle Selbstbeobachtung der Gesellschaft angestellt. Die Wissenschaftler wollten genauer wissen, womit wir unsere Zeit verbringen, wenn der Druck der alltäglichen Geschäftigkeit nachlässt, und wir uns aussuchen können, was wir als Nächstes tun. Was sind die Leidenschaften, so haben sie gefragt, die großen wie die kleinen, denen wir nachgehen, wenn wir aus uns selbst heraus agieren können? Um das genauer herauszufinden, verteilten die Wissenschaftler Blackberry-Telefone an die mehr als zweihundert Teilnehmer ihrer Studie.[1] Über 14 Stunden des Tages verteilt und über mehr als eine Woche hinweg wurden die Teilnehmer mehrfach am Tag befragt, welche Leidenschaften sie in den letzten Stunden erlebt oder gepflegt hatten. Die Rückmeldungen wurden von den Wissenschaftlern in Typen der Leidenschaften und Wünsche klassifiziert, Nachfragen wurden gestellt, zum Beispiel danach, ob die Leidenschaften mit anderen äußeren oder auch persönlichen Zielen konfligierten und vor allem ob die Probanden den Leidenschaften widerstehen konnten oder nicht. So kamen mehrere tausend Mikro-Episoden der Leidenschaften zusammen, und natürlich waren die häufigsten solche, die etwas mit Essen und Trinken, Schlafen und Sex zu tun hatten. Das wird niemanden erstaunen.

Erstaunlicher fanden die Psychologen hingegen, was als nächste Leidenschaften folgte, und das waren Leidenschaften um alles das, was mit Medien im weitesten Sinne zu tun hat. Nichts fiel den Teilnehmern der Studie so schwer, wie der Versuchung zu widerstehen, den Fernseher anzumachen, ein Buch oder eine Zeitschrift zu lesen, das Internet zu nutzen oder Computergames zu spielen. Die Wissenschaftler folgerten aus ihren Befunden, dass wir Menschen vermutlich generell eine schier nicht zu unterdrückende Neigung haben, uns in Geschichten zu verlieren, seien es Herzblatt-Geschichten oder Abenteuererzählungen, Realityshows oder mehrteilige Literaturverfilmungen, das Surfen im Internet oder das Durchblättern von Klatsch-Zeitschriften, Computerspiele oder Sportereignisse. Immer geben wir dem Wunsch nach, noch einer weiteren Geschichte zu folgen, obwohl weder Hansi Hinterseer noch Winnetou, Werther oder Harry Potter, Jane Eyre noch Holly Golightly oder Anna Karenina, Jürgen Klopp oder Lady Gaga unmittelbar zu unserem Leben gehören und es uns eigentlich gleich sein könnte, ob es sie nun gibt oder nicht. Aber wir sind anders. Uns macht es erheblich etwas aus, was alle diese Figuren und Personen so machen, solange sie in Geschichten vorkommen. Diesen Geschichten, sie mögen noch so trivial sein, können wir kaum widerstehen, auch wenn wir wissen, dass viele davon nur erfunden sind oder es eigentlich gar nicht unser Leben beeinflussen sollte, ob nun dieser Hans seine Grete kriegt oder jener Fußballer diese Torchance doch genutzt haben müsste. Nichts hängt daran und doch alles.

Diese kleine anthropologische Vorbemerkung illustriert eine Eigenschaft von uns Menschen, von der es höchst unwahrscheinlich ist, dass sie demnächst verschwindet. Wir haben Hunger nach Geschichten und werden ihn wohl noch lange haben, auch im digitalen Zeitalter. Es steht zu erwarten, dass sich dieser Hunger auch immer neue Medien suchen wird, die ihn zu stillen versprechen. Nicht weniger, sondern mehr Geschichten und mehr Medien umgeben uns heute, gleich ob digital oder analog. Und die neuen Medien scheinen zu versprechen, diesen Hunger auf noch mehr Geschichten zu bedienen. Die Geschichten sind dabei weitgehend die alten geblieben. Es geht immer noch um Liebe und Vertrauen, heldenhaften Mut und Furcht, Verrat und andere soziale Nachrichten. Die Neuzeit hat nicht nur den Hunger im wörtlichen Sinn in vielen

Regionen der Welt besiegt, ja die Möglichkeit zu essen und zu trinken begleitet uns im Alltag in einer weltgeschichtlich einmaligen Weise. Die Neuzeit hat auch die alten Geschichten, die uns umgeben, in einer Zahl erhöht, die sich frühere Zeiten nicht vorstellen konnten. Ob Kino, Radio oder Fernseher, die Freigabe der Privatsender, die Zahl der Journale und Magazine – das alles kommt einer geradezu explosionsartigen Vervielfachung der Möglichkeiten, Geschichten zu teilen, gleich und gerade auch dann, wenn es die immer selben Geschichten sind, die um den Globus laufen. Wer kann da noch widerstehen, wenn wir so engmaschig von Geschichten überzogen werden, dass es kaum noch einen Winkel der Erde gibt, wo nicht um das Ende von Walter White aus der Serie *Breaking Bad* spekuliert würde[2] und Heidi wenigstens als eine Figur aus einer japanische Anime-Serie bekannt ist.[3] Computer und Internet scheinen diese Möglichkeiten noch um ein Vielfaches zu erweitern, weil sie erlauben, Geschichten zu kopieren, umzuarbeiten und weiterzuerzählen und das in praktisch allen Genres, Medien und Kanälen. In der digitalen Welt macht es zunächst keinen Unterschied, ob eine Geschichte als Buch oder als E-Book, als Audio-File oder als YouTube-Video vorliegt, weil alles, auch die gedruckten Bücher, heute auf digitalen Daten basiert, die zu neuen Geschichten weitergesponnen werden können. Und das genau geschieht jeden Tag.

Längst übersteigt die Zahl der weltweit geteilten Geschichten unsere Vorstellungskraft. YouTube behauptet in seiner Statistik, dass im März 2014 in jeder Minute 100 Stunden Videomaterial hochgeladen und im Monat mehr als 6 Milliarden Stunden Videomaterial angesehen worden seien.[4] Im Juli 2015 waren es schon 400 Stunden pro Minute, die auf dieser Plattform hochgeladen wurden. Das sind etwa vier Stunden pro Bewohner dieser Erde und vor allem Zahlen, die selbst dann noch, wenn man hier Übertreibungen im Interesse der Google-Tochterfirma YouTube unterstellt, jenseits unserer Vorstellungskraft liegen. Die Zahlen sind in den letzten Jahren weiter exponentiell angestiegen. Twitter meldet, dass weit mehr als

5 000 Tweets pro Sekunde versendet werden würden.[5] Auf SoundCloud, dem YouTube für Musik, werden jede Minute zwölf Stunden neue Musik hochgeladen. Solche und ähnliche Zahlen lassen sich leicht ergänzen, jedes Jahr weiter nach oben schieben und doch bleiben sie abstrakt und unanschaulich. Wer einen Zähler von YouTube, SoundCloud und anderer Medien, Suchanfragen und Mobilgeräte-Downloads wie etwa *Gary's Social Media Count*[6] befragt, wird kaum anders können, als eben die gewaltigen Zahlen der im Netz geteilten Filme und Musikstücke, Mitteilungen und Daten hilflos anzustarren, die sich in wenigen Sekunden vor einem auftürmen, während man nur einen Satz wie diesen niederschreibt. Zähler wie *Gary's Social Media Count* zeigen an, wie viele große und kleine Geschichten weltweit geteilt werden. Hundertausende von Tweets, Likes und App-Downloads rasen innerhalb von Sekunden in diesem Zähler an einem vorbei. Der sachkundige Betrachter weiß dabei, dass die tatsächlichen Zahlen vermutlich noch höher liegen, da Twitter etwa für Analysen wie *Gary's Social Media Count* nur einen Teil seiner Daten zur Verfügung stellt. Man rätselt angesichts solcher Zahlen, ob damit unsere Gegenwart schier unendlich ausgedehnt oder im permanenten Umbau auf Null zusammengepresst ist, weil die Zukunft schon jeden Moment der Gegenwart überholt.

So viele Geschichten, die niemand mehr zählen kann, müssen fast notwendig wie Signale einer Revolutionierung unserer Lebenswelt erscheinen. Die digitale Revolution lässt keinen Bereich unserer Gegenwart unberührt, auch nicht das Lesen, die Bücher, die Bibliotheken und Verlage. Kulturkritiker und ihre Zwillingsbrüder, die utopischen Nerds, reden nicht zufällig davon, dass die digitale Revolution nach der Agrarrevolution in der Steinzeit und der industriellen Revolution der Moderne die dritte Revolution von menschheitsgeschichtlichem Ausmaß sei. Die Diagnose ist nicht ganz neu. Schon 1998 hieß es programmatisch in *Wired magazine's Encyclopedia of the New Economy*, einem der Foren für technikutopisches Denken über die neue, digital getriebene Ökonomie:

A world in which innovation is more important than mass production. A world in which investment buys new concepts or the means to create them, rather than new machines. A world in which rapid change is constant. A world at least as different from what came before it as the industrial age was from its agricultural predecessor. A world so different its emergence can only be described as a revolution.[7]

Das war 1998 als Weckruf an eine Welt gemeint, die Ende des 20. Jahrhunderts vielfach noch nicht glauben wollte, dass die Digitalisierung mehr ist als eine Mode einiger Computerbauer. Zwanzig Jahre später erscheinen solche Weckrufe eher naiv, denn niemand will in einer Welt leben, in der alles in einem rasenden Wandel begriffen ist.

Irgendwie ist die digitale Welt anders als die Welt der Industrialisierung und die agrarische Welt. Darin sind sich alle einig. Obwohl wir wissen, dass weder die Landwirtschaft noch die Industrie Geschichte sind, ist zwanzig Jahre später unstrittig, dass da etwas Neues unsere Welt umbaut, ja vielleicht revolutioniert. Und das betrifft auch unseren Hunger nach Geschichten. 2013 etwa war Deutschland der größte europäische Absatzmarkt für Computerspiele. Mit etwas mehr als fünf Prozent am Weltmarkt zählt er bereits unter die größeren Märkte für Spielewelten weltweit, rechnet der Bundesverband der Computerspielindustrie vor.[8] Andere Länder, zumal außerhalb Europas, weisen noch viel größere Absatzzahlen auf. Jeden Tag kommen weltweit etwa tausend neue Spiele auf den Markt. Der Hunger nach Geschichten hat in den Computerspielen innerhalb weniger Jahre schon so viele neue Formate gefunden und wird mit den Virtual Reality-Brillen schon morgen neue finden, dass sich die Frage aufdrängt, ob wir noch Geschichten so teilen und so erleben, wie wir es im Buchzeitalter gewohnt waren. Im digitalen Zeitalter, so scheint es, hat der Hunger schon neue Geschichten gefunden, bevor die von gestern zu Ende erzählt worden sind, kein Ende nirgends, so mutet es vielen an.

Freilich zeigt ein Blick auf die beliebtesten Computerspiele wie *World of Warcraft*, *Assassin's Creed*, *Grand Theft Autor*,

Call of Duty, aber auch *Mario* oder *Pokémon*, dass hier Sujets fortgesponnen werden, die weit älter als das digitale Zeitalter sind. Was ist also neu in der Welt der Geschichten, wenn alles digital wird? Zunächst einmal war und ist das Medium Computer neu, und neu ist auch die dahinter liegende Internetwelt einer nicht direkt sichtbaren Vernetzung. Neue Medien ziehen schon immer Aufmerksamkeit und dann auch Kritik auf sich. Eine Gegenrechnung wird aufgemacht und die besagt, dass dieser Hunger nach neuen Medien unsere menschlichen Grundzüge entstellen würde. Der Computer ist ein solches neues Medium, das den Hunger nach allerlei Geschichten stillt und daher der Kritik entsprechend ausgesetzt ist, vor allem der, das Buch zu erdrücken. Seit Mitte der 90er-Jahre des 20. Jahrhunderts, seit der Computer immer rascher immer weitere Lebensbereiche der Gesellschaft durchdringt, ist sich die Kulturkritik sicher, dass der Computer eben dieses Humanum abtöte. Das neue Medium entfalte eine fatale Wirkung besonders auf die Jugend. Die Beobachter solcher Veränderungen, zumeist Männer in angesehenen Bildungsinstitutionen, verweisen auf eigene Erfahrungen und auf Expertenstudien, die alle zeigen, dass wir, ständig abgelenkt, süchtig nach dem neuen Medium werden und darüber wesentliche Anforderungen des Lebens versäumen. Nervenzellen sterben ab und wir verlieren ganz wörtlich den Verstand. Dick und dumm verfehlen wir, was wir als Menschen sein könnten. Kindheiten hören auf noch solche zu sein. Das hat uns schon 1982 Neil Postman in seinen Büchern auflagenstark vorhergesagt.[9] Hören wir einer solchen Medienkritik einmal zu:

Wir wollen einmal die neue Medienwelt an einem sonntäglichen Vormittag belauschen. – Sehen Sie dort den Jungen auf dem Sofa? Wie konzentriert! Den Kopf auf die Hand gestützt. Vor ihm ein Buch. Die Augen verschlingen die Schrift. ,Vielleicht ein Schulbuch oder ein gutes Buch aus dem väterlichen Bücherregal?!' – Ein iPad. Er spielt eine Stunde, er spielt noch eine. Endlich erhebt er sich, will sich anziehen und raus zu seinen Freunden gehen. Doch die Szene ist gar zu interessant. Er setzt sich wieder und spielt weiter. – Die

Sonne scheint draußen. Er sieht begierig der Auflösung des Knotens entgegen und spielt weiter. – Die Sonne ist untergegangen.

Beim zweiten Lesen spätestens bemerkt man, dass dies gar keine aktuelle Kritik am Verhalten unserer Tage ist, sondern eine Medienkritik, die zweihundert Jahre alt ist und damals einem neuen Medium galt, dem Buch, genauer dem Buch für ein für damalige Zeiten großes Publikum. Im Original heißt es mit Blick auf den in diesen Tagen Goethes so populären Erfolgsroman, den Räuberroman *Rinaldo Rinaldini* von Goethes Schwager Christian August Vulpius:

> Wir wollen einmal die galante Welt an einem sonntäglichen Vormittag belauschen. – Sehen Sie dort eine Dame auf dem Kanapee? Wie andächtig! Das Köpfchen auf die Hand gestützt. Vor ihr ein Buch. Die Augen verschlingen die Schrift. ‚Vielleicht ein Morgengebet oder Materialien zur häuslichen Erbauung?!‘ – Rinaldo Rinaldini. Sie lieset eine Stunde, sie lieset noch eine. Endlich erhebt sie sich, will ihre Toilette machen und in die Kirche gehen. Doch die Scene ist gar zu interessant. Sie setzt sich wieder und liest weiter. – Die Glocke ruft. Sie sieht begierig der Auflösung des Knotens entgegen und lieset fort. – Die Kirche ist aus.[10]

Heute wären viele froh, wir hätten nur über das exzessive Lesen von Räuberromanen Grund zur Klage. Stattdessen sei die Situation viel schlimmer, so etwa der deutsche Philosophische Fakultätentag,[11] weil im Zeitalter des Computers die Fähigkeit selbst unter Studenten verloren gegangen sei, sich länger auf einen komplexeren Gegenstand zu konzentrieren und ihn formulieren zu können. Verfall der Lesekompetenz, wachsende Schreibschwäche und der damit einhergehende Verlust natürlicher Erfahrungswelten scheinen unaufhaltsam fortzuschreiten. Wer spricht da noch vom Lesen, Verfall ist alles.

Verschwinden das Buch und die Fähigkeit, wenn nicht die Kunst des Lesens im digitalen Zeitalter? Die Rede vom Ende ist selbst natürlich vor allem eine Konvention.[12] Sie trifft auf den gegenwärtigen Umgang mit dem Buch genauso zu wie auf die Rede vom papierlosen Büro oder vom Verschwinden des Fernsehers oder des Kinos, will sagen: sachlich unzutreffend, aber gefühlt irgendwie doch richtig. Die Welt ist relativer und selten so eindeutig und entschieden, wie es die kulturkritischen Klagen vom Ende, noch die Utopien vom Anfang nahelegen. Ihr gedanklicher Absolutismus ist eher Teil des Problems denn eine Antwort, weil der gedankliche Absolutismus konzeptionell voraussetzt, dass die Welt nach eindeutigen Kategorien zu beschreiben sei und ein einzelner Faktor wie etwa das neue Medium Computer schon alles ändere. Das mag gut sein, um hohe Absatzzahlen für medienkritische Bücher oder technikaffine Proklamationen im Internet zu erhalten, aber sehr wahrscheinlich ist dieser Absolutismus schlicht falsch.[13] Moderne Gesellschaften sind multifaktoriell bestimmt. Es gibt viel zu viele Einflüsse, Veränderungen und Reaktionen, deren Zusammenhänge nicht zu überblicken und noch weniger zu modellieren sind, als dass sie auf einen einzelnen Faktor und seine Folgen herunterzurechnen wären. So verführerisch es also sein mag, mit der Betonung eines Faktors wie dem des Computers die ganze Transformation der Gesellschaft erklären zu wollen, so sehr vereinfacht dies gerade das, was es zu erklären vorgibt, eben den Zusammenhang zwischen Gesellschaft und Medien. Insofern ist Medienkritik nicht eben besonders hilfreich, wie etwa die Debatten um Frank Schirrmachers Buch von 2009 *Payback. Warum wir im Informationszeitalter gezwungen sind zu tun, was wir nicht tun wollen, und wie wir die Kontrolle über unser Denken zurückgewinnen* einmal mehr gezeigt haben. Folgt man Schirrmacher, so nehmen uns die Algorithmen das kritische Lesen und Denken ab und kapseln die Gesellschaft ein, indem sie wenigen Besitzern von Massendaten alle Macht zuspielen und alle anderen hilflos verstummen lassen.

Andere dagegen verweisen auf die ungeahnten Wege gesellschaftlicher Teilhabe durch die neuen Medien. Gruppen, die sich bislang nicht zu Wort melden konnten, erhalten eine Stimme, sagen sie, und damit verändere sich Politik. Die Diskussionslage ist auf diese Weise schön sortiert. Aber die Argumente reden über verschiedene Dinge und antworten kaum auf die Einwände der anderen Seite. Sie sind absichtsvoll vereinfachend und sprechen über die Gesellschaft als ganze mit großer Leichtigkeit. Wenn man dieser Simplifizierung wenigstens etwas entkommen will, dann schließt das auch ein, dass deutlich mehr gefordert ist, als nur die Thesen vom Verfall des Buchs und des Lesens zurückzuweisen.

Die Absicht meines Buchs ist es daher, nicht umgekehrt inverse Trivialitäten zu behaupten, sondern die Befunde zusammenzutragen, so verstreut diese auch sind. Statt Kulturkritik zu betreiben oder Geschichten von den neuen Absurditäten des digitalen Zeitalters zu erzählen, möchte ich vorschlagen, genauer hinzusehen, was es mit Buch und Lesen im digitalen Zeitalter auf sich hat. Der erste Schritt ist ein historischer. Schauen wir uns genauer an, was Medienkritik meint, wenn sie vom Verfall des Lesens redet. Dann sehen wir uns näher die Leserinnen und die Leser unserer Gegenwart an, wie sie mit E-Book und Computer umgehen und versuchen vorläufig abzuschätzen, ob das Buch noch eine Zukunft hat und was die mediale Revolution für das Lesen heißt. Ich werde dabei zu zeigen versuchen, wie viel an sogenannten metakognitiven Fähigkeiten hängt, an Fähigkeiten, zwischen den Medien sehr bewusst je nach Zweck wählen zu können. Nicht digital oder analog machen den Unterschied, sondern unsere zu erlernende Fähigkeit, bewusst zwischen verschiedenen Möglichkeiten des Lesens wechseln zu können. Am Ende sind schließlich Mutmaßungen über die Zukunft von Buch und Lesen anzustellen, über die Individualisierung, Heterogenität und Leichtigkeit unserer digitalen Lebens- und Lesewelt, alles Mutmaßungen, denn die Zukunft hat den Nachteil oder auch Vorteil, noch nicht bekannt zu sein. Aber davon später, jetzt zunächst zur kurzen Geschichte des kritischen Nachdenkens über Medien.

3. Eine kurze Geschichte der Lesekritik

Medienkritik ist alt, und meist verweist man mindestens auf Plato, um zu betonen, dass Klagen über den Verfall der Jugend und Kritik der medialen Erneuerung eine lange Tradition haben. Das ist richtig, verstellt aber den Blick auf die Besonderheiten der Moderne und des Buchs. Um zu verstehen, was die Besonderheiten der modernen Lesewelt sind, ist eine idealtypisierende Unterscheidung in drei Stadien der Medienkritik hilfreich, eine Vereinfachung zugegeben, aber eine nützliche.[1]

In dieser Idealtypik steht die Antike für die Kritik an der Einführung des neuen Mediums der Schrift. Plato erzählt in seinem Dialog *Phaidros* den Theuth-Mythos, die Geschichte von der Einführung der Schrift im Alten Ägypten. Statt die Erfindung der Schrift zu feiern, beklagt Sokrates in Platos Dialog den mit der Schrift unvermeidlich einsetzenden Verfall. Sokrates sagt in der schönen Übersetzung von Friedrich Schleiermacher:

> Denn diese Erfindung wird den Seelen der Lernenden vielmehr Vergessenheit einflößen aus Vernachlässigung der Erinnerung, weil sie im Vertrauen auf die Schrift sich nur von außen vermittels fremder Zeichen, nicht aber innerlich sich selbst und unmittelbar erinnern werden. Nicht also für die Erinnerung, sondern nur für das Erinnern hast du ein Mittel erfunden, und von der Weisheit bringst du deinen Lehrlingen nur den Schein bei, nicht die Sache selbst. Denn indem sie nun vieles gehört haben ohne Unterricht, werden sie sich auch vielwissend zu sein dünken, obwohl sie größtenteils unwissend sind, und schwer zu behandeln, nachdem sie dünkelweise geworden statt weise.[2]

Das antike Argument, nur den Schein, nicht aber die Sache selbst zu verstehen, läuft durch die Jahrhunderte bis heute, wenn wir darüber klagen, dass Google unser Gedächtnis ersetze und Schüler zwar alles nachschlagen, aber nichts verstanden haben. Das mag ja auch nicht ganz falsch sein, sind wir doch von den Gedächtnisleistungen homerischer Sänger, der Märchenfrauen in Spinnstuben oder irischer Geschichtenerzähler jedenfalls auch dann weit entfernt, wenn wir den Brüdern Grimm nicht jede Märchenerzählerin als eine glückliche Märchenfrau abnehmen. Dennoch wird heute kaum noch jemand gegen die Einführung der Schrift polemisieren und der antiken Höherschätzung der Geheimlehren für die ganz Wenigen das Wort reden. Das Argument jedoch, nur den Schein und nicht die Sache zu verstehen, läuft freilich weiter. Kaum eine Kulturkritik heute kommt ohne dieses antike Argument aus.

Mehr als anderthalbtausend Jahre nach Plato finden wir eine ähnliche Diskussionslage in der Zeit des Humanismus. Erasmus von Rotterdam wurde von der damals zeitgenössischen Kritik gescholten, seine kommentierte Zitatensammlung antiker Autoren, die 1500 zum ersten Mal erschienene *Adagia*, würde Halbwissen befördern. Jeder könne nun mit Hilfe dieser Sammlung so tun, als kenne er die großen Autoren der Antike und könne sie nun ‚dünkelweise‘ zitieren. Verstanden habe diese äußerlich gebliebene Gelehrsamkeit aber nichts, nur die Prätentionen des gelehrten Standes würden durch derartige Veröffentlichungen wie der des Erasmus bedient, so beklagten es Erasmus' humanistische Kollegen. Besser sei es, ein solches Buch wie die *Adagia* wäre nie erschienen, folgerten gelehrte, wie auch wohl neidische Zeitgenossen des Erasmus vor fünfhundert Jahren. Doch das Gegenteil geschah. Immer neue und wesentlich erweiterte Auflagen brachte Erasmus heraus, in der Überzeugung, mit seiner Sammlung die Kultur des guten Schreibens und Redens zu befördern. Seine Leser haben es ihm gedankt und fleißig sein Buch gekauft. Was den einen Humanismus war, das war den anderen Verfall. Heute lautet die Kritik, der Computer lenke uns von der wesentlichen Durchdringung der Gegenstände ab. Die Schüler seien zwar vielwissend, hätten aber deshalb noch lange kein Wissen. Die Jugend schlage alles bei Google nach, aber verstanden habe sie kaum etwas. Ihr Dünkel ist ihr Handy – das ist die moderne Variante der antiken Hochschätzung esoterischer Arkana gegenüber den bloßen Meinungen der Vielen. Lebendig ist deshalb diese antike Medienkritik in den Debatten um neue Medien heute noch als wäre sie erst gestern erfunden worden. Doch so gängig ein solches, gewiss altes Argument über die Jahrhunderte geblieben ist, so wenig ist die antike Kritik an der Einführung der Schrift schon mit der Medienkritik heute gleichzusetzen. Im Lauf der Jahrhunderte kamen weitere Argumente hinzu, die die Kritik des Lesens bis heute anleiten.

Ein zweites, für unsere Zwecke idealtypisch zusammengefasstes Argument finden wir in der mittelalterlichen und besonders frühneuzeitlichen Kritik der Bücher. Hier ist nicht die Schrift strittig, denn das würde dem christlichen Offenbarungsanspruch widerstreiten. Genau darin unterscheidet sich ja die mittelalterliche und frühneuzeitliche Medienkritik von der Platos. Strittig war im Mittelalter und in der Frühen Neuzeit vielmehr die Frage, wer die Bücher lesen darf. Solange nur sehr wenige schreiben konnten, die Materialien für die Kodizes teuer und selten waren, beschränkten sich etwa die mittelalterlichen Universitäten darauf, die Studenten beim Verlassen der Universitätsstädte zu kontrollieren, damit sie keine nur an diesem Ort vorhandenen Bücher mitnahmen und damit Konkurrenzstandorte stärken konnten. Mit der Reformation und dem Buchdruck wurde etwa ab dem 16. Jahrhundert das Lesen höher bewertet und leichter zugänglich. Weil Lesen getrennt vom Schreiben unterrichtet wurde, übersprangen das Lesen, manchmal auch das Schreiben und das einfache Rechnen die Mauern der Lateinschulen und Universitäten. Nun begannen auch die Schlachtersknechte und Karrenführer, die Handwerkersfrauen und ihre Töchter mal in Winkelschulen, mal in landesherrlichen Anstalten wenigstens etwas lesen zu lernen, mit freilich großen regionalen Unterschieden. Während in Florenz fast jedes zweite Kind lesen lernte und in einer Stadt wie Lübeck im 16. Jahrhundert mehr als sechzig winzige und manchmal auch größere Schulen gezählt wurden, gab es viele Regionen Europas, wo selbst der Pfarrer nicht recht lesen konnte. Doch mit Buchdruck, Humanismus und Reformation änderte sich das. „Lesen können hatte sich noch nie also so nützlich erwiesen wie jetzt", schreibt der Grammatiker Valentin Ickelsamer in seiner Schrift *Die rechte weis auffs kürtzist lesen zu lernen* 1527, „da jeder deshalb lesen lerne, damit er GOTTES Wort und Auslegung selber lesen und umso besser darüber urtheilen könne".[3]

Aber genau das ist so eine Sache, wenn jeder selber liest und selber urteilt, was Gottes Botschaft sei, zumal im Zeitalter der Konfessionalisierung. Deshalb setzt die frühneuzeitliche Medienkritik daran an, das Selbstlesen zu regulieren, und zwar vor allem durch die Instanz des Hausvaters. Er, der über die formal höchste Bildung verfügt, entscheidet darüber, wer wie viel lesen lernen darf und wer welche Bücher in die Hand bekommt. Noch für den Aufklärer Christian Wolff, den Schüler Leibniz', war es selbstverständlich, dass der Hausvater die Lesewut und die daraus folgende Gefahr, auf falsche Gedanken zu kommen, zu regulieren habe und also bestimme, was seine Ehefrau, die Kinder und das Gesinde jeweils lesen dürfen.[4] Bei Wolff und vielen seiner Zeitgenossen kehrt das Argument wieder, dass die unkontrollierte Lektüre moralisch verheerend wirke, weil insbesondere Frauen und die Jugend ohne männliche Anleitung nicht verständen, was sie da lesen. Der Philosoph Johann Gottlieb Fichte, der sonst die Revolution auch in Bildungsdingen forderte, sah im 19. Jahrhundert die Gefahr eines Lesens „ohne Anhalt", wie er es nennt. Von diesen Leserinnen und Lesern sagt Fichte: „Nirgends können sie in diesem rastlosen Fluge anhalten, um mit sich selber zu überlegen, was sie denn eigentlich lesen",[5] sodass es derjenigen bedarf, die vor diesen Gefahren immun sind, eben der Hausväter und ihren aufgeklärten und revolutionären Nachfolgern. Die Hausväter verstehen in dieser Argumentationslogik alles und leiten daher die anderen an. Auch diese frühneuzeitliche Medienkritik reicht weit in unsere Tage hinein, etwa bis zur Warnung vor der sittlich verheerenden Wirkung des Farbfernsehens auf die Frau in den 70er-Jahren des 20. Jahrhunderts oder hallt eben wider in den Klagen vor den Folgen des Computerspielens „ohne Anhalt". An selbsternannten Hausvätern fehlt es denn auch heute nicht, die uns anleiten wollen, welche Bücher wir lesen und welche Computerspiele wir zu meiden haben. Mit der Folge der Buchrevolution umzugehen, wenn jeder auf seine Weise zu lesen beginnt, war daher schon vor Hunderten von Jahren ein Problem der gesellschaftlichen Regulierung. Heute scheint es mehr denn je geboten zu sein, wenn sich die Jugend ‚ohne Anhalt' in den digitalen Welten zu verlieren scheint und die Gesellschaft in sozialen Netzwerken in immer kleinteiligere gesellschaftliche Gruppen zerfällt. Der Schluss liegt dann nahe, dass der wachsenden gesellschaftlichen Heterogenität nur mit einer stärkeren Regulierung von Internet und Computer beizukommen sei. Das sagen viele und sie tun es in den Spuren der Medienkritik vor mehr als einem halben Jahrtausend.

Aber noch etwas muss hinzukommen, damit unsere spezifisch moderne Lesekritik formuliert werden kann, die über die Kritik am mangelnden Verstehen und den moralisch problematischen Folgen des unkontrollierten Lesens hinausgeht. Was noch fehlt, das ist die Bedeutung des Buchs als Freund.[6] Erst im 18. Jahrhundert und dann in der Masse im 19. Jahrhundert, als der Buchdruck durch Rotationsdruckmaschinen und billiges Papier erschwinglich für jede und jeden wurde, ist das Buch mehr als nur ein Instrument der Erbauung, der gelegentlichen Ablenkung oder ein Wissensspeicher. Es wird zum Freund, demjenigen, der ausspricht, was man vage denkt und noch undeutlicher fühlt, das einen versteht und dieses „je ne sais quoi", dieses „ich weiß nicht, was soll es bedeuten" auszudrücken vermag, was sonst niemand um mich herum kann. Und wenn die ganze Welt mich nicht versteht, ‚mein' Buch tut es. Mit ihm rede ich, über mein Buch schreibe ich meine Briefe und vergieße meine Tränen.

Es kam einem Erdbeben gleich, als der Erfolgsautor des 18. Jahrhunderts, Jean-Jacques Rousseau, seinen Briefroman *Julie, ou la Nouvelle Héloïse* 1761 veröffentlicht hatte. Nicht dass es Liebesgeschichten etwa als Ritterromanzen nicht früher schon gegeben hätte, über deren Lektüre bekanntlich Don Quichote seinen Verstand verlor. Aber mit Rousseau beginnt weithin sichtbar jenes Lesen, das Jürgen Habermas die meditative Privatlektüre genannt hat.[7] Enthusiastische Briefe an den Freund Jean-Jacques, wie die Leser Rousseau damals genannt haben, bezeugen, dass das Lesen dieses Romans Rousseaus Lesern alles war und ihr Herz geöffnet hat. Rousseau gegenüber schüttet beispielsweise der Leser Charles-Joseph Panckoucke, selbst Schriftsteller und wichtiger Verleger seiner Zeit, sein ganzes Herz aus. Das klingt in seinem Brief dann so:

> Ihre göttlichen Werke, Monsieur, sind ein alles verzehrendes Feuer. Sie haben meine Seele durchdrungen, mein Herz befestigt, meinen Verstand erleuchtet. Lange Zeit ging meine Vernunft, die den täuschenden Illusionen einer stürmischen Jugend anheimgefallen war, auf der Suche nach der Wahrheit in die Irre. Ich strebte nach Glück und es entzog sich mir. [...] Das Studium einiger modernen Autoren hatte mich in meinen Überlegungen bestärkt, und in meinem Herzen war ich schon durch und durch ein Schuft, ohne aber noch etwas getan zu haben, über das ich hätte erröten müssen. Ich brauchte einen Gott, einen mächtigen Gott, der mich von jenem Abgrund fortzog, und Sie, Monsieur, sind der Gott, der dieses Wunder vollbracht hat. Die Lektüre ihrer Héloïse hat vollendet, was Ihre anderen Werke schon begonnen hatten. Wie viele Tränen habe ich darüber vergossen! Wie viele Seufzer getan und Qualen erlitten! Wie oft sah ich meine eigene Schuld. Seit ich Ihr gesegnetes Buch gelesen habe, bin ich in Liebe zur Tugend entbrannt, und mein Herz, das ich schon erloschen glaubte, schlägt wackerer denn je. Das Gefühl hat mich wieder: Liebe, Mitleid, Tugend, holde Freundschaft haben auf immer meine Seele erobert.[8]

Leser werden zu Fans, das ist das Moderne an diesem neuen Lesen. Man pilgerte an Rousseaus Zufluchtsorte in Montmorency, Vevey und Montreux, ja man hoffte nicht weniger als eben dort die doch eigentlich von Rousseau nur ausgedachten Figuren Julie oder Saint-Preux treffen zu können. Hier sind wir beim Kern der spezifisch modernen Mediennutzung angekommen, bei der meditativen Privatlektüre. Erst in der Moderne lesen wir ganz selbstversunken, wir lesen allein und noch schlimmer – aus Sicht vorangegangener Jahrhunderte – wir lesen auch leise. Lesen war bis dahin fast ausschließlich ein öffentlicher Akt, in der Moderne wird es zu einem privaten, in sich gekehrten und stillen. Jürgen Habermas hat daher ganz zu Recht die meditative Privatlektüre als den Königsweg der bürgerlichen Individuation bezeichnet.[9] Das stille, das individuelle und das identifikatorische Lesen, das ganz in den Schuhen seiner Helden wie Rousseaus Julie, Goethes Werther oder Puschkins Tatjana geht, diese moderne Form des Lesens wird zur eigentlichen Lektüre erhoben. Goethe stellt seinem *Werther* 1774 genau dieses Verständnis vom Buch als dem wahren Freund voran, wenn er schreibt: „Und du gute Seele, die du eben den Drang fühlst wie er, schöpfe Trost aus seinem Leiden, und laß das Büchlein deinen Freund sein, wenn du aus Geschick oder eigener Schuld keinen näheren finden kannst".[10] Das Buch als Freund ist die wundersame Erfindung der Moderne und ihrer Ästhetisierung der Lebenswelt.

Das erkennt man noch an einem anderen Umstand. Erst in der Moderne nämlich wird auch das Musikhören unter medienkritischen Verdacht gestellt. Galt Musik bis dahin vor allem im Zusammenhang mit Spielsucht und Tanzleidenschaften als moralisch bedenklich, gerät im 19. Jahrhundert mit der aufkommenden romantischen Musiksprache Mendelssohns, Chopins und Schumanns auch die Musik in den Verdacht, dass sich die Hörer, noch bedenklicher die Hörerinnen, in der Musik verlieren, süchtig danach werden und nur noch ihre Stars wie etwa den Virtuosen und ersten Popstar der klassischen Musik Franz Liszt im Kopf haben könnten, sonst aber alles vergessen würden. Die Kritik vermutet gar, dass die Leser und Hörer nicht mehr wissen, ob sie es mit der Wirklichkeit oder mit Fiktion zu tun haben. Noch bevor Goethes *Werther* erscheint, kommt schon das Wort ‚Lesesucht' in der deutschen Sprache auf. 1809 verzeichnet der Grammatiker Joachim Heinrich Campe den schon regen Gebrauch dieser Vokabel von der Lesesucht in seinem *Wörterbuch der deutschen Sprache* als die „Sucht, d.h. die unmäßige, ungeregelte auf Kosten anderer nöthiger Beschäftigungen befriedigte Begierde zu lesen, sich durch Bücherlesen zu vergnügen" und fügt gleich noch als beispielgebendes Zitat hinzu: „Die Lesesucht unserer Weiber".[11] Das Modewort von der Lesesucht bezieht sich genau auf dieses identifikatorische und individuelle Lesen, das den Menschen abstumpfe und depressiv zurücklasse, wie es damals hieß. So fehlt es denn auch nicht an Warnungen vor der körperlichen Erschlaffung durch das Lesen, der Ratlosigkeit der Seele oder gar der „Zerrüttung des Gehirns",[12] die als Folgen des Lesens gebrandmarkt werden. Dass Campe, der als guter Aufklärer die Jugend vor dem Romanlesen und seinen verderblichen Folgen bewahren wollte, selbst die Massenproduktion im deutschen Buchhandel miterfunden und praktiziert hat, steht dem nicht entgegen, weil es genau die Produzenten neuen Wissens sind, die vor dem neuen, dem selbstversunkenen Lesen warnen. Nur sind es heute Computerspezialisten wie Joseph Weizenbaum, die vor den Folgen der von ihnen selbst mitentwickelten Computerprogramme warnen.[13] Medienkritik ist so gerne Kopie ihrer selbst, so auch hier und so schon vor zweihundert Jahren.

‚Standardsituationen der Technologiekritik' hat die Journalistin und Autorin Kathrin Passig diese eigenwillige Logik medienkritischer Argumente genannt, weil sie sich mit so schön standardisierter Regelmäßigkeit seit Jahrhunderten wiederholen und nicht auf neue Medien beschränkt sind, sondern neue Technik generell betreffen.[14] Medienkritik ist Teil der Kritik an neuen Techniken, gleich ob es sich um die Einführung der Straßenbeleuchtung oder das Aufstellen von Weganzeigern oder um die Verkabelung von Telefonen handelt. So etwas löst Unbehagen aus und dieses Unbehagen folgt einem festen, dramaturgischen Schema. Zuerst wird gefragt, wozu man das braucht, Straßenlaternen oder Internet, dann wird die Relevanz in Frage gestellt, darauf das baldige Ende dieser Erfindung vorausgesagt, schließlich deren Untergang prophezeit, so fasst Kathrin Passig die Schrittfolge der Argumentationsroutinen zusammen. Wozu Twitter gut sein solle, fragt der Journalist Johannes B. Kerner 2009: „Wen interessiert denn das? Ich kann mir nicht vorstellen, dass davon ein Wahlkampf beeinflusst wird. Es ist ein völliger Unsinn. Völlig gehaltlos für journalistisches Arbeiten". Passig muss solche und verwandte Äußerungen gar nicht kritisieren. Sie dekuvrieren sich selbst. Hat die Kulturkritik das Phänomen als mindestens vorhanden akzeptiert und haben sich die Leute daran gewöhnt, dass Twitter eine Rolle in Wahlkämpfen spielen kann, dann wird darüber spekuliert, dass dies alles nur eine Laune sei und schnell wieder vergehe. Passig verweist auf so prominente Äußerungen wie etwa die von Charlie Chaplin über das Kino als Modetorheit 1916 und kann dann ohne Umwege zu Äußerungen hundert Jahre später über das Internet springen, als etwa 1996 die schwedische Ministerin für Verkehr und Kommunikation Ines Uusmann formuliert „Das Internet ist eine Mode, die vielleicht wieder vorbeigeht" – oder zur Annahme des Journalisten Hanno Kühnert in der Zeitschrift *Merkur* 1997 „Wenn das Internet sich nicht ändert, wird es zerfallen". Ist das Phänomen dann doch als unvermeidlich akzeptiert, wird es kleingeredet, so die Logik der Standardargumente. „Das Internet wird die Politik nicht verändern", wusste die Tageszeitung *taz* im Jahr 2000. Und dass Multimedia kein Geschäft werden könne, davon war man in Vorstandsetagen von Großunternehmen vielfach überzeugt, wie Passig nicht ohne Freude an der Ironie der Selbstentlarvung zeigt. Die Einschätzung von Großunternehmen unterscheidet sich auch nicht von gelehrten Äußerungen oder von denen des kritischen Journalismus. Das Neue der Technik sei so defizitär, dass es nicht der Mühe lohne. Wer könne schon im Internet etwas Sinnvolles finden, wurde damals 1998, also noch vor Google, vielfach gefragt.

Solcher und ähnlicher Kritik fehlt es erheblich an Imaginationskraft, sich auch nur ansatzweise vorstellen zu können, dass es Leute wie Larry Page und Sergey Brin geben könnte, die ganz neue Lösungen wie den Googles PageRank entwickeln, um ein Problem, wie das der Suche in riesigen Datenmengen, zu lösen. Gerade die eminente Phantasielosigkeit der Kulturkritik macht es Kathrin Passig leicht, beispielsweise die Kritik an der Einführung der Muskete, die nicht so gut wie ein Bogen zu handhaben sei, mit der Kritik am Internet vierhundert Jahre später vergleichen zu können und dabei festzustellen, wie verblüffend sich doch die Argumente gleichen. Je mehr sich neue Techniken durchsetzen, desto lauter werden schließlich die Klagen über die Folgen für Frauen, Kinder und Unterschichten. Passig zitiert das *Universallexikon der Erziehungs- und Unterrichtslehre* von 1844: „Man liest, nicht um sich mit Kenntnissen zu bereichern, sondern nur um zu sehen, man liest das Wahre und das Falsche prüfungslos durcheinander, und dieß lediglich mit Neugier ohne eigentliche Wißbegier. Man liest und gefällt sich in diesem behaglichen, geschäftigen Geistesmüßiggang, wie in einem träumenden Zustande. Die Zeitverschwendung, die dadurch herbeigeführt wird, ist doch nicht der einzige Nachtheil, welcher aus der Vielleserei entsteht. Es wird dadurch das Müßiggehen zur Gewohnheit und bewirkt, wie aller Müßiggang, eine Abspannung der eigenen Seelenkräfte." Das Lesen, die Erfindung der Postkarte oder das Schreiben am PC sind Schwundstufen des irgendwie Eigentlichen. 1994 erklärt der Schriftsteller Peter Härtling im *Marbacher Magazin* seinen gebildeten Lesern kurz und klar, dass Autoren nicht am PC schreiben könnten: „Die Prosa eines mit dem PC arbeitenden Poeten zeichnet sich für Kenner wiederum dadurch aus, dass sie unmerklich die Furcht vor dem Absturz prägt." Dass 1994 längst schon Autoren wie John Updike am PC geschrieben haben, wird dabei geflissentlich übersehen. Kathrin Passig kann solche und ähnliche Zitate genüsslich aufreihen, um zu dem Schluss zu kommen: „Die hier versammelten Einwände gegen neue Technologien sind nicht automatisch unberechtigt – es ist lediglich nicht sehr wahrscheinlich, dass man damit valide Kritikpunkte identifiziert. Wenn jeder dieser Schritte einen realen Niedergang beschriebe, wäre die Welt eine von M. C. Escher gezeichnete Treppe." Wir kennen einfach zu viele Lösungen für nicht existierende Probleme und müssten die Routinen der Kritik erst wieder verlernen, um genauer hinzusehen. Routinen der Kulturkritik zu verlernen und der Imagination Raum zu lassen, dass sich die Welt noch zu unserer eigenen Lebenszeit grundlegend ändern könnte, ist schwer, auch für diejenigen, die sich selbst als kritisch überlegene Köpfe verstehen. Diesen Denkprozess aber wenigstens anzustoßen, will Kathrin Passig und will auch dieses Buch hier.

Die Standardsituationen der Technologiekritik gleichen den Standardsituationen der Lesekritik, wenn auch in etwas anderen Kleidern. Auch hier ist es leicht, die Medienkritik in ihrer ängstlichen Phantasielosigkeit vorzuführen, die sich einfach nicht vorstellen kann, wie andere Praxen des Lesens aussehen könnten, als müssten Bücher Buchdeckel haben, damit das Niveau der Kultur gehalten wird. War etwa die Einführung der Postkarte 1760 in Paris, 1784 in Wien, 1861 in den USA, 1865 in Preußen und 1869 in Österreich-Ungarn das Ende der Briefkultur? Wohl kaum, obwohl es nicht an sittlichen Bedenken gegen die offene Lesbarkeit von ‚Correspondenzkarten' gefehlt hat, die genau diesen Untergang prognostizierten. Als der Telegraf erfunden war und sich durchzusetzen begann, beklagten sich Leser 1858 in der *New York Times*, dass diese Technik überflüssig sei, notorisch zu Trivialitäten neige und weil so schnell, bliebe für die Prüfung der Wahrheit keine Zeit mehr. Doch sind Kritik der Technik und Kritik des Lesens nicht ganz deckungsgleich. Denn die Kritik am Verfall des Lesens ist ja, wie die kurze Geschichte der Medienkritik gezeigt hat, mehrschichtig und stark von der langen Tradition der Kritik geprägt. In dieser Kritik geht es nicht so sehr um das Lesen selbst, noch um das Buch, sondern um die Regulierung von Gesellschaft. Wer darf überhaupt lesen und was darf gelesen werden, das waren lange Zeit die Themen der Lesekritiker.

Eines der vielen Beispiele für die Kritik des Lesens ist die Debatte um das Für und Wider der Einrichtung von Jugendbibliotheken in der Mitte des 19. Jahrhunderts, gab es doch gleich eine Reihe von Bedenken gegen solche Einrichtungen wie Jugendbibliotheken, deren Dasein uns heute unbezweifelbar sinnvoll erscheint. Man wandte damals gegen Jugendbibliotheken ein:

> 1. Die Jugendschriften befördern die Vielleserei, verwandeln die Leselust in Lesesucht und verführen zur Romanleserei. 2. Sie befördern das Verlangen nach angenehmer Lektüre auf Kosten der nützlichen, da sie ‚das Nützliche stets überzuckert' reichen. 3. Sie gewöhnen die Kinder zum oberflächlichen Lesen, zur Gedankenlosigkeit. 4. Sie entwickeln die Phantasie auf Kosten der übrigen Seelenkräfte. 5. Sie erschlaffen den Geist. 6. Sie treten dem Schulzweck hindernd in den Weg. 7. Sie halten die Kinder von der Bewegung in frischer Luft ab. 8. Sie schwächen die Sehkraft.[15]

Deutlicher kann man kaum die Argumente verdichten, die gegen die Einrichtung von Jugendbibliotheken einmal gesprochen haben. Man muss nur wenige Worte in dieser Auflistung ändern und hat so ziemlich alle Argumente zusammen, die gegenwärtig gegen Computer und Internet angeführt werden. Kaum etwas ist so phantasielos wie Kulturkritik.

Kritik dieser Art ist also lebendiger denn je, wenn gegenwärtig über Verdummung und Verrohung angesichts der Oberflächlichkeit des Digitalen geklagt wird. Ohne Anleitung verbringen besonders die Jungen schädlich viele Stunden vor dem Computer, setzen sich virtuellen Gewaltorgien aus, die kaum noch zu kontrollieren seien, und würden intellektuell verarmen, so lauten die gegenwärtigen Klagen, die die alten sind. Dick und dumm sei der große Bengel, das Volk, einmal wieder. Es verliert im wörtlichen Sinn seinen Verstand, sagen Kritiker wie Manfred Spitzer und das auflagenstark.[16] Solche und ähnliche Klagen etwa auch im *Spiegel*, der Handy-Nutzung mit Heroin-Missbrauch verglichen hat, wiederholen nur in medizinisch-neurowissenschaftlicher Einkleidung, was vor mehr als hundert Jahren gegen die Einrichtung von Jugendbibliotheken eingewandt oder in den 50er-Jahren von Medienpsychiatern wie Frederic Wertham schon publiziert wurde und das nicht mit geringerer Auflagenhöhe als heute. Wertham hatte 1954 eine Warnschrift mit dem sprechenden Titel *Verführung des Unschuldigen* veröffentlicht, die den wissenschaftlichen Nachweis erbringen wollte, dass das Lesen von Comics gewalttätig mache. Schließlich ginge und geht es in den Superhelden-Heftchen ja ganz erheblich um Gewalt und das färbe ab. Wertham selbst hat dann in den 60er-Jahren statt der Comics das Fernsehen als Hauptverantwortlichen für die moralische Verwahrlosung der Jugend ausgemacht. Auf diese Weise wiederholen sich die Argumente über die Jahrhunderte.

Geht man noch einen Schritt zurück, so findet sich reiches Anschauungsmaterial für die unfreiwillig komischen Konventionen der Kulturkritik und ihren Klagen vom Ende des Lesens, so etwa in den Debatten um das aufkommende Kino. Die Sache war doch klar: „die Schaulust, die durch den Kino (sic) gesteigert wird, vermindert die Lesefreude",[17] so fasst 1914 der österreichische Schriftsteller Joseph August Lux den Einfluss des Kinos auf Literatur und Buchhandel bündig zusammen. Die ‚modernen‘ Schriftsteller wie Gerhart Hauptmann oder Arthur Schnitzler würden dabei auch noch mitmachen und so selbst zu Barbaren der neuen Kino-Unkultur werden:

> Sieht denn niemand die große Gefahr, die in diesem durch die Dramatiker und ihren Verband bewirkten Umschwung der Verhältnisse dem ernsten Theater droht? [...] Und ist es nicht schimpflich, daß Dramatiker, auf deren Fähigkeiten die Schaubühne bauen konnte, und die nicht mehr auf jeden Pfennig angewiesen sind, sich skrupellos in den Dienst der schlechten Sache stellen, daß ein Hauptmann, ein Schnitzler üblen Filmdichtern ihr mörderisches Handwerk sanktionieren [...] Es ist schade um ein Volk von Dichtern und Denkern, das seine dramatischen Ideale in der Bildreportage sieht.[18]

Zitate dieser Art lassen sich erst recht im historischen Abstand mühelos aneinanderreihen. Sie zeigen, wie sehr sich die kulturkritischen Argumente gleich geblieben sind: Heute gelten sie dem Computer, wo sie einst der Postkarte, dem Kino oder dem Comic galten. Die Argumente sind aus dem Reservoir vormoderner Medienkritik gewonnen und trauen dem immer mal anders benannten Volk nicht zu, selbstverantwortlich mit Medien umzugehen, seien es die Schrift, das Buch oder der Computer. Die Gesellschaft habe daher den Medienkonsum zu regulieren. Mit ‚Gesellschaft‘ ist dann meist gemeint, dass etwa beamtete Professoren der Gesellschaft erklären, was sie zu tun habe, – keine besonders originelle Idee und daher wohl auch so unverwüstlich.

Die gegenwärtige Kritik an der digitalen Revolution und ihren Folgen für die wachsende Heterogenität der Gesellschaft entspringt in der Summe einer vormodernen Gesellschaftsvorstellung, die den Standardsituationen der Technologiekritik bis aufs Haar gleicht, auch dann noch, wenn sie sich mit guten Gründen gegen exzessive Wissens-Oligopole wendet und gesellschaftlich unkontrollierte Überwachungspraktiken anklagt. Medienkritik geht mit der Kritik der Technik so gut zusammen, weil beide beschränkten Vorstellungen von den möglichen Veränderungen der Gesellschaft entspringen. Nun kommt aber in Sachen Lesen und Buch noch etwas hinzu, was der Technologiekritik fehlt. Das ist die Kritik am immersiven Lesen, dem selbstversunkenen Lesen, das mit seinen Helden mitfiebert und eben erst im 18. Jahrhundert aufgekommen ist. Dieses spezifisch moderne Lesen ist einerseits notwendig, so sagen es schon die Aufklärer wie der Pädagoge Campe, ja dieses intensive Lesen sei der Königsweg der bürgerlichen Individuation und so auch notwendige Bedingung für die Durchsetzung einer bürgerlichen Öffentlichkeit, sagen Bildungshistoriker oder Philosophen wie Jürgen Habermas. Das ist natürlich eine Idealisierung, vielleicht sogar eine notwendige, weil wohl erst diese Idealisierung das Lesen und die Buchkultur gegen erhebliche Widerstände der altständischen Gesellschaft durchgesetzt hat. Für diese Buchkultur des intensiven Lesens aller ist man im 19. Jahrhundert auch im ganz wörtlichen Sinn auf die Barrikaden gegangen. Gerade in Deutschland sind Buchkultur und bürgerliche Gesellschaft eine Sache, die sich bis heute auf die reduzierte Mehrwertsteuer für Bücher und deren Buchpreisbindung auswirkt. Insofern hat das immersive Lesen eine gute Presse und die allerbesten historischen Gründe für die steuerrechtliche Ausnahmestellung des Buchs. Ohne diese Buchkultur gäbe es die bürgerliche Gesellschaft nicht und umgekehrt. Buch und Bürgertum sind im besten Sinne Verwandte, sehr enge Verwandte sogar.

Doch bei aller durchaus auch revolutionären Euphorie um das Buch, die sich bis heute zum Glück nicht ganz verloren hat, gibt es zur gleichen Zeit eine Kritik am Buch und am Lesen. Im 18. Jahrhundert, als das Buch zum Freund wurde, wächst die Kritik an eben diesem intensiven Buchkonsum. Das selbstversunkene Lesen hat eine Kehrseite, die da lautet, dass gerade immersives Lesen damals die jungen Frauen, heute die jungen Männer von der Wirklichkeit abziehe. Nicht Selbsterkenntnis, sondern Selbstverlust sei die Folge des Lesens. Das verkompliziert die medienkritische Diskussionslage, denn nun muss einerseits das Lesen verteidigt werden, gerade auch das ‚tiefe‘ Lesen, andererseits aber gerade vor diesem Lesen gewarnt werden. Mit dieser doppelten Frontstellung schleppt sich die Medienkritik das Argument ein, dass die Leser nicht mehr unterscheiden könnten, ob sie in einer erfundenen oder wirklichen Welt leben. Der Computerspieler von heute ist die Madame Bovary von gestern. Die hatte noch zu viele Romanzen gelesen, der Junge von heute spielt zu viele Computerspiele. Die immersive Leserin Bovary verfehlte alles, was bürgerliche Subjektivität ausgemacht hat, wie die Computerjugend eine vernachlässigte ist, keine echten Freundschaften mehr pflege und lethargisch werde. Beide werden durch intensiven Medienkonsum ihrer gesellschaftlichen Rolle nicht gerecht. Die Verbürgerlichung misslingt damals wie heute. Damals war es ein Leben in Romanzen, heute ist es ein Leben in Facebook. Beides sei gar nicht gut, sondern mache unweigerlich unglücklich und suizidal oder dick und dumm.

Man sieht, dass erst die Neuzeit das Lesen so aufgeladen und idealisiert hat, weil sich die moderne Gesellschaft nicht anders verstehen kann, als dass ihre Bürger immer auch lesende Bürger sind. Dem Lesen wird in der Moderne zugetraut, Welt zu gewinnen, Subjektwerdung zu ermöglichen und kritische Öffentlichkeit zu schaffen. Erst diese historisch einmalige Aufladung des Lesens zur Schlüsseltechnik der Moderne potenziert auf ihrer Kehrseite die Klagen über das Leseverlernen und den Tod der Bücher zu einem Drama moderner Lebensführung, eine Überlastung, die Lesen und Bücher nicht tragen können und wohl auch nicht wirklich allein getragen haben. Wir trauen den Computern nicht über den Weg, weil wir von den Büchern so viel erwarten.

Die Überlastung des Themas Buch und Lesen hat zu den aufgeregten Debatten um Bücher und deren mögliches Ende geführt, zumal in deutschen Landen, wo sich Bildung, Buch und Bürgerlichkeit so schön die Hände gereicht haben. Dafür gibt es eine Reihe historischer Vorbilder. Die Urszene in der deutschen Geschichte ist wohl der Streit um die Folgen der Lektüre von Goethes *Werther*. Erzählt wird die Geschichte bis heute, dass die Leipziger Stadtverwaltung nach dem Erscheinen von Goethes Roman 1774 ein Verbot erlassen habe, welches das Tragen der sogenannten Werther-Tracht, einer gelben Weste mit blauem Frack, untersagt hatte. Das Verbot galt tatsächlich bis 1825 und sollte Nachahmungstäter davon abhalten, ihrem Werther nachzusterben. Die Geschichte klingt bis heute wunderbar in den Ohren von Germanisten und Oberstudienräten. Nur dass sich für diese These von der Mode gewordenen Selbstmörderei nach der Lektüre von Goethes Roman bis heute keine Belege finden lassen.[19] Man hat den *Werther* verschlungen, war wohl auch melancholisch und auch putzmunter genug, um sich als Fan seines Helden einzukleiden. Nur umgebracht hat man sich nicht. Allein die Phantasie der Pastoren glaubte an den Tod durch das Buch. Die pastoralen Medienkritiker des 19. Jahrhunderts waren es, die warnend den Mythos um die Selbstmord-Epidemie erfolgreich propagiert haben. Das wirkt lange nach. Der Werther-Mythos ist eines der Exempel dafür, mit welcher Überlast das Lesen belegt ist, seit es modern geworden ist. Seine gefühlte Schlüsselstellung für die moderne Befindlichkeit ist eindrucksvoll, nur leider ziemlich ungenau. Und das wiederholt sich heute in der Kritik der illiteraten Computerspieler. Tod durch Computer, sagen die Pastoren von heute, die meist Beamte, Medienwissenschaftler oder Ärzte sind und ein gutes Gefühl für Gesellschaft haben oder sagen wir für das, was man so Gesellschaft nennt.

Schwindet also das Lesen, genauer das immersive Lesen und die individuelle und individualisierende Lektüre? Sind Buchhandlungen und Verlage Auslaufmodelle im Zeitalter des Plattformkapitalismus? Wie das Lesen heute gelebt wird, ist einigermaßen gut erforscht, nur ist diese Forschung wenig bekannt und sehr verstreut publiziert. Das hat damit zu tun, dass Lesen nur ein Nebenthema in verschiedenen Disziplinen von der Soziologie über die Psychologie bis zur Literaturwissenschaft ist. Hinzu kommt noch unsere Neigung, negativen Meldungen mehr als positiven zu trauen. Das erschwert es, dass das Wissen um die Wirklichkeit des Medienwandels bekannt wird. Es lohnt sich, die Befunde zu einem größeren Bild zusammenzutragen, und genauer hinzusehen, was die sozialpsychologische Forschung, die Soziologie der sozialen Netzwerke, Jugendforscher und die Leseforschung an Einsichten darüber zusammengetragen haben, ob moderne Menschen im 21. Jahrhundert denn noch lesen und Bücher kaufen. Die Befunde dieser Fächer einzusammeln, ist umständlicher als Kulturkritik zu betreiben. Dennoch sind die Forschungsergebnisse spannend und nicht selten kontraintuitiv. Denn sie zeigen, dass mehr denn je gelesen wird, freilich in immer mehr Formaten und Medien. Vieles sieht nicht mehr aus wie ein herkömmliches Buch, so dass es selbst Verlagen so scheint, als würden sich immer weniger Menschen für Bücher interessieren. Das ist ein falscher Schluss, wie ein genauerer Blick in die gegenwärtigen Lesewelten enthüllt. Freilich ist das Buch, wie wir es kannten, nicht mehr das alleinige Leitmedium und Lesen eine kompliziertere Angelegenheit geworden, als es der gängigen Medienkritik erscheint. Es wird sich zeigen, dass in digitalen

Zeiten mehr gelesen und geschrieben wird, unverändert zumeist die alten Geschichten in neuem Kleid. Neu dagegen ist die Art und Weise, wie diese Geschichten geteilt werden. Und das verlangt den Lesern im digitalen Zeitalter einiges an neuen, metakognitiven Fähigkeiten ab, die erst zu erlernen sind. Diese und viele ähnliche Befunde lockern das Denken auf, so hoffe ich, und tun so auch dem Lesen am Ende gut. Daher sei der Umweg über Daten, Experimente und Umfragen erlaubt, die darlegen, was Lesen und Buch im 21. Jahrhundert sind. Kürzere Wege gibt es immer. Aber zumeist sind es Umwege, die klüger machen.

4. Über die medialen „Aufpulverungen des Lebens"

1932 erschien gleich auf der ersten Seite des *Prager Tagblatts* eine Kolumne des damals viel diskutierten Kulturphilosophen Theodor Lessing. Es sei ganz gewiss, so schreibt Lessing in der Eröffnung:

> In absehbarer Zeit wird das Buch altmodisch werden, ja etwa wie heute das Pferdefuhrwerk und morgen die Eisenbahn altmodisch ist. […] Die technischen Neuerungen werden bald das stille Lesen in der Einsamkeit nur für einen ganz kleinen Kreis von Büchern aufbewahren (das reine Lehrbuch, die reine Lyrik). Zunächst wird der schaffende Geist sich durch das Radio mitteilen. Da wir aber künftig nicht nur durch das Radio zu jedermann sprechen, sondern auch in Person an vielen Orten gleichzeitig erscheinen und sichtbar werden können. So wird der Mensch einst sein ganzes Seelenelement zum Ausdruck bringen, ohne den Buchdruck zu benötigen. Es ist klar, daß solche technische[n] Möglichkeiten immer weiter dahin wirken, daß alle Gaben der Menschen in den Bedarf des Augenblicks oder, wie die Amerikaner sagen, in den Dienst der ‚Aufpulverung des Lebens' (speeding up) künftig gestellt werden. Man wird redende und tönende Bücher, Lesefilme erfinden. Dann wandeln sich im Nu alle Bibliotheken und Lesesäle in Grabgewölbe der Vorzeit.[1]

Lessings wunderbare Formulierung von der „Aufpulverung des Lebens", der das Buch zum Opfer falle, klingt beim ersten Lesen auch fast hundert Jahre später so einleuchtend, wohl weil wir uns heute längst an redende Bücher gewöhnt haben und wir immer mehr am Bildschirm lesen. Lesefilme sind keine Zukunft, sondern Gegenwart für uns. Das alles scheint geradezu mit prophetischer Gabe formuliert worden zu sein.

Und doch liegt Lessing genau neben der Wahrheit. Bücher sind nicht überholt wie Pferdefuhrwerke, und das stille Lesen in Einsamkeit ist nicht verschwunden. Es werden mehr Bücher denn je verkauft und so intensiv und selbstversunken wie früher verschlungen. Die Bibliotheken und Lesesäle heute sind keine Grabgewölbe der Vorzeit, vielmehr haben sie mehr Besucher als noch in sogenannten analogen Zeiten. In ihren Lesesälen studieren, schreiben und arbeiten immer mehr Menschen und die Bibliotheken kommen mit dem Ausbau der Leseplätze gar nicht nach. Man sucht die Räume konzentrierten Arbeitens auf und das in wachsender Zahl. Selbst regionale Bibliotheken berichten über Zuwachsraten von 20 bis 30 Prozent, manche gar von einer Verdopplung ihrer Nutzerzahlen in den letzten fünf Jahren.[2] Mehr als 200 Millionen Bibliotheksbesucher sollen es 2016 allein in Deutschland gewesen sein, wie der Deutsche Bibliotheksverband mit sicherem Vertrauen in seine Aufgabe zu berichten weiß, die meisten davon seien Berufstätige.[3] Das schweizerische Bundesamt für Statistik meldet, dass fast die Hälfte der Bevölkerung mehr als sieben Mal im Jahr aus privaten Gründen und eine ähnlich hohe Zahl aus beruflichen Gründen eine Bibliothek benutzt. Auch wenn die Ausleihzahlen in öffentlichen Bibliotheken der Schweiz seit 2011 leicht nach unten gehen, die Zahl der Ausleihen in Universitätsbibliotheken kennt nur eine Richtung – nach oben.[4] Zugegeben, dass eindeutige Tendenzen im Ausleihverhalten nicht einfach zu erheben sind, schon deshalb, weil viele Bibliotheken ihre Lesebereiche wie ihre Öffnungszeiten ausgedehnt haben, was die Ausleihen pro Stunde natürlich verändert, ja es vielfach erschwert überhaupt zu protokollieren, wer welche Bücher in die Hand genommen hat. Dennoch gibt es derzeit keine Zahlen, die belegen könnten, dass Bibliotheken sterbende Orte seien. Ihre Besucherzahlen lassen sich eher an denen von Fußballstadien-Besuchern messen, auch wenn die Nachrichten nicht von ihnen berichten, leider. Nie war so viel Lesestube wie heute; Grabgewölbe findet man woanders.

Offensichtlich hat sich nicht nur Theodor Lessing gründlich geirrt und das liegt nicht nur daran, dass Lessing wie viele andere kulturkritische Gemeinplätze benutzt und nicht genauer zwischen Buch und Lesen unterscheidet. Es hat erheblich damit zu tun, dass von Verfall nur der reden kann, der weiß, was er vergleicht. Über welche Grundgesamtheit wird gesprochen, wenn vom Ende des Buchs und des Lesens die Rede ist? ‚Grundgesamtheit‘ ist ein Ausdruck der Statistik und meint die Gesamtmenge, auf die bezogen eine tatsächliche Gruppe näher untersucht wird. Das Problem ist einfach: Wir wissen nicht hinreichend genau, wie viel und was vor hundert oder vor fünfzig Jahren gelesen wurde. Es fehlen nicht nur belastbare Zahlen, es fehlen auch klare Vergleichskategorien, um so leichthin von Leseverfall reden zu können, zumal die wenigen, teilweise nur schwer miteinander vergleichbaren Zahlen eher in die andere Richtung weisen. Daher können nur sehr allgemeine Unterscheidungen gemacht werden: Als es noch keinen Computer und keinen Fernseher gab, haben andere Medien wie etwa Heftromane jene Genres abgebildet, die, wie Studien in den Niederlanden gezeigt haben, seit den 60er-Jahren in Medien wie dem Fernseher oder heute dem Computer auftauchen.[5] Insofern wurde vermutlich früher mehr gelesen, wenn damit gedruckte Sachen gemeint waren. Die früher einmal gedruckten Geschichten werden heute eher gehört und gesehen oder eben auch am Bildschirm gelesen. Ich sage gedruckte Sachen, weil damit mehr als nur Bücher gemeint sind. Verändert hat sich also vermutlich die Buchkultur, aber damit deshalb noch nicht deckungsgleich auch die Lesekultur.

Ist schon die Verfallsthese diffus, so bleibt auch Lessings These von der Aufpulverung des Lebens eigentümlich ungenau. Gemeint ist so etwas wie der Verlust an intellektueller Konzentration und historischer Tiefe. Alles ist nur Augenblick, man liest ohne Anhalt und keiner könne mehr unterscheiden, was Realität oder Einbildung sei. Manche reden von einer ‚postfaktischen Gesellschaft‘, in der Fakten und Wirklichkeiten medial beliebig manipuliert würden und sich kaum noch jemand an den Realitäten stößt oder sich die Mühe des gründlichen Lesens macht. Man kann durchaus darauf verweisen, dass Fernsehzuschauer tatsächlich körbeweise Babywäsche an Serienstars schicken, wenn diese in ihrer Rolle schwanger werden, aber nicht in der Wirklichkeit. Schreiben nicht Zuschauer an Professor Brinkmann über ihre Krankheiten und hoffen, dass er ihnen so schön helfen kann wie in der Fernsehserie *Schwarzwaldklinik*? Die Antwort ist: Ja, das tun Fans seit den Tagen Jean-Jacques Rousseaus, aber – und das ist das Nein –, sie wissen dabei zugleich, dass Professor Brinkmann nur eine Serienfigur ist und Rousseaus Figur Saint-Preux nie gelebt hat. Das ist Fankultur und hat so gar nichts mit der Verwechselung von Wirklichkeit und Schein zu tun. Im Gegenteil setzt diese Fankultur die genaue Unterscheidung von Wirklichkeit und Schein voraus, um zu funktionieren. Selbst Kinder haben im Vorschulalter schon ein klares Verständnis, was eine erfundene Welt von der wirklichen unterscheidet. Sie mögen noch so viele *Superman*-Heftchen gelesen haben und stürzen sich doch nicht von Dächern. Mehr noch, selbst kleine Kinder wissen, dass Robin in die erfundene Welt von Batman gehört und SpongeBob nicht zu dieser Welt zu zählen ist.[6] Sie bilden sehr sicher eigene Ordnungen der ausgedachten Welten und sind dann auch zumeist in der Lage, etwa die Regeln eines Ritterspiels mit denen eines Science-Fiction-Genres zu kombinieren. Das Verhalten von Fans ist nicht mit deren Einschätzung der Wirklichkeit zu verwechseln, wie es die Medienkritik gerne tut, sonst wären Fans längst ausgestorben. Das sind sie aber nicht, sie werden mehr. Eben das ist die moderne Lesekultur, die schon mit den Superhelden-Heften nicht mit der Buchkultur in eins zu setzen ist.

Medienkritik macht es sich wie alle Kulturkritik einfach. Das gehört zum Genre und dennoch ist ihre Konjunktur so etwas wie ein Indikator dafür, dass sich etwas ändert mit Buch und Lesen, wenn die Gesellschaft eine digitale wird. Es lohnt sich, die medienkritischen Argumente im Folgenden abzutragen und zugleich über ihre verengte Sicht hinaus zu blicken.

Ich beginne mit dem Gemeinplatz vom Verfall der Intelligenz im Zeitalter von Computer und Internet. So beliebt die These ist, so wenig erhält sie empirische Unterstützung. Die Entwicklung der Intelligenz in modernen Industrienationen ist ein ziemlich gut untersuchtes Feld, prominent vertreten durch den neuseeländischen Philosophen und Sozialwissenschaftler James Flynn. Wer genauer wissen will, ob wir wirklich dümmer werden, der kommt um die Ergebnisse solcher und ähnlicher Forschung kaum herum. Flynn und andere haben in Langzeitstudien näher untersucht, wie sich der in Intelligenztests messbare IQ-Wert in vierzehn Industrienationen entwickelt hat. Das Ergebnis weist in eine Richtung, dass nämlich der Anregungsreichtum moderner Industrienationen und die bessere Ernährung, verbesserte Schulbildung, die gegenseitige Verstärkung von Intelligenz und eine Reihe weiterer Faktoren den messbaren Intelligenzquotienten ansteigen lassen.[7] Insofern werden wir eher intelligenter als dümmer. Um gleich Missverständnissen vorzubeugen: Wir reden hier über messbare IQ-Werte, nicht unbedingt davon, dass wir Menschen klüger oder moralisch deshalb schon besser würden. Auch ist dies keine lineare Progression. Die Menschen in Industrienationen werden nicht ungebremst intelligenter. Doch ist der Zuwachs eindrucksvoll. Um etwa drei IQ-Punkte nimmt die Intelligenz seit dem frühen 20. Jahrhunderts mit jeder Dekade zu.[8] Doch ist der Zuwachs nicht linear. Es gibt Hinweise, dass sich diese Entwicklung seit den 90er-Jahren in einigen Ländern mindestens abgeschwächt hat, in anderen steigt die Intelligenz weiter. Wenn Medienkritiker die Abschwächung des Intelligenzzuwachses auf den Computer und das Internet zurückführen, dann ist schlicht anzumerken, dass gerade das Internet erst nach der Jahrtausendwende eine rasant wachsende Rolle in den Industrienationen spielt und daher kein Kandidat für die Erklärung der steigenden oder fallenden Intelligenz sein kann, einmal ganz abgesehen davon, dass ein neues Medium auch gar nicht sofort eine solche Größe wie die Intelligenz beeinflussen kann. In den asiatischen Ländern, die in ihrem

Internet-Konsum vor den meisten europäischen Ländern liegen, ist der Intelligenzzuwachs besonders eindrucksvoll. Aber damit sind wir schon bei Feinheiten der Argumentation. Der Wahrheit gibt man eher die Ehre, wenn wir hier festhalten, dass die mit der Industrialisierung einhergehende Durchdringung der Gesellschaft mit immer neuen Medien und Medienformaten nicht in eine gesamtgesellschaftliche Verdummung gemündet hat, jedenfalls bislang nicht. Das Gegenteil ist der Fall. Wir müssen heute eher mehr lesen, komplexere Abläufe verstehen und mehr Sprachen sprechen, gerade im digitalen Zeitalter. Und das alles macht ein bisschen gescheiter als dümmer. Intelligenz nimmt zu und das auch in digitalen Zeiten und gerade in Gesellschaften, die sich besonders radikal digitalisieren. Die digitale Gesellschaft ist intelligent.

Ein anderer, nicht weniger häufig besprochener Gemeinplatz ist der von der Verrohung der Jugend. Der Topos besagt, es seien Heftromane oder Comics und heute das Internet und Gewaltvideos, die besonders junge Männer zu gewalttätigem Verhalten verleiten würden. Gefühlt steigt die Kriminalitätsrate von Jahr zu Jahr an, aber nur gefühlt. Die tatsächlichen Zahlen zeigen in sehr verschiedene Richtungen, je nachdem welche Delikte und Straftätergruppen in den Blick genommen werden. Generell gilt auch für Länder wie Österreich, die Bundesrepublik oder die Schweiz, dass die Gewaltdelikte abnehmen, während die Zahl der Straftaten seit Jahren vergleichsweise konstant bleibt. Ein Zusammenhang von wachsender Internet- und Computernutzung und steigender Kriminalität lässt sich nicht beobachten. Nur eine neue Deliktgruppe ist hinzugekommen: Cybercrime.

Die Entwicklung devianten Verhaltens hat nicht mit einem Faktor als Ursache allein zu tun, sondern mit einer Reihe von Faktoren, wie etwa dem demografischen Wandel und der sich wandelnden Sensibilität, welche Straftaten der Polizei zur Anzeige gebracht werden und einigen anderen Faktoren mehr. Die Gründe, die junge Menschen zur Gewalt treiben, haben sich dagegen kaum verändert. Nicht das Internet, sondern die

Erfahrung elterlicher Gewalt und ähnliche soziale Faktoren gehört zu den traurigen Ursachen. Die Tatverdächtigenzahlen, wie der kriminalitätsstatistisch korrekte Ausdruck lautet – das ist die Zahl der ermittelten Täter pro 100 000 Einwohner –, die seit 1984 in der Bundesrepublik einheitlich erhoben werden, zeigen für jugendliches Delinquenzverhalten einen Anstieg zu Beginn der 90er-Jahre an und eine deutliche Abnahme zu Beginn des 21. Jahrhunderts.[9] Die Risikogruppe der 18- bis 21-Jährigen liegt heute unter den Werten Ende der 80er-Jahre, Totschlag und Mord nehmen ab, gefährliche Körperverletzung in einigen Teilen dagegen zu. Die Schwankungen, zumal aufgeteilt nach den Deliktgruppen, sind dabei im Detail erheblich und erlauben auch wegen der vielen, das Ergebnis beeinflussenden Faktoren nur sehr vorsichtige Aussagen. Seitdem das statistische Bundesamt die Zahlen der verurteilten Jugendlichen zwischen 14 und 18 Jahren erhebt – das ist seit 2007 –, ist die Zahl der für Mord und Totschlag, Vergewaltigung und sexuelle Nötigung, Körperverletzung und Diebstahl verurteilten Jugendlichen um mehr als 50 Prozent im Vergleich zum Jahr 2014 gesunken.[10] Zugleich geht das Bundesamt davon aus, dass die Bereitschaft der Bevölkerung gestiegen ist, Straftaten zur Anzeige zu bringen. Ähnliches berichten andere Länder wie die Schweiz. Hier wurde 2016 die niedrigste Quote jugendlicher Delinquenz seit 17 Jahren festgestellt. 2018 wurden in der Bundesrepublik Deutschland die niedrigste Kriminalitätsrate seit 30 Jahren gemeldet.

Was alle Befunde und Zahlen bislang nicht stützen, ist die These vom Zusammenhang zwischen Internet und einem signifikanten Anstieg jugendlicher Gewaltdelinquenz. Jugendkriminalität geht seit Jahren deutlich zurück und das in vielen Industrienationen. Das Internet kommt erst im neuen Jahrhundert auf und taugt schlechterdings nicht als Ursache für den Anstieg der Gewaltdelinquenz unter Jugendlichen in den 90er-Jahren und wohl auch nicht dafür, das Abklingen der Delinquenz in den vergangenen zehn Jahren verursacht zu haben. Gefühlt steigt die Verrohung der Jugend unaufhaltsam. Tatsächlich ist die Sachlage eine ganz andere.

Andere Studien wie etwa die Shell-Jugendstudien verweisen insgesamt auf eine hohe Lebenszufriedenheit der jungen Menschen und verschweigen auch nicht, dass die Jugendlichen aus den schwächsten sozialen Schichten konstant am Rand der Gesellschaft verbleiben.[11] Beide Gruppen aber haben in etwa denselben Zugang zu Computern und Internet. Es liegt offensichtlich nicht am Internet, sondern am Umgang damit, also an harten sozialen Rahmenbedingungen, die hier erst den Unterschied machen. Selbst in den USA ging ungeachtet der Wirtschaftskrise die Zahl der Faktoren zurück, die anzeigt, wie stark Kinder tatsächlicher Gewalt ausgesetzt sind, eine der Hauptursachen für späteres, gewalttätiges Verhalten.[12] Richtiger ist festzuhalten, dass in den meisten westlichen Ländern Eltern und Kindern mehr Zeit miteinander verbringen als noch etwa vor fünfzig Jahren.[13] Internet und Gewalt stehen nicht in dem direkten Zusammenhang, von dem so viel die Rede ist.

Ein ähnliches Bild zeigt sich auch im Umgang mit Pornografie und der Darstellung sexueller Gewalt, um einen weiteren Topos aufzurufen. Während nicht nur im Internet, sondern in Medien allgemein die Zahl und Zugänglichkeit pornografischer Bilder zugenommen haben dürfte, kann deshalb noch nicht auf ein irgendwie schmutzigeres oder gar gewalttätigeres Sexualverhalten von Jugendlichen und jungen Erwachsenen geschlossen werden.[14] Für die mehr als 4000 jungen Menschen zwischen 15 und 21 in den Niederlanden, die nach ihrem Medien- und Sexualverhalten in einer umfangreichen Studie befragt wurden, konnte die Wissenschaft keine aussagekräftige Verknüpfung zwischen sexuellem Verhalten und dem medialen Konsum sexuell expliziter Bilder feststellen. Auch hier sind andere Faktoren wie das soziale Umfeld, die lebensgeschichtlichen Erfahrungen oder Peergroups mindestens ebenso daran beteiligt, das sexuelle Verhalten zu formen, wie es Medien sind. Die Zahl der Teenagerschwangerschaften geht in den USA zurück. Die einfache Ableitung, wo das Internet ist, da verkomme auch Sexualität zu bloßer Pornografie, ist zu kurz gedacht.

Mediennutzungsverhalten erklärt viel weniger, als gemeinhin angenommen wird. Aber es ist so einfach, solche direkten Zusammenhänge zu behaupten und massenwirksam zu verkaufen.

Wenn es eine Schlussfolgerung gibt, die man aus solchen und ähnlichen Daten ziehen kann, dann eher die, dass die neuen Medien vorhandene gesellschaftliche Prozesse verstärken. Sie machen die klüger und umsichtiger, die schon klug sind, und lenken die ab und das auch zu gewalttätigem Verhalten, die sowieso schon die Benachteiligten sind. Und das gilt selbst in einem weltweiten Maßstab, wie ein ganz anderes Beispiel, das der MOOCs, zeigt. Mit diesen Massive Open Online Courses (MOOC), so dachte nicht nur sein genialer Erfinder, der Informatiker Sebastian Thrun, könnte das Bildungsgefälle zwischen den reichen und den unterentwickelten Ländern abgeschwächt werden, denn diese Kurse sind über das Internet Hörern aus aller Welt zugänglich. Ähnliche Erfolge waren ja schon durch das Bildungsfernsehen nachzuweisen, und dazu gehört auch die *Sesamstraße*,[15] die bei ihrer Einführung in Deutschland noch als Kulturverfall bekämpft wurde. Nach einigen Jahren zeigte sich freilich bei der Untersuchung von mehr als 200 Ländern, dass selbst in den ärmeren Ländern diese Kurse ganz überwiegend von denen besucht wurden, die der Mittel- und Oberschicht angehörten oder bereits über eine gute Ausbildung verfügten.[16] Wem die Kurse ebenfalls nutzten, das waren die Lehrer. Sie scheinen durch die Lehrangebote im Internet ihre eigene Lehre verbessern zu können. Es braucht offensichtlich mehr als das Internet, um die Gräben zwischen den Gewinnern und Verlierern auch der digitalen Moderne zu überbrücken.

Wie man es dreht oder wendet, der Untergang des Abendlandes kommt nicht aus dem Computer oder dem Internet. Die soziale Welt hört nicht auf zu existieren und beeinflusst sehr viel mehr, was die digitale Transformation für die verschiedenen Gruppen der Gesellschaft bedeutet. Von den Medien direkt auf das Verhalten von Jugendlichen zu schließen, ist erheblich zu einfach. Und doch ändert sich das Lesen, ändert sich die Nutzung der Medien, sind Bücher heute nicht dasselbe wie noch vor hundert Jahren und müssen Bibliotheken lernen, dass Menschen nun zuerst im Internet nachschauen. Es ändert sich vieles und durchaus im großen Maßstab. Bleiben wir zunächst einmal bei der Mediennutzung ganz allgemein. Die nimmt zu, – aber was heißt das? Es heißt zunächst, dass rein zahlenmäßig mehr Medien existieren. Außer Büchern und Zeitungen, Radio und Fernsehen, gibt es auch Computer und Handys, Lesegeräte wie Kindle oder Tolino, Brillen für virtuelle Welten wie Oculus Rift oder Computeruhren, Computerspiele und Videogames, andere Speicherformate, ob nun noch wie bis vor kurzem auf DVD oder Blu-ray oder jetzt in der Cloud oder aus dem Netz. Je nachdem, wie man Medien definiert, kommt man zu ganz unterschiedlichen Klassifikationen und entsprechenden Zahlen. Was uns hier nur interessiert, ist der Umstand, dass die Zahl der Medien, mit denen wir uns umgeben, erheblich zunimmt, ohne dass ein Ende abzusehen ist. Ob es die Google-Brille nun gibt oder doch nicht, ob Avatare und Hausroboter uns vorlesen werden, 3D-Printer unsere Turnschuhe ausdrucken, seehundähnliche Streichelroboter, wie sie heute schon in japanischen Altersheimen genutzt werden, auch uns einmal im hohen Alter begleiten werden, das alles hängt an so vielen Entscheidungen, dass alle Spekulation über möglichen Entwicklungen schon überholt ist, bevor sie ausgesprochen ist. Nur ist der schlichte Umstand nicht zu übersehen, dass sich Menschen noch nie mit so vielen Medien umgeben haben. Was im Umkehrschluss nicht heißt, dass traditionelle Formate – und seien es Konzerte mit klassischer Musik – abnehmen würden. Die Zahl der Klassik-Festivals nimmt in vielen Ländern zu. In Deutschland ist ihre Zahl zwischen 1994 und 2014 von 136 auf über 500 gestiegen und die Zahl der Gäste von Orchesterkonzerten wuchs zwischen 2005 und 2013 von 3,9 auf knapp 5,2 Millionen an – die kulturelle Vergesellschaftung schreitet fort, jener Grundvorgang seit dem 19. Jahrhundert, bei dem gesellschaftliche und kulturelle Modernisierung auf das Engste zusammengehören.[17]

Der bloße Anstieg der verfügbaren Medien geht zusammen mit dem zunehmenden Interesse an klassischer Musik oder auch der steigenden Zahl von Museumsbesuchern. Mit Nachdruck hebt das Institut für Museumsforschung in seinem Bericht über das Besucheraufkommen für das Jahr 2015 hervor: „Die Besuchszahl für das Jahr 2015 ist mit 114,4 Mio. die höchste ermittelte seit der Zählung durch das Institut für Museumsforschung".[18] Das kommt daher, dass der Wechsel zwischen den Medien, Kunst- und Ausdrucksformen niederschwelliger geworden ist. Die Unterschiede zwischen Hochkultur und Populärkultur sind weit weniger rigide als noch vor wenigen Jahrzehnten. Diese soziale Veränderung hat nicht zuletzt mit der Zunahme und Zugänglichkeit gerade auch der digitalen Medien zu tun. Es braucht keine große Anstrengung, um auf der inspirierenden Website des Rijksmuseum die Werke Rembrandts zu studieren und sich dann auf den Weg zum Museum nach Amsterdam zu machen. Und das tun sehr viele. Den Wechsel zu meistern ist die Kulturtechnik, die es dabei zu lernen gilt. Sie beinhaltet, dass ich weiß, wo ich nachschlagen muss, welches verlässliche Informationen sind und woran ich sie erkenne. Notwendig sind also reflexive und kritische Fähigkeiten, Medien nicht nur zu nutzen, sondern auch befragen zu können. Psychologen nennen diese Fähigkeit Metakognition. Gemeint ist damit die Fähigkeit, über unser Denken, Reden und Schreiben, Wahrnehmen und Lesen reflektieren und dann überlegt Strategien entwickeln zu können, mit welchem Medium und in welchem Format wir uns welches Wissen aneignen. Genau das wird im Zeitalter der vielen Medien notwendig. Ich muss wissen, wo Unboxing-Videos das Lesen von Betriebsanleitungen ersetzen können und wo nicht, muss abschätzen können, welche Online-Tutorien mich das Programmieren besser lehren können, als dies Bücher tun können. Adressen schaut niemand mehr in Telefonbüchern nach, das ist einfach. Schwieriger ist es zu lernen, wo ich etwas verlässlich über die Geschichte Armeniens erfahren kann oder ob es sinnvoller ist, sich über literarische Neuerscheinungen auf einer Metaseite wie *Perlentaucher* zu informieren oder über die Werbeangeboten bei Kindle oder Amazon oder ein bestimmtes Feuilleton. Meist machen wir es uns bequem, meinen zu wissen, wo wir was nachschlagen, lernen oder einfach nur zur eigenen Freude lesen wollen. Internetnutzer wählen fast immer dieselben Einstiegspunkte und vertrauen in Sachen gesamtgesellschaftliche Informationen etablierten Zeitungen mehr als anderen Quellen. Anders gesagt ist nicht der Wechsel zwischen den Medien und Formanten als solches neu, auch wenn schon der Wechsel zwischen Zeitung und Radio früheren Zeitgenossen unheimlich und Stoff für Debatten um das neue Medium Radio war. Neu ist die Selbstverständlichkeit des Medien-Switching und neu ist die wachsende Anforderung, zwischen immer mehr Medien und Formaten gezielt wechseln zu können, neu ist zu lernen, wie viel Zeit und Aufmerksamkeit ich für welche Medien aufbringe. Medienmündigkeit zu lernen, braucht Zeit, Übung und Erfahrung. Noch unterrichten es wenige Schulen.

Wenn neue Medien dramatisiert werden, dann typischerweise mit Verweis auf die Folgen für die Heranwachsenden. Ihr Medienverhalten ist Grund zur Sorge, denn sie sind die sichtbarsten Mehr-Medienbenutzer oder Multi-User, wie diejenigen etwas abstrakt genannt werden, die beim Fernsehen gleichzeitig auf dem Handy Nachrichten an ihre Freunde senden. Online zu sein ist in Deutschland wie in praktischen allen Industrienationen in wenigen Jahren eine solche Selbstverständlichkeit geworden, dass man sich eigentlich nur wundern kann, warum die Regierungen zwar Straßen bauen lassen, aber die Straßen des Internets nicht öffentlich sind. 96 Prozent der Jugendlichen in der Bundesrepublik seien im Netz, besagt die Shell-Studie, und das etwa 13 Stunden in der Woche. Das waren die Zahlen von 2010. Sie liegen heute bei knapp 100 Prozent Internetanbindung, gerade wenn man die Smartphones mit einrechnet. Etwa dreieinhalb Stunden seien Jugendliche täglich im Netz. In der Pressemitteilung der Jugendstudie hieß es 2010 knapp über die verschiedenen jugendlichen Verhaltensmuster im Umgang mit Internet und neuen Medien:

Bei der Art der Nutzung des Internets zeigt sich erneut eine soziale Spaltung – insbesondere bei den männlichen Nutzern. Die Gamer (24 Prozent der Jugendlichen mit Netzzugang) – vor allem jüngere männliche Jugendliche aus sozial benachteiligten Familien – verbringen ihre Zeit im Netz hauptsächlich mit Computerspielen. Digitale Netzwerker (25 Prozent) – vor allem jüngere weibliche Jugendliche – nutzen vor allem die sozialen Netzwerke (Facebook, StudiVZ). Für Funktions-User (17 Prozent) – eher ältere weibliche Jugendliche – ist das Internet Mittel zum Zweck: Sie gebrauchen es für Informationen, E-Mails und Einkäufe von zu Hause aus. Die Multi-User (34 Prozent) – eher ältere männliche Jugendliche aus den oberen Schichten – nutzen schließlich die gesamte Bandbreite des Netzes mit all seinen Funktionalitäten.[19]

Das sind schon heute veraltete Zahlen und vielleicht muss man fast Archäologe sein, um sich an *StudiVZ* zu erinnern. Aber auch wenn sich die Zahlen verschoben haben dürften, das Muster, das die Studie umreißt, gilt immer noch. Da ist wieder der soziale Unterschied. Verloren gehen in den Spielewelten diejenigen, die sonst wenig Ansprache haben. Die Bessergestellten dagegen schöpfen die digitalen Möglichkeiten am weitesten aus. Sie verfügen über die metakognitiven Fähigkeiten, gezielt zwischen den Medien wechseln zu können. Sie spielen Computerspiele, benutzen aber auch digitale Software zum Schneiden eigener Filme, informieren sich durch intelligente Videos wie *In an Nutshell* über neueste politische, ökonomische und wissenschaftliche Entwicklungen oder schreiben für Wikipedia Artikel. Weibliche und männliche Jugendliche unterscheiden sich immer noch darin, ob sie stärker die soziale Seite der digitalen Möglichkeiten nutzen oder vor allem Computergames spielen. Auch wenn inzwischen die Zahl der Spielerinnen deutlich angestiegen ist, so nutzen doch Mädchen und junge Frauen stärker die sozialen Netzwerke wie WhatsApp, Instagram oder Facebook und spielen auch jeweils etwas andere Spiele. Altersunterschiede sind hier freilich wichtiger als Unterschiede des Geschlechts.[20] Aber die Unterschiede werden an vielen Ecken der digitalen Welt geringer, schon weil sich die Medien verändern. Einen Blog mit WordPress aufzusetzen, ist keine technisch besonders aufwändige Angelegenheit mehr. Facebook nutzen alle möglichen Schülergruppen, so dass der Unterschied zwischen Mädchen und Jungen hier nicht so wichtig ist. Und bei Erwachsenen hat sich der anfängliche Unterschied in der Internetnutzung zwischen Frauen und Männern schon vor einigen Jahren stark abgeschwächt, wie der Branchenverband Bitcom bereits 2011 zum ersten Mal gemeldet hat.[21] Die meisten Menschen wechseln erstaunlich sicher und lebensklug zwischen den Medien und Formaten. Sie nehmen sie als Bereicherung war. Die Klagen vom Ende des Buchs und des Lesens sind ihnen fremd.

Mehr Medien immer leichter zur Verfügung zu haben und zwischen ihnen so selbstverständlich wie Naseputzen zu wechseln, diese Aufpulverung des modernen Lebens hat dazu verleitet, von den ,Digital Natives' zu reden, jenen Eingeborenen der digitalen Welt, die zumeist jung sind und vom Walkman nur noch vom Hörensagen wissen. Die Redeweise von den ,Digital Natives' nimmt an, dass diese Generation der nach dem Jahr 2000 sozialisierten Jugendlichen die Struktur des Internets und die Logik der Computer kennen und über die quasi angeborene Fähigkeit zum Multitasking verfügen würden. Davon kann aber so keine Rede sein. Die Kenntnis der digitalen Welt ist fast vollständig auf die Nutzung der Geräte und ihrer populärsten Programme beschränkt. Digital Natives gibt es nicht, wenn damit Sachkundige der digitalen Welt gemeint sind und nicht bloß ihre Nutzer. Sowenig wie die Leser Karl Mays die Unterhaltungsindustrie des späten 19. und frühen 20. Jahrhunderts verstanden haben, so wenig kennen sich in der Regel die Digital Natives mit dem Computer und dem Internet aus. Man tut gut daran, die Vokabel ,Digital Natives' wieder zu streichen.[22] Digital Natives bezeichnen bei näherem Hinsehen nicht die Kenner der digitalen Welt, sondern im glücklichen Fall die gescheiten Nutzer, diejenigen, die wissen, wann und wozu welches Medium zu nutzen ist, das kann die gedruckte Tageszeitung sein oder auch das Erklärvideo.

Was sich ändert, ist nicht, dass es neue Subjekte der Medienwelt gibt, die man höchst ungenau Digital Natives nennt. Was sich ändert, das ist die Leichtigkeit, mit der zwischen den vielen Medien gewechselt wird und damit auch die Anforderung, mit dieser Leichtigkeit gegebenenfalls auch reflektiert und letztlich zivilisiert umgehen zu können. Weil soziale Medien uns fast wie eine zweite Haut umgeben und einfacher zu nutzen sind als Fahrradfahren zu lernen, wandert der soziale Austausch in die sozialen Medien. Erst seit kurzem geben Jugendliche in repräsentativen Umfragen unter knapp 1 000 Jugendlichen zwischen 6 und 18 Jahren an, dass ihnen Kurznachrichten auf Facebook oder WhatsApp wichtiger seien als direkte Gespräche mit Freunden oder der Familie.[23] Sieht man freilich näher hin, dann ist damit nicht gesagt, dass wir uns in Cyborgs aufzulösen beginnen, denen die elektronische Kommunikation immer mehr das direkte Wort unter Freunden ersetzt. Denn der wirkliche Freund, und nicht bloß ein Strom aus Kurznachrichten, gilt Kindern und Jugendlichen unverändert als das Wichtigste in ihrem Leben.[24] Nur sind die echten Freunde auch alle im Netz und so ist der Gegensatz zwischen Mediennutzung und sozialer Nähe einfach falsch und verleitet zu der irrigen Folgerung, soziale Verwahrlosung oder gar Auflösung zwischenmenschlicher Bande seien das Ergebnis der neuen Medien.

Die soziale Welt wird digital. Das ist schon eine Veränderung, die genauer zu betrachten einlädt. Der Sozialanthropologe Daniel Miller hat bei seinen Studien über soziale Wirklichkeit im digitalen Zeitalter wiederholt belegt,[25] warum Facebook nicht das bisherige Verständnis von Freundschaft auflöst, sondern dass soziale Medien wie Facebook ein weiteres Konzept zu den bereits existierenden Freundschaftskonzepten hinzufügen. Durch soziale Medien werden Gesellschaften weder einfach individualistischer noch homogener. Überhaupt sind die Folgen der sozialen Medien weitaus widersprüchlicher und ihre Effekte gegenläufiger zueinander als es die gängigen Debatten über den Verfall von Öffentlichkeit und Privatheit

erkennen lassen. Mit Smartphones werden heute Freundschaften intensiv gelebt,[26] sie ersetzen sie nicht. Neue soziale Räume
zwischen dem Öffentlichen und Privaten sind entstanden. Das
Geheimnis wird dann doch lieber mündlich der Freundin oder
dem Freund direkt mitgeteilt, wie die Bielefelder Entwick-
lungspsychologen Michael Glüer und Arnold Lohaus aus ihrer
aufwändigen Studie über Online- versus Offline-Freundschaf-
ten unter Schülern der fünften bis zur zehnten Klasse zu berichten wissen.[27] Tatsächlich sind die sozialen Medien eher das
Dorf der modernen Gesellschaften. Hier wird auf kurzem Wege getratscht und geschimpft, es werden allerlei Bande ge-
knüpft und zumeist nicht wirklich Neuigkeiten ausgetauscht,
sondern soziale Beziehungen verbal gefestigt, die in der direkten Begegnung geschlossen worden sind. Ca. ein Drittel der im
Netz gepflegten Freundschaften sind dann auch enge Freundschaften. Was sonst ist in der Kommunikation wichtig, wenn
nicht das Soziale. Und das hat sich auch im digitalen Zeitalter
nicht geändert. Dass das Soziale digital geworden ist und das
ohne großes Aufheben, das ist neu, aber nicht das Soziale
selbst.

In ihrer Studie *It's Complicated. The Social Life of Network
Teens* hat die amerikanische Medienwissenschaftlerin Danah
Boyd Interviews zum Internetverhalten Jugendlicher geführt.[28]
Boyd ist bei ihren Gesprächen immer wieder der Bewegungsmangel der Jugendlichen aufgefallen. Einfach rauszugehen und
eine Freundin zu besuchen, mit dem Fahrrad woanders hin-
zufahren, das sei seltener geworden, konstatiert sie. Auch wenn
Boyd selbst keine sozialwissenschaftliche Studie durchgeführt
hat und für Firmen wie Microsoft arbeitet, redet sie dennoch
nicht die Veränderungen in den Verhaltensmustern von Jugendlichen klein. Die digitalen Gerätewelten umgeben Jugendliche so selbstverständlich wie eine zweite Haut, dass sie ihr
soziales Leben zu großen Teilen dorthin ausgelagert haben.
‚Netzwerköffentlichkeiten' nennt sie diese Öffentlichkeiten, die
ohne digitale Technik nicht auszukommen scheinen und vo-
raussetzen, dass die Jugendlichen ständig online sind. Anders

als es der Begriff der Öffentlichkeit nahelegt, sind die Netzwerköffentlichkeiten stark personalisiert und man kann sich fragen, ob der Begriff der Öffentlichkeit hier überhaupt klug gewählt ist. Von personalisierten Öffentlichkeiten sprechen daher andere und zeigen damit genau die Spannung zwischen privat-persönlichem und öffentlich-virtuellem Raum an, die etwas mit der Individualisierung unserer modernen Lebensverhältnisse zu tun hat.[29] Diese Öffentlichkeiten neuen Typs, so Boyd, lassen freilich nicht den Umkehrschluss zu, direkt von der digitalen Kleingerätewelt auf Folgen wie Bewegungsmangel zu schließen. Kompliziert sei die Sache deshalb, weil nicht nur die Technik das Leben von Jugendlichen beeinflusst, sondern etwa auch Änderungen im Erziehungsstil. Wo Kinder nicht mehr eine Selbstverständlichkeit sind, gehört die Übersorge zu den Mustern elterlicher Paranoia. In den Vereinigten Staaten werden solche Eltern bekanntlich Helikopter-Eltern genannt, was diejenigen Eltern umschreibt, die ihre Kinder vor ihrem sechzehnten Lebensjahr kaum noch selbständig aus dem Haus lassen, sondern sie stattdessen überall mit dem Auto hinfahren. Ähnliches berichtet ausgerechnet für Deutschland der ADAC. Er warnt ausdrücklich die Eltern davor, die Kinder nicht mehr selbständig zur Schule gehen zu lassen und sie stattdessen mit dem Auto vor der Schule abzusetzen. Denn eine der direkten Folgen dieses veränderten Erziehungsstils sei es, dass bei diesen Fahrten zur Schule immer mehr Kinder durch die Autos der vor die Schule fahrenden Eltern verunglücken. Kein Wunder, dass Bewegungsmangel eine Folge ist, eben weil Kinder nicht mehr aufgefordert werden, selbst Schritte nach draußen zu unternehmen. Es ist einigermaßen widersprüchlich, ja psychologische Kategorien der Verdrängung liegen nahe, wenn Eltern die neuen Medien für Probleme ihrer Kinder verantwortlich machen, die zu einem guten Teil hausgemacht sind – im ganz wörtlichen Sinn. Boyd berichtet von Jugendlichen, die sie bitten, ihren Eltern zu sagen, dass es ihnen gut gehe, auch wenn sie viel, sehr viel Zeit mit ihren digitalen Spielzeugen verbringen. Für die meisten sind es in Wirklichkeit soziale Spielzeuge. Und die Handreichungen für die überforderten Eltern sind daher so schlicht wie richtig: Bring Deinen Kindern bei, die Zeit vor dem Computer einzuteilen, nicht alles mit jedem zu teilen und sich Gedanken darüber zu machen, was man im Internet preisgibt. Nimm dir Zeit für deine Freunde, vermeide die Online-Dramen und das Bullying und überlege dir, was die richtigen Inhalte für dich sind.[30] Inhalte der Erziehung sind nicht schwierig, ihre Umsetzung ist es.

Die Entwicklung des Internets und den gesellschaftlichen Wandel direkt miteinander zu verknüpfen ist verführerisch einfach und doch bestenfalls nicht mehr als eine schlechte, halbe Wahrheit. Es klingt erst einmal einleuchtend, etwa das auffällig engere Zusammenleben der Generationen miteinander, das in den letzten Jahren das Verhältnis der Altersgruppen in vielen Ländern charakterisiert, auf Smartphones und Internet zurückzuführen. Daraus wird eine Generation Y konstruiert, die ja tatsächlich länger als vorige Generationen bei und mit ihren Eltern lebt, tolerant im Umgang miteinander ist, aber auch naiver sei als frühere Generationen, etwas hilflos und wenig erwachsen über viele Jahre ihres Lebens hinweg. Die Jugendlichen fahren weniger selbst Auto als das frühere Generationen getan haben. Sobald als möglich den Führerschein zu machen, ist kein Ziel für 18-Jährige mehr. Auch sei die jetzige Generation sexuell zurückhaltender, was an der sinkenden Zahl von Teenagerschwangerschaften abgelesen werden könne. Mit Blick auf die Verhältnisse in den USA behaupten Sozialpsychologen wie Jean Twenge, dass die Veränderungen im Verhalten und emotionalen Erleben amerikanischer Jugendlicher genau mit dem Aufkommen des iPhones 2011 zusammenfallen. Daraus wird dann bei Twenge eine Generation „iGen" oder „Generation Me" diagnostiziert.[31] Diese Generation, so die Sozialpsychologin, sei zwar durchsetzungsstark und nicht ohne Selbstvertrauen, aber elendiger als vorangegangenen Generationen, was gerade an der steigenden Selbstmordrate abgelesen werden könne. Und tatsächlich ist die Suizidrate in den USA deutlich angestiegen.

Doch so auflagenstark hier Generationen konstruiert und gesamtgesellschaftliche Diagnosen gestellt werden, sie bedienen nicht nur den Topos von der narzisstischen Jugend. Schon ihre Zahlen sind ungenau. Gerade die Zahl von Suizidsterbefällen schwankt erheblich. Die Suizidrate in den USA steigt nicht erst seit 2011, sondern schon seit 1999. Das erste iPhone kam aber erst 2007 auf den Markt. Die höchsten Selbstmordraten weisen nicht die USA auf, sondern so unterschiedliche Länder wie Nord-Korea, Nepal, Guyana oder Kasachstan, Länder, die nicht gerade über zu viele Smartphones verfügen. Die traurigen Gründe für Selbstmord sind vielfältiger und komplexer als es solche Generationskonstruktionen wie die von Twenge nahelegen. Die Unterschiede in Europa zwischen Ländern wie Litauen mit einer hohen und Griechenland mit einer kleinen Zahl an Suizidsterbefällen wird man auch bei schlechter Statistik nicht in einen direkten Zusammenhang mit der Digitalisierung der Jugendkultur bringen können, noch weniger die Unterschiede zwischen Österreich, der Bundesrepublik und der Schweiz, die in den letzten Jahren wiederholt unterschiedliche Zahlen verzeichnen mussten. Bezieht man Faktoren wie Alter, Geschlecht und Region ein, verkomplizieren sich die sozialen Sachverhalte noch einmal. Die Unterschiede zwischen der höheren Rate in Sachsen und der geringeren in Nordrhein-Westfalen erklärt die digitale Lebenswelt von Jugendlichen nicht, auch nicht, warum in Südkorea die Suizidrate mit zunehmendem Alter ansteigt, in Norwegen und Neuseeland aber sinkt, während in anderen Ländern wie Portugal oder Italien keine Altersabhängigkeit zu beobachten ist. In den deutschsprachigen Ländern nehmen über die letzten Jahrzehnte trotz Schwankungen insgesamt die Todesfälle durch Suizid ab, auch unter Jugendlichen. In den OECD-Ländern sinkt die Suizidrate ebenfalls, auch hier mit teils erheblichen Schwankungen, die in keinem direkten Zusammenhang mit der steil anwachsenden Zahl jugendlicher Smartphone-Nutzung steht. Weltweit ist die Selbstmordrate von 1994 bis 2018 um 38 Prozent gefallen. Das sind mehr als 4 Millionen Leben und eine Zahl viermal so hoch wie die Zahl der Menschen, die durch Kriegshandlungen im gleichen Zeitraum umgekommen sind.[32] Kurz, die so einleuchtende These von der liebenswert-weltverlorenen iPhone-Generation hält kaum der Überprüfung einzelner Zahlen stand. Und dennoch lesen wir solche Warnungen gerne und Bücher dieser Art verkaufen sich so gut wie früher die Predigten der Pastoren, die vor dem Lesen von Romanen gewarnt haben. Das wäre nicht weiter schlimm, wenn wir darüber nicht die Einsicht über die tatsächlichen Veränderungen der Gesellschaft verlieren würden und uns dabei auch noch mit viel zu einfachen Antworten auf die Frage begnügten, warum nach Unfällen Selbstmord die zweithäufigste Todesursache für Jugendliche ist. Nur deshalb sollten wir uns nicht mit den einfachen Antworten solcher und ähnlicher Diagnosen zufriedengeben, sondern genauer hinsehen, was sich in Sachen Digitalisierung ändert.

Eigentlich ist es einfach festzustellen, dass nicht die neuen Medien einen sehr viel stärker individualisierten Lebensstil erfunden haben, den die einen als Vereinsamung kritisieren, die anderen als Befreiung feiern. Die Entstehung einer individualisierten Lebensweise ist historisch jung. Erst die urbanen Gesellschaften des Industriezeitalters haben die Einpersonenhaushalte befördert. Das ist historisch einmalig, denn alleine zu leben war jahrtausendelang schlicht gefährlich. Auch wenn ‚Alleine leben‘ keine feste sozialwissenschaftliche Kategorie ist, so zeigen Einpersonenhaushalte in etwa die Tendenz an, der zufolge in der Schweiz oder in Deutschland die Zahl solcher Haushalte ganz unabhängig von Computer und Internet seit Jahrzehnten stetig zunimmt, Zahlen, die ganz im Trend praktisch aller Industrienationen liegen. In Städten lebt heute ungefähr die Hälfte der Menschen allein. In den USA sind es nach dem letzten Zensus schon fast 30 Prozent, in den größeren Städten gibt es auch dort mehr als fünfzig Prozent Alleinlebende. Die Zahl der Singles übersteigt inzwischen die der verheirateten Paare. In modernen Großstädten ist ein solches Leben möglich, auch wenn das Folgen etwa für die Umwelt und eben auch Folgen für das Kommunikationsverhalten hat. Soziologen wie Eric Klinenberg, die eigentlich darauf trainiert sind, überall den Verfall der Öffentlichkeit und die Schwächung sozialer Bindungen zu konstatieren, müssen feststellen, dass nur eine kleine Gruppe vereinsamt allein lebt, die Mehrheit der Alleinlebenden dagegen ein dichtes soziales Leben führt.[33] Das ist in den meisten europäischen Ländern ähnlich. Die Bindungsquote nimmt über alle Schichten hinweg ab,[34] wenn man unter einer Bindung zwischen Menschen so etwas wie eine gewisse Verbindlichkeit dieser Verbindung über eine längere Zeit versteht. Die Zahl der Paarbindungen, konstatiert der Soziologie Jan Eckhard, nimmt in Deutschland insgesamt ab, was nicht heißt, dass es nur Singles gebe. Bindungsbereitschaft besteht unverändert weiter, aber auf Kosten stabiler, langer und insofern verbindlicher Beziehungen. Die eingegangenen Beziehungen sind kürzer, zumindest gemessen an der wachsenden Lebenszeit und scheinen auch unverbindlicher zu sein, und das ist in Städten stärker ausgeprägt als auf dem Land. Man kann dann die Heterogenität der Gesellschaft oder ihre Individualisierung betonen und kommt damit entweder zu negativeren oder positiveren Einschätzungen der gesellschaftlichen Entwicklung. Mit der Digitalisierung hat das alles wenig zu tun.

Die Umbauten der Gesellschaft verdanken sich nicht allein Computern oder dem Internet. Sie haben sehr viel länger zurückreichende Ursachen wie etwa die Industrialisierung, die Verbesserung der Hygiene oder die Verbesserung des Saatguts und vieles mehr, was wir nur selten bewusst wahrnehmen, weil uns so vieles selbstverständlich ist. Computer und Internet dagegen füllen die kommunikativen Lücken, die abnehmende Bindungsquoten, Heterogenität der Lebensformen und individualisierte Lebensweisen erzeugt haben. Für die veränderten Kommunikationsgewohnheiten urbanen Lebens sind die sozialen Netzwerke, die von allen möglichen Endgeräten bespielt werden, geeignet, Bindungen herzustellen und Lebensweisen überschaubar zu halten. Sie sind daher Techniken der ,Verländlichung' in den Städten und das in einem doppelten Sinne.

Digitale Medien versetzen nicht nur den Dorfklatsch in die Stadt und verknüpfen die alleinlebenden Menschen so dicht, dass vom Alleinleben kaum die Rede sein kann. Die digitalen Medien haben noch eine andere soziale Funktion in modernen Industrienationen – sie stellen Privatheit her.

Das klingt zunächst nicht eben einleuchtend, ist es doch ein medienkritischer Standard, dass im digitalen Zeitalter alles öffentlich gepostet werde und Privatheit im Schwinden begriffen sei. Dieser Topos ist deshalb ungenau, weil er die Lebenswirklichkeit vieler Teile der Welt falsch einschätzt. In Ländern Asiens oder auch der arabischen Welt ist Privatheit auch in der Großstadt ein rares Gut. Das fast immer öffentliche Leben in den Großfamilien dominiert hier die Lebenswirklichkeit und entspricht damit wenig europäischen Vorstellungen. Hier sind es gerade die sozialen Medien, die persönliche Kommunikation jenseits der Öffentlichkeit der Familie erlauben. Privatheit wird digital hergestellt, die in der sozialen Wirklichkeit in diesen Regionen der Erde vielfach eingeschränkt ist. Es ist daher eine lohnende Untersuchung, inwieweit nicht ähnliche Prozesse auch in Ländern Europas zu finden sind. Die bislang vorliegenden Studien dazu zeigen, dass auch hierzulande die Herstellung von Intimität eine der wichtigsten Funktionen digitaler Medien ist. Gerade für Jugendliche ist Privatheit Online-Privatheit.[35] In sozialen Medien teilen Jugendliche ihre gemeinsamen Erlebnisse, vertrauen den Freunden ihre Gefühle und Gedanken an, die sie sonst mit niemand anderem teilen. Die Redeweise vom Schwinden der Privatheit ist daher mehr als ungenau. Digitale Medien stellen Privatheit her, so problematisch auch immer sorgloser Umgang mit Daten und die Verletzung von Privatsphären sein mögen. Es ist keine neue Einsicht, dass die Frage nach Praktiken des Privaten und Intimen auch an den kommunikativen Techniken hängt. Nicht nur von Taiwan bis Singapur, sondern auch von Lissabon bis Helsinki ist persönliche Kommunikation an digitale Medien gebunden. Hier werde ich verstanden, wenn mich auch sonst niemand in der Gesellschaft versteht. Nicht die Aufpulverung des Lebens, sondern seine Privatisierung und Individualisierung ist eine der wichtigsten Funktionen und Folgen digitaler Medien.

Man kann das als mediale Verländlichung urbanen Lebens deuten. Was damit gemeint ist, dass digitale Medien die Bindungsbereitschaft der scheinbar nur allein lebenden Großstadtsubjekte zu regulieren helfen, das zeigt die Auswertung von sozialen Netzwerken oder auch von Datingportalen wohl am genausten an, geben diese Medien doch einigermaßen in Echtzeit Auskunft über den Stand der Privatheit. Dabei belegen sie einmal mehr, dass die alten sozialen Regeln fast unverändert gelten, auch diejenigen Regeln, nach denen wir entscheiden, wen wir attraktiv finden und wie das kommuniziert wird. Der Gründer des amerikanischen Datingportals *OKCupid* hat in seinem ernüchternden Buch *Who We Are (When We think No One's Looking)*[36] die wichtigsten Einsichten in das Verhalten von urbanen Menschen in Dating-Portalen zusammengetragen: Frauen finden Männer attraktiv, die ungefähr in ihrem Alter sind, Männer hingegen vor allem junge Frauen, die Anfang zwanzig sind. Weiße Menschen werden als Normalfall betrachtet und von nahezu allen ethnischen Gruppen als attraktiver empfunden als dunkelhäutige oder auch asiatische. Männer sind bei der Bewertung des Äußeren von Frauen nachsichtiger als Frauen. Asiaten definieren sich stark über ihr Heimatland, Latinos und Homosexuelle über ihre Musikvorlieben, Weiße gerne über Hobbys. Das sind alles keine virtuellen Profile, sondern spiegelt die soziale Welt auch im Digitalen. Sie wird hier verstärkt und geteilt, nicht aber erfunden. Die sozialen Medien sind die Rückkehr ins Dorf, aus dem wir einst ausgezogen sind. Soziologen wie Klinenberg, Miller und Eckhard beobachten denn auch, dass Menschen, die alleine leben, mehr Zeit und Aufmerksamkeit auf ihr soziales Leben verwenden. Regierungsamtliche Stellen melden jedes Jahr eine Zunahme der Zahl der ehrenamtlich Tätigen und die Daten des sozioökonomischen Panels bestätigen, dass Jugendliche genauso ehrenamtlich aktiv sind wie Erwachsene. In der Bundesrepublik und in der Schweiz üben 30 bis 40 Prozent je nach Zählung ein

Ehrenamt aus.[37] Eine soziale Verwahrlosung der Jugend aufgrund digitaler Medien kann daher niemand glaubhaft behaupten. Besser begründet ist es, von einer digitalen Intensivierung der sozialen Welt, die längst eine sehr individualisierte Welt geworden ist, zu sprechen.

Die klassische Soziologie hätte wohl gesagt, dass Städter zerstreuter sind als Landbewohner. Nun, das mag stimmen, aber nur in einer sehr langen Perspektive der Menschheitsgeschichte. Man muss die moderne Welt schon sehr radikal zurückdrehen, wollten wir die alten, glücklichen Urverhältnisse wiederherstellen. Wie weit wir dabei zurückgehen müssten, um die vermuteten, natürlichen Lebensweisen wiederherzustellen, deutet eine Untersuchung der Psychologin Katrina Linnell an. Sie hat die Aufmerksamkeitsfähigkeiten von urbanisierten Himba mit denen der traditionell lebenden Himba, einem halbnomadischen Stamm in der Wüste Namibias, verglichen. Tatsächlich konnten sich die traditionell lebenden Himba deutlich länger auf nur eine Aktivität konzentrieren als ihre urbanisierten Stammesgenossen.[38] In der Stadt lebende Himba haben gelernt, ihre Aufmerksamkeit schnell wechselnden Umständen anzupassen. Anders gesagt, wer hohe Aufmerksamkeitsspannen wünscht, wird gut daran tun, die Stadt zu verlassen und ein guter Jäger und Hirte in schwieriger Umwelt zu werden. Für alle anderen gehört Facebook zu dieser kompensatorischen Ruralisierung urbaner Lebensverhältnisse ebenso dazu wie das auflagenstarke Magazin *Landleben* zu den Aufpulverungen des deutschen Stadtlebens. Sie ermöglichen die modernen Lebensverhältnisse und sie verstärken sie, ihre Ursache aber sind sie nicht.

In die zweite Haut der sozialen Medien kleiden wir uns so ein, dass nicht nur Jugendliche kaum noch ohne diese Medien leben können. Der Grund dafür ist aber weder ein Technikwahn, noch die Dummheit einer Generation, sondern ein anthropologisches Grundanliegen, das Teilen von Geschichten, um soziale Bindungen herzustellen. Es müssen gar keine neuen Geschichten sein, die auf YouTube angesehen werden oder als

Meme komisch kommentiert werden. Auch Katzen-Videos sind geteilte Geschichten. Und die versetzen uns in einen erhöhten Erregungszustand, den wir durch das Teilen von Geschichten gezielt ansteuern.[39] Unser Blutdruck steigt und unser autonomes Nervensystem zeigt eine erhöhte Spannung, und das eben nicht nur bei Geschichten über Katastrophen, sondern auch bei solchen Geschichten über den Nachbarn oder über sogenannte Prominente in Klatschmagazinen. Die Zahl dieser People-Magazine ist in den letzten Jahren massiv angestiegen. Es kann daher nicht wirklich verwundern, dass Jung oder Alt viele Fotos von sich und anderen jede Minute milliardenfach in den sozialen Netzwerken hochladen und sich dafür eigene Selfie-Genres entwickelt haben. Die neuen Medien ermöglichen das so leicht. Man tratscht auf YouTube über die richtige Kinderziehung und den letzten Urlaub. Offensichtlich interessieren wir uns für nichts mehr als für die sozialen Welten, für Gesichter und für soziale Beziehungen, für starke Emotionen in Beziehungen. Genau dafür sind soziale Medien ein hervorragendes Mittel gerade unter den Bedingungen urbanindividualisierter Lebensweisen und digitaler Leichtigkeit. Man kann das alles auch eine Aufpulverung nennen, aber man gewinnt damit wenig und verliert viel aus dem Blick.

Der Befund über die soziale Verdichtung im digitalen Zeitalter gilt besonders für Jugendliche. Sie senden am häufigsten Textnachrichten aus, mehrere Tausend im Monat. Angeblich finden ca. zehn Prozent der Jugendlichen auch nichts dabei, selbst während des Sex noch zu texten, wie die klinische Psychologin Sue Johnson berichtet.[40] Nicht Selfies, sondern ‚cellfishness‘ ist die Folge, wenn die soziale Welt fast ausschließlich virtuell stattfindet. Das moderne Leben hat eine Kostenseite, die jene betrifft, die auch anderswo von der Moderne überfordert sind. Facebook mal eine Woche nicht zu nutzen, steigert für diese Menschen ihre Lebenszufriedenheit gerade dort, wo das eigene Leben nicht mehr ausgedrückt und reflektiert wird und nur noch das Leben der anderen beschäftigt.[41] Von suchtartigem Verhalten ist dann nicht nur im Umgang mit Alkohol und Drogen, sondern auch im Umgang mit sozialen Medien die Rede. Und wieder sind es gerade die alleingelassenen jungen Männer ohne Anstellung, die besonders gefährdet sind.[42] Aber ihre Lage ist nicht allein Folge der digitalen Medien, sondern hat gleich mehrere Ursachen. Erst die Kombination dieser Ursachen führt zu den prekären Folgen. Als Paartherapeutin zitiert Johnson zustimmend den Politologen Robert Putnam, der sich in seinem Buch *Bowling alone* den Kostenseiten moderner Individualisierung zugewendet hat: „Good socialization is a prerequisite for life online, not an effect of it: without a real world counterpart, internet contact gets ranty, dishonest, and weird".[43] Einmal mehr wird bei Johnson und Putnam festgestellt, dass die soziale Welt nicht aufhört, bestimmend zu sein, Erziehung in digitalen Zeiten nicht überflüssig wird und es verstärkter Anstrengungen bedarf, mit den sozialen Medien auch sozial umzugehen. Online-Welten funktionieren nur so gut wie sie in Offline-Welten eingeübt wurden. Daher kann es für Schulen sehr wohl sinnvoll sein, alle Handys abzuschalten. Eine Verbürgerlichung der Medien ist wünschenswert, das scheint mindestens mir keine Frage zu sein.

Zu den Anstrengungen, ein sozial vernünftiges Miteinander auch im Medienzeitalter aufrechtzuerhalten, gehört die schlichte Feststellung, dass wir nicht alles ins Netz auslagern können. Im Gegenteil gehört das aufmerksame, oft aber auch unbewusst ablaufende Lesen in Gesichtern anderer oder die gemeinsame, einander nachahmende Bewegung und Gestik zu den elementaren Bedingungen sozialer Beziehungen, auch wenn wir diese Aufmerksamkeit immer nur für wenige Menschen aufbringen können. Alarmierend sind daher nicht Facebook-Freunde, sondern wenn es auf einmal viele hundert oder gar tausend werden. Die Zahl der Facebook-Freunde ist nämlich ein guter Indikator, um die jeweilige Persönlichkeit und ihre Eigenheiten abzubilden.[44] Dabei zeigt sich, dass Menschen auch in Industrienationen zwar viele kennen, aber deswegen nicht mit sehr viel mehr Menschen befreundet sind als auf dem Dorf.[45] „Ich und meine vierhundert Freunde" ist ein

Hilferuf und kein Anzeigen eines erfolgreichen sozialen Status. Wer ständig über seine Liebesverhältnisse postet, hat sehr wahrscheinlich eine geringe Selbstachtung und wer mit seinen Diäten angibt, ist eher narzisstisch veranlagt.[46] Dass diese Zahlen bei Jugendlichen stärker als bei Erwachsenen schwanken, hat viel mit der Pubertät zu tun. Aber tatsächlich kann kaum jemand glaubhaft mehr als 100 bis 130 Menschen zu seinem Geburtstag einladen, wenn das wirklich seine Freunde sein sollen.

Das alles hat seine guten Gründe in der Konstitution des Menschen. Soziale Interaktion ist aufwändig, braucht Zeit und Aufmerksamkeit. Die nach dem Anthropologen Robin Dunbar benannte Zahl besagt, dass der Homo sapiens über Jahrtausende in Gruppen von ungefähr 150 Menschen gelebt hat.[47] Diese Dunbar-Zahl zeigt die Freunde und funktionierende Familie an, für die der Mensch in der Lage ist, den Aufwand an sozialer Interaktion aufzubringen. Soziale Zeit ist begrenzt und so neigen wir seit vielen zehntausend Jahren schon dazu, mit vielen Menschen eher typisiert, wenn nicht stereotyp umzugehen. Für die uns wichtigen Menschen nehmen wir uns Zeit, versuchen zu verstehen, wie sie sich fühlen und welche Absichten sie verfolgen. Etwa zwei Stunden nehmen wir uns für dieses soziales Miteinander jeden Tag neben der Arbeit Zeit. Das klingt nach nicht sehr viel, ist aber neben all den Verpflichtungen, denen wir sonst noch nachkommen, alles andere als wenig und keine Selbstverständlichkeit, wie eines der vielen Experimente zu diesem Thema bestätigt hat. Man hat zwei Gruppen von Schülern der 6. Klasse in einem Feldversuch miteinander verglichen. Die eine Gruppe von mehr als fünfzig Schülern war auf einem Ferienlager in der freien Natur, ohne Internet und ohne irgendwelche elektronischen Geräte. Diese Gruppe wurde mit einer etwa gleichgroßen und gleichalten Schülergruppe verglichen, die ihrem gewohnten Medienkonsum nachgehen konnte. Das sind in vielen Teilen der USA in etwa viereinhalb Stunden am Tag Fernsehen, Videospiele und Nutzung sozialer Netzwerke, was im Vergleich mit anderen Zahlen noch vergleichsweise wenig ist.[48] Herausfinden wollten die Forscher, ob sich schon nach fünf Tagen ein Unterschied zwischen denen feststellen lässt, die viel Zeit für die direkte soziale Kommunikation innerhalb einer kleinen Gruppe haben gegenüber denjenigen, die, wenn überhaupt, dann mittels sozialer Medien miteinander kommunizieren. Für diesen Vergleich wurden auch verschiedene Sozialdaten erhoben, um zu verhindern, dass etwa der Bildungsstand der Eltern oder ähnliches die Ergebnisse beeinflussen. Das Ergebnis ist eindeutig.[49] Die Kinder, die fünf Tage lang direkt miteinander in der kleinen Gruppe gelebt haben, waren signifikant besser im Verstehen von nonverbalem Verhalten anderer, dem Lesen von Gesichtern, auch dem Verstehen von Szenen menschlichen Verhaltens, die ihnen während der Tests auf einem Videogerät vorgespielt wurden.

In Wäldern und Savannen und nicht in Großstädten im direkten Miteinander einer überschaubaren Gruppe zu leben, wäre also bindungspsychologisch gesehen die bessere Lebensform. Nur leben wir nicht so. Aber wir nehmen uns auch als Städter Zeit für das direkte Miteinander, kultivieren empathischen Fähigkeiten und das nicht nur bei Kindern. Untersuchungen bestätigen immer wieder, wie sehr wir bei Menschen, die uns wichtig sind, die direkte Kommunikation der indirekten vorziehen. Ob man mit seinen fünf besten Freunden über das Telefon, Textnachrichten, Skype oder soziale Netzwerke kommuniziert, macht für uns einen Unterschied, auch und gerade wenn wir in der Stadt leben. Schon Skype ist mit seiner Verbindung von lesbarem Gesicht und hörbarem Ton den anderen Medien in dieser Hinsicht überlegen.[50] Die Abnahme der Nicht-Bildschirmzeit um mehr als 20 Prozent in den letzten 10 Jahren muss vor diesem Hintergrund als problematisch erscheinen,[51] weil es so aussieht, als würden wir in unseren sozialen Fähigkeiten verkrüppeln. Mattscheibe und direkte Kommunikation schließen sich ja aus, meint man.

Doch auch hier ist für Schlussfolgerungen etwas mehr zu bedenken. Bildschirmzeit ist nicht mit einer bloß indirekten Kommunikation gleichzusetzen. Viele, auch Erwachsene spielen am Computer zusammen und das im selben Wohnzimmer. *Tatort* wird vielerorts und in ganz unterschiedlichen Gruppen der Gesellschaft gemeinsam geguckt. Wer Fußball schaut, tut nichts für seine eigene physische Gesundheit, aber mit Freunden tut er viel für seine psychische Gesundheit. Der direkte verbale und emotionale Aufwand, der bei solchen gemeinsamen Bildschirmzeiten urban lebender Menschen betrieben wird, kann sehr hoch sein. Männern, denen man sonst eingeschränkte kommunikative Fähigkeiten unterstellt, können in solchen digitalen Zusammenhängen ohne Ende reden. Und Mädchen kommen über Spiele wie *Farmville* miteinander ins Gespräch, wie sie es mit einem Brett- oder Kartenspiel auch tun würden. Problematisch ist nicht die Bildschirmzeit, sondern die Bildschirmzeit ohne soziale Einbettung. Und noch ein zweiter Faktor ist zu bedenken. Wir nutzen in der Regel soziale Onlinenetze nicht gleichmäßig, sondern widmen einzelnen Freunden mehr Nachrichten und damit mehr Aufmerksamkeit als anderen. Genauer noch sind unsere besten Freunde auch unsere besten Freunde im Netz, zumindest, wenn wir sozialpsychologisch halbwegs stabil sind. An sie gehen die meisten Botschaften.[52] Das soziale Graulen verschwindet nicht einfach im Netz.[53] Wir unterscheiden auch hier, wem unsere Zuwendung gilt, denn die ist eben nicht virtuell, sondern verlangt unsere unvermeidlich limitierte Aufmerksamkeit.

Anders gesagt können uns Bildschirmzeiten fraglos von der Kultivierung unseres sozialen Miteinanders ablenken und unsere empathischen Fähigkeiten verkümmern lassen, und das genau dann, wenn wir unsere Aufmerksamkeit auch in der digitalen Welt nicht mehr sozial fokussieren können und die meiste Zeit vor dem Bildschirm ganz alleine verbringen. Das ist aber gerade nicht die Regel. Die Zahl der verkauften Brettspiele ist auch im Internetzeitalter deutlich gestiegen. Es wäre interessant, statt über den Verfall des sozialen Lebens zu klagen, einmal zu untersuchen, ob es nicht einen positiven Zusammenhang zwischen sozialen Medien und Brettspielen gibt. Das wäre jedenfalls für dieses Thema meine Arbeitshypothese.

Natürlich klingt es wünschenswert, wir würden uns mehr in nachdenklicher Aufmerksamkeit schulen und lernen, unsere Nächsten auf das Genaueste zu studieren. Nun können einem aber selbst bei einer solchen, scheinbar selbstverständlichen Forderung Bedenken kommen. Denn es gibt historische Beispiele für solche Orte der gesteigerten sozialen Aufmerksamkeit, etwa das Schloss von Versailles unter Ludwig XIV. Damals wurden dort alle Leute von Geld und Macht auf engstem Raum zusammengepfercht und waren mit nichts anderem beschäftigt, als sich gegenseitig auf das Aufmerksamste zu beobachten (und die anderen für sich arbeiten zu lassen). Die Feinheiten, zu denen wir Menschen dann in der Lage sind, wenn wir nur unsere Aufmerksamkeitsfähigkeit auf eine solche Weise schulen, haben zu großen Romanen geführt, wie *Die Prinzessin von Kleve* oder *Gefährlichen Liebschaften* bezeugen. Die Romane belegen aber auch zugleich die Abgründe, in die eine so auf sich selbst fokussierte Gesellschaft gerät. In diesen Romanen werden Gefühle kunstvoll vorgespielt, die nur darauf abzielen, den anderen zu täuschen und ins Unglück zu stürzen. Als halbverschlüsselte Romane berichten sie von den hässlichen Seiten einer ganz mit sich beschäftigten Gesellschaft der reinen Selbstgefälligkeiten und des kultivierten Narzissmus. Intrige und Hinterhalt gehören zu diesem Dorf im Schloss von Versailles auf das Engste dazu. Anders gesagt, ein solches Leben gesteigerter sozialer Aufmerksamkeit ist nicht wirklich ein Lebensmodell. Ein Dorfleben – unter wie vielen Golddecken auch immer – hat seinen Preis. Auch hier gilt die Regel des gesunden Mittelmaßes. Weder die alleinige Fokussierung auf die soziale Welt um uns herum, noch die zu große Ablenkung durch unpersönliche Medienoberflächen machen glücklich, sondern der Wechsel zwischen Ablenkung, sozialer Aufmerksamkeit, Selbstverlorenheit und hochfokussierter Tätigkeit gehören zu uns als Mensch. Der Jargon der analogen Eigentlichkeit, demzufolge nur die direkte Begegnung zähle, würde weder den Romanleserinnen früherer Jahrhunderte oder den Briefwechseln im Zeitalter des Humanismus gerecht werden noch etwa jemanden wie Immanuel Kant. Die meisten seiner Korrespondenzpartner, wie etwa den Mathematiker Johann Heinrich Lambert, hat Kant nie getroffen. Dennoch hatten sie sich viel zu sagen. Das gilt auch in den Zeiten sozialer Medien.

Die auflagenstarken Thesen, dass wir dick, dumm, aggressiv, einsam, krank und unglücklich im digitalen Zeitalter würden, sind nicht einmal Zuspitzungen. Sie sind grob irreführend. Weder die Kinder noch wir werden dümmer oder aggressiver. Weder sind die einsamer, die viel das Internet nutzen, noch sind diejenigen unglücklicher, die in sozialen Netzwerken ihre Gedanken und Gefühle mit anderen teilen. Sie sind es genauso viel oder wenig wie andere Gruppen der Gesellschaft. Irreführend sind die langläufigen Zeitdiagnosen nicht deshalb, weil es diese Probleme nicht gäbe. Bewegungsmangel unter Schülern ist in vielen Industrieländern, aber nicht nur dort, festzustellen. Die Entwicklung bei Erwachsenen ist auch nicht aufmunternd. Aber die Ursachen sind so vielfältig und gerade darum ist es auch so schwer dagegen anzugehen. Falsche Ernährung gehört ebenso dazu wie die urbane Lebensweise oder das viele Sitzen im Büro, vor dem Computer genauso wie in nicht endend wollenden Besprechungen.

Ähnliches ist für andere, ernste Probleme wie die ‚Internetsucht‘ zu konstatieren. Auch hier sind die Ursachen multifaktoriell und das Versprechen, man müsse die Leute nur vom Internet wegbringen, wird nicht helfen. Suchtverhalten findet leicht eine andere Sucht, wenn die eine unzugänglich geworden sein sollte. Dass wir seit kurzem mit solcher Leichtigkeit fast überall ins Internet gehen können, schwächt nicht unser Gedächtnis, als wäre digitale Demenz unser Schicksal. Begriffe wie ‚digitale Demenz‘ oder der von Betsy Sparrow behauptete „Google-Effekt“,[54] demzufolge wir uns nichts mehr merken würden, sondern nur noch Google befragen, sind suggestiv, aber mehr auch nicht. Google verändert nicht unser Gehirn und unser Gedächtnis, vielmehr behalten wir andere Dinge als Telefonnummer oder Straßennamen, weil uns das externe Google-Gedächtnis vieles abnimmt. Die Behaltensleistungen konzentrieren sich dann auf anderes. Wir werden symbiotisch mit unserem Computer, weil wir uns schlicht merken, was wir dort nachschlagen können und uns dann auf anderes konzentrieren. Das ist eine Arbeitsteilung, die uns frei macht, neue Inhalte leichter lernen zu können.[55] Wir sind mental flexibel genug, uns auf solche Änderungen durch unsere technische Umwelt einzustellen, und das seit vielen tausend Jahren schon. Verteilte Intelligenz wird das auch genannt, und auch die nimmt zu. Plato hätte das nicht gefallen, den meisten von uns gefällt es aber schon.

Warum es zu einfach ist, von den Medien unmittelbar auf die Aufpulverungen des Lebens zu schließen, verdeutlicht auch noch eine andere Unterscheidung, die nur zu oft ignoriert wird, die Unterscheidung von Korrelation und Kausalität. Man kann sehr wohl eine Korrelation zwischen übermäßigem Medienkonsum und längerfristiger sozialer Benachteiligung behaupten. Aber eine Korrelation ist keine Kausalität, vielmehr ist es auch hier gleich ein ganzes Bündel von Ursachen, die diese Korrelation begründen. Wer seine Anerkennung überwiegend durch soziale Medien gewinnt, ist eher gefährdet als andere.[56] Wer vernachlässigt wird, ist eher gefährdet. Das sind die soziale Ursachen, auf die auch die ersten großen Langzeitstudien in den USA verweisen.[57] Vor allem die Vernachlässigung durch die Eltern, falschen Peergroups, emotionale Probleme, ein prekäres Wohnumfeld und der geringe sozialökonomische Status sind die Ursachen für soziale Benachteiligung, die mit schädlichem Medienkonsum zusammengehen. An den einsamen Stunden vor dem Fernseher oder Computer gerade kleiner Kinder kann man bedrückend sicher voraussagen, in welche Schwierigkeiten die Kinder in ihrem Leben wahrscheinlich geraten werden, eben weil hinter dem exzessiven Medienkonsum so viele andere, sich dann auch noch gegenseitig verstärkende Probleme stecken. Und für Kinder unter zwei Jahren ist der Bildschirm schlicht schädlich.[58] Umgekehrt sagt die Zahl der Bücher in einem Haushalt ziemlich gut voraus, welche Bildungsabschluss Kinder einmal erreichen.[59] Vor allem, wenn Kinder nicht alleine mit Medien gelassen werden, kann man ganz gut abzuschätzen, dass deren Chancen im Leben bessere sind als bei den alleingelassenen.[60] Der Bildungsstand der Mutter ist der stärkste Prädiktor unter allen Variablen, die eine Bildungsbiographie beeinflussen.[61] Studien in anderen Ländern wie der Schweiz kommen zu ganz ähnlichen Ergebnissen. Sind die Eltern ein schlechtes Vorbild auch im Umgang mit Medien, dann ist es für die Kinder schwieriger mit den verfügbaren Medien klarzukommen und suchthaftes Verhalten zu vermeiden. Etwa 9 bis 12 Prozent der Jugendlichen zeigen ein risikobehaftetes Verhalten im Umgang mit digitalen Medien, die ganz große Mehrheit aber der Jugendlichen nicht.[62] Von einer Prävalenz der Internetabhängigkeit kann bei etwa ein bis zwei Prozent der Gesamtbevölkerung gesprochen werden. Dabei sind Jugendliche gefährdeter als Erwachsene, werden Computerspiele häufiger von männlichen Personen und soziale Netzwerke eher von weiblichen Personen suchtartig genutzt, sind lange Arbeitslosigkeit, geringes Einkommen, lediger Familienstatus, Alleinleben und Migrationshintergrund Risikofaktoren für Internet-bezogene Störungen. Die Medien-Risikogruppe fällt mit der sozialen Risiko-Gruppe weitgehend zusammen. Das ist der wesentliche Zusammenhang, auf den es ankommt. Übermäßige Mediennutzung führt zu Entwicklungsstörungen besonders bei kleinen Kindern. Die Ermahnung der Drogenbeauftragten der deutschen Bundesregierung, Marlene Mortler, aus Anlass der Veröffentlichung des Jahresberichts 2017 – „Es ist dringend notwendig, Eltern beim Thema Mediennutzung Orientierung zu geben. Kleinkinder brauchen kein Smartphone"[63] – belegt, auf welchem Niveau die Debatte angekommen ist. Es geht um Selbstverständlichkeiten der Erziehung und man kann sich nur wundern, dass an solche Grundsätze der Erziehung überhaupt erinnert werden muss. Eine der bisher umfangreichsten Studien zum Zusammenhang zwischen Medienkonsum und Lebenszufriedenheit in Großbritannien mit mehr als 100 000 Teilnehmern kommt zu dem schlichten Ergebnis, dass ein vernünftiges Mittelmaß im Umgang mit Medien zum mentalen Wohlgefühl beiträgt, zumal wenn die Mediennutzung unter der Woche eine andere ist als am Wochenende.[64] Überlegte und moderate Mediennutzung gehen mit Zufriedenheit und sozialem Wohlgefühl einher. Wer dagegen mehr als fünf Stunden einen Typus von Gerät nutzt, zeigt zumeist ein auf Dauer problematisches Verhalten. Allerdings ist der Effekt nur schwach ausgeprägt, denn Medienkonsum wird erst in Verbindung mit anderen Lebensentwertungen kritisch. Einmal mehr ist das Argument zu wiederholen, dass die soziale Welt nicht aufhört zu bestehen und sich auch nicht medial auflöst. Nicht den Medien, sondern der Verwahrlosung sollte die gesellschaftliche Aufmerksamkeit gelten. Medienkritik ist nur ein Ersatzspielplatz einer verunsicherten Bildungsgesellschaft.

Wir verbringen eine wachsende Zeit mit dem Internet, keine Frage. 8 bis 11 Stunden sind amerikanische Kinder und Jugendliche im weitesten Sinne mit digitalen Medien am Tag verbunden. Die 12- bis 19-Jährigen in Deutschland sind etwa dreieinhalb Stunden täglich im Netz. Die Daten sind ungenau und nach sehr verschiedenen Kriterien erhoben, denn schon der Unterschied zwischen Mediennutzung in der Freizeit und in der Arbeit hat sich deutlich abgeschwächt, eben weil wir in fast allen Lebensbezügen vom Internet umgeben sind.[65] Aber was kann man aus solchen Zahlen schließen? Dass jemand viel Zeit vor dem Bildschirm sitzt, kann vieles bedeuten. Die Psychologen Markus Appel und Constanze Schreiner haben den sehr verstreuten Forschungsstand zum Zusammenhang von Medien und seinen sozialpsychologischen Auswirkungen gesichtet, metaanalytisch aggregiert und neun populäre Mythen über den Zusammenhang von Gesellschaft und Internet identifiziert.[66] Das heißt, sie haben sehr viele, auch nicht publizierte und einander durchaus widersprechende Untersuchungsergebnisse für ihre Metaanalyse gesammelt, gewichtet und so ausgezeichnet, dass die Einzelergebnisse zu Gesamtwerten zusammengeführt werden konnten, um einzelne Meinungen über die Folgen des Medienkonsums zu prüfen. Mit diesem umsichtigen, in der psychologischen Forschung gängigen Vorgehen vermeidet man beispielsweise, dass die Untersuchung zu Grundschülern mit der Studie zur Internetnutzung im höheren Alter fälschlich vermengt wird. Metaanalysen geben, wenn sie statistisch so sorgfältig wie hier aufbereitet sind, Auskunft über die mittleren Unterschiede zwischen den verschiedenen Forschungsergebnissen. Die Befunde der beiden Psychologen liegen in der Linie der in diesem Buch versammelten Argumente. Appel und Schreiner sprechen deshalb auch von Mythen der Internetnutzung, weil den populären Thesen vom Verfall der sozialen Welt in digitalen Zeiten wenige Befunde zugrunde liegen, ja die Forschungsergebnisse tatsächlich überwiegend in eine andere Richtung weisen. Kurz zu den Ergebnissen im Einzelnen.

Neun Mythen machen die beiden Sozialpsychologen fest: Der erste Mythos ist der vom Zusammenhang zwischen Internetnutzung und sozialer Vereinsamung. Der Zusammenhang ist nur sehr schwach ausgeprägt. Je nach Studientypus zeigen Längsschnittstudien über einen längeren Zeitraum in die umgekehrte Richtung eines eher positiven Zusammenhangs. Wer im Internet ist, nutzt dieses zur Vertiefung seiner sozialen Beziehungen. Nicht Internetnutzung und Vereinsamung hängen zusammen, sondern Internetnutzung und Persönlichkeitstypus. Dieser Unterschied ist wichtig, weil er einmal mehr darauf hindeutet, dass der Erfolg von Internet und Computer eng mit unseren sozialen Bedürfnissen zusammenhängt. Wir sind viel im Netz, weil uns so viel an sozialen Beziehungen liegt. Zweitens, so Appel und Schreiner, nimmt politisches und gesellschaftliches Engagement nicht ab, wenn jemand viel im Internet ist. Mehr Internutzung geht eher mit mehr gesellschaftlichem Engagement zusammen. Wer engagiert ist, nutzt auch das Internet dazu und gewinnt andere dafür. Einsamkeit, so der dritte Mythos, ist keine Folge von Internutzung. Depressionsneigungen und Selbstbewusstsein werden durch Internet nicht signifikant beeinflusst. Um solche psychischen Probleme hinreichend zu erklären, ist das Internet nicht ausreichend erklärungskräftig. Von der Nutzung kann nicht direkt auf das subjektive Wohlbefinden geschlossen werden. Mehr als 99,75 Prozent der Depressionswerte haben andere Ursachen als das Internet, so ist viertens festzuhalten. Fünftens gibt es einen schwachen Zusammenhang zwischen Fettleibigkeit und Computer- bzw. Fernsehkonsum und dieser ist bei Kindern unter zwölf Jahren auffällig. Wie gesagt, ist in diesen Studien nur von Zusammenhängen, nicht von Ursachen die Rede. Für Fernsehen ist diese Korrelation deutlicher nachzuweisen, nicht aber für Computerspiele. Die Ursachen für Bewegungsmangel liegen woanders und sind dort nicht zu übersehen. Für den Schulunterricht zeigt sich, und das ist sechstens, dass ein ausschließlich auf neuen Medien basierender Unterricht keineswegs besser ist als ein klassischer Unterricht. Dagegen kann die Verbindung von direktem Face-to-Face-Unterricht und neuen Medien, also der Tutorenrolle digitaler Medien in einem ansonsten zwischenmenschlich geführten Unterricht, zu leicht besseren Ergebnissen führen, aber nur dann, wenn es kooperativ erfolgt, also letztlich mit großem Engagement der Lehrer wie der Schüler. Alleine am Computer zu lernen, bringt dagegen für die meisten Schüler wenig. Zielsetzungen müssen durch gescheite Lehrer erfolgen, das gilt immer noch. Weiterhin sind computerbasierte Lernspiele nicht wirkungslos – so sind siebtens die Ergebnisse zusammenzufassen –, sondern nützlich, wenn sie selbstwirksam und selbstexplorativ angelegt sind. Denn dann können bessere Wissenszuwächse erreicht werden. Ob mit oder ohne Computer gelernt wird, ist nicht so entscheidend wie die Lernumgebung und damit die Lebendigkeit der sozialen Rollen von Lehrern und Schülern. Schließlich ist achtens festzuhalten, wenn auch nur sehr vorsichtig, dass bislang keine Minderung im Umfang und in der Qualität von Texten von Schülern im Zusammenhang mit Internetnutzung festgestellt werden konnte. Wer das Internet viel(fältig) nutzt, dem fehlen nicht die Worte und die Syntax. So viel von Bildungsverfall durch neue Medien die Rede ist, nachgewiesen werden konnte er noch nicht.

Und neuntens setzt sich die Studie von Appel und Schreiner mit den vielen Quer- und Längsschnittstudien zur Frage nach dem Zusammenhang von aggressivem Verhalten und gewalthaltigem Computerspielen auseinander. Steigern Egoshooter und ähnliche Computerspiele gewaltbereites Verhalten oder wirken sie kathartisch im Sinne eines stellvertretenden Durchlebens? Hier findet sich sehr wohl ein Zusammenhang zwischen gewalthaltigen Videospielen und gleich einer ganzen Reihe von abhängigen Variablen wie aggressivem Verhalten, aggressiver Wahrnehmung und aggressiven Affekten. Hochaggressive Spiele sind tatsächlich eine der Ursachen für gewalttätiges Verhalten, allerdings werden sie durch eine Reihe weiterer Faktoren stark beeinflusst und dazu gehören Familie, Freundeskreis und soziale Situation. Appel und Schreiner verweisen hier auch auf das Konsenspapier der American Academy of Pediatrics, das diesen ursächlichen Zusammenhang ebenfalls benennt,[67] und betonen, dass gewalthaltige Medien eine, aber wohl nicht die erklärungskräftigste Ursache sein dürften. Und das stimmt wiederum mit ökonomischen Zahlen überein, die keinen Zusammenhang zwischen dem steil angestiegenen Kauf von gewaltreichen Computerspielen und Gewaltkriminalität finden konnten. Denn die Gewaltkriminalität nimmt seit Jahren eben ab, der Konsum von gewaltgeladenen Computerspielen aber steigt steil an.[68] Die Spieler von *Grand Theft Auto*, *Starcraft* und *World of Warcraft* sind keine Risikogruppe der Gesellschaft. Langzeitstudien, bei denen Testpersonen über acht Wochen täglich mindestens eine halbe Stunde so gewaltlastige Spiele wie *Grand Theft Auto* gespielt haben, waren nach den acht Wochen nicht aggressiver und gewaltbereiter als Vergleichsgruppen, die keine solche Spiele gespielt haben, auch gegenüber Gruppen, die gewaltfreie Spiele wie *Sims 3* gespielt haben.[69] Die Gewalt in der Gesellschaft hat andere Ursachen als Computerspiele.

Spätestens hier ist es an der Zeit von den Verlierern der digitalen Modernisierung zu sprechen, jenen ca. 15, vielleicht sogar 20 Prozent, denen nicht vorgelesen wird, die nicht lernen mit Medien umzugehen, sondern vernachlässigt vom vierten Stock aus auf laute Straßen schauen und dann in Computerspielen oder abgründigen Diskussionszirkeln mehr Ansprache finden als sonst. Man muss kein Sozialarbeiter sein, um zu ahnen, wie sehr in einem solchen sozialen Umfeld Medien fatale Auswirkungen haben können. Wer nicht gelernt hat, sich auf den Weg zu machen, um Freunde zu sehen, findet in Computerspielen und im Internet jene Verstärkung, die antisoziale Verhaltenseigenschaften fördert. Computerspiele können sehr wohl für diese meist männlichen Jugendlichen, die niemand im Guten einbindet, dazu führen, sich selbst aus Schule und Gesellschaft auszuschließen. Die Spiele treiben dann eine Brutalität unter die Oberfläche, die nur einen kleinen Anlass braucht, um zuzuschlagen. Sich ständig extremen Gewalt- und Sexdarstellungen auszusetzen, hat dann bittere Folgen.[70] Das gilt auch für die Nutzung sozialer Netzwerke. Facebook scheint ganz ähnlich verstärkend auf bestehende Verhaltensmuster zu wirken. Für diejenigen, die nach Anerkennung suchen, die sie sonst nicht bekommen, impulsiv sind, weil sie niemanden haben, der egal, was sie machen, zu ihnen hält, für alle die sind Computerspiele und ist auch Facebook eine dauernde Ablenkung nach unten. Die neuen Medien sind dann sehr schnell eine Abwärtsspirale. Pseudo-Freundschaften werden in Zahlen von über vielen hundert ‚Freunden‘ demonstriert, denen keine soziale Wirklichkeit entspricht. Das Abfilmen von Schlägereien, die in Netzwerken wie Facebook verbreitet werden, dient nur der Demütigung anderer. Aggressive Formen der Sexualität werden übernommen und überhaupt riskanteres Sexualverhalten verstärkt. Suchtartiges Verhalten kommt auf, auch wenn die Forschung noch darüber streitet, ob soziale Netzwerke tatsächlich die gleichen Effekte wie Tabak- oder Alkohol zeitigen können.[71] Auch politische Radikalisierung bleibt dort nicht aus, wo nur noch die einander bestätigenden Hass-Kommentare ausgetauscht werden. Die Algorithmen etwa bei Facebook scheinen die Radikalisierung dann auch noch zu verstärken.[72] Wem diese Meinung gefällt, dem gefällt auch eine ganz ähnliche andere, vielleicht auch radikalere. Dieses Zusammenwirken von Algorithmen und sozialer Problematik setzt Abwärtsspiralen in Gang. Es liegt in der Logik solcher automatisiert hergestellter persönlicher Öffentlichkeiten, nur die miteinander schon vorher gefundenen Meinungen zu teilen. Soziale Exklusion oder politische Radikalisierung gehen so eng mit digitalen Medien zusammen.

Suchtspezialisten wie Bert te Wildt verweisen denn auch auf Faktoren, die entscheidend für Internetabhängigkeit und deren Folgen sind. Unsicherheit in der adoleszenten Entwicklung besonders bei männlichen Jugendlichen, das Auseinanderfallen der Selbstwahrnehmung der eigenen soziale Rolle nach innen und außen, Leistungsdruck in der Schul- oder Arbeitswelt, aber auch der Hunger nach sozialer Nähe und andere individuelle und sozialen Faktoren sind die Bedingungen dafür, dass in der Verbindung der leichten Zugänglichkeit digitaler Medien eine Sucht nach Internet entsteht.[73] Unter Jugendlichen, besonders männlichen, betrifft die Sucht nach Cybersex, Spielen und auch sozialen Medien je nach sozialer Gruppe zwischen fünf bis acht Prozent. Das ist sehr viel. In der Gesamtbevölkerung schätzt man, dass ca. ein bis zwei Prozent von Internetsucht betroffen sind. Das sind gemessen an Zahlen für Alkoholsucht kleine Zahlen, aber hohe Zahlen gerade auch weil sie Jugendliche und hier besonders jene betreffen, die sowieso eher am Rande der Gesellschaft stehen. Sie vernachlässigen sich selbst, gehen nicht mehr in die Schule oder zur Arbeit und verlieren schließlich auch den Bezug zu den Menschen in ihrer nächsten Nähe. Die gesuchte Nähe, die Zahlen von Facebook-Freundschaften suggerieren, obere Plätze in Rankinglisten zu versprechen scheinen und Leistungen auf den Apps anzeigen, führen zum Gegenteil einer sozialen Einbindung. Depressionen, spontane Aggressivität in einem gefährlichen Ausmaß und antisoziale Merkmale zeigen sich schon bei kleinen Anlässen. Ambulante Gruppentherapien und Suchtkliniken haben entsprechend viel zu tun, um diese Abhängigen wieder in ein normales soziales Leben zurückzubringen. Oft ist es ein langer Weg, aus der Entwirklichung durch Internetsucht wieder in die Wirklichkeit des Lebens zurückzufinden.

Für die sozial Umsichtigen dagegen intensiviert Facebook auch deren reale Kontakte.[74] Größere Netzwerke sind dann gestaffelt und zeigen für die Gewinner der digitalen Modernisierung eine höhere Lebenszufriedenheit an. Sie ermöglichen und verbessern etwa für die meisten Studenten deren dauerhafte soziale Beziehungen in einer geographisch weiter auseinanderliegenden Welt der Städte und urbanen Mobilität. Mit den ehemaligen Klassenkameraden auch im Studium noch in Verbindung zu bleiben, gestatten soziale Netzwerke so leicht, dass genau deshalb das so viele tun. Einander widerstreitende Meinungen werden hier in Newsfeeds und Likes gegeneinander ins Feld geführt. Und auch diese Offenheit verstärken die Algorithmen der sozialen Netzwerke. Wer viel in sozialen Netzwerken aktiv ist, hat eine höhere Chance, mit Meinungen anderer sozialer und politischer Gruppen in Berührung zu kommen.[75] Wählerschaften populistischer Parteien sind dagegen unterdurchschnittlich in sozialen Medien präsent. Insofern reflektieren Facebook-Profile so ziemlich die aktuellen Persönlichkeitsmerkmale, die guten wie die schlechten.[76] Die Verlierer der digitalen Modernisierung suchen und finden den Hass, den Medien wie Facebook global zugänglich machen. Dahinter stehen andere Verlierer oder auch Klein-Kriminelle oder Mafia-Banden mit vierstelligen Hacker-Abteilungen oder gut organisierte Fanatiker und nicht selten auch Regierungen.[77] Den Hass erfindet nicht Facebook, seine Multiplikation aber erlauben solche und ähnliche soziale Netzwerke. Und das tun sie selbst dann, wenn Facebook im Verdacht steht, gezielt eher liberale Positionen im Netz zu stärken, weniger liberale Meinungen dagegen zu schwächen.

Generell gesprochen bedeutet dies, dass die Versprechungen der Internetgiganten wie Facebook, die eigenen sozialen Kontakte steigern zu können, einer Überprüfung schlicht nicht standhalten. Und zwar vor allem deshalb nicht, weil das gar kein sinnvolles Ziel ist. Vielmehr haben wir in der Regel eben diese zwischen 100 bis 200 engeren oder loseren Verbindungen zu anderen Menschen, eine Zahl, die zu steigern nicht wirklich sinnvoll ist. Untersuchungen zu mehr als einer Million Facebook-Seiten zeigen denn auch, dass die Leute im Schnitt 100 bis 200 Namen als ihre Online- wie Offline-Freunde listen. Der Unterschied zwischen intensiven Facebook-Nutzern und solchen, die nur gelegentlich auf Facebook sind, ist vernachlässigbar.[78] Intensive Nutzer haben in der Regel keine größeren Freundeskreise als Gelegenheitsnutzer. Und Studien zu E-Mail, Instagram und Twitter-Nutzung zeichnen ein ähnliches Bild. In etwa umfassen unsere sozialen Beziehungen die Dunbar-Zahl von 150 Freunden. Schließlich sind wir immer noch der vielleicht 200 000 Jahre alte Homo sapiens geblieben. Alle Versprechungen auf Steigerungen zum posthumanen Sapiens sind nicht seriös.

Wir wissen aus einer Reihe von Studien, dass Medien nicht neue Persönlichkeitsmerkmale erfinden. Aber vorhandene Persönlichkeitsmerkmale können sehr wohl verlagert oder verstärkt werden. Darin sind Medien gefährlich[79] oder auch nützlich. Lässt man Leute Filme sehen oder Bücher wie *Harry Potter* lesen, in denen Magie vorkommt, und testet sie danach, für wie plausibel sie es halten, dass vielleicht doch ein bisschen Magie auch im wirklichen Leben möglich wäre, dann steigt die Vermutung, das könnte doch ein bisschen Wirklichkeit sein im Vergleich zu Gruppen, die nicht *Harry Potter* gesehen oder gelesen haben. Lässt man Leute dagegen Geschichten von Hooligans lesen, die nur auf die nächste Schlägerei warten und keine schwierigere Aufgabe zu lösen haben als das Öffnen einer Bierdose, dann schneiden diese Leser im Intelligenztest im Vergleich mit Kontrollgruppen signifikant schlechter ab.[80] Die Schlussfolgerung aus solchen und ähnlichen Studien liegt auf der Hand: Man kann sich auch dumm lesen, ob mit Büchern, Computerspielen oder Facebook. Aber das sind temporäre Verlagerungen von Persönlichkeitsmerkmalen und sie wirken dauerhaft nur dann, wenn sie mit anderen sozialen

Entwertungen regelmäßig über einen längeren Zeitraum zusammengehen.

Computerspiele sind daher nicht der Untergang der zivili-
sierten Welt noch der Niedergang der Jugend. Die Spiellust,
die sich an *Starcraft*, oder *Red Dead Redemption* erfreut, gehört
vor allem zu Menschen, die solche Spiele als eine rekreative
Tätigkeit genießen und hierbei eine hohe Selbstwirksamkeit
erfahren.[81] In Deutschland spielen fast dreißig Millionen Menschen alle Arten von Computerspielen. Das sind mehr als vier-
zig Prozent der Gesellschaft, rechnet der Branchenverband Bitkom vor. Und das Bild vom pickligen Jungen im großkarierten
Hemd als dem typischen Gamer ist längst Geschichte, wenn es
je gestimmt haben sollte. Besonders schnell wächst in den letzten Jahren die Zahl der weiblichen Spieler. Schon 2014 haben
sie mit den männlichen Spielern weitgehend gleichgezogen.
Das liegt vor allem an den Smartphones, die fast jeder mit sich
herumträgt und den Apps, die das Spielen zu einer Gelegenheit
für das Zwischendurch gemacht haben. Etwa ein Viertel der in
Deutschland genutzten Apps sind Spiele. Je mehr die digitale
Welt unsere zweite Haut wird, desto selbstverständlicher umgeben uns auch Spiele. Über das Internet spielen Millionen
Menschen zusammen, viele in kleinen Kohorten, wo man sich
persönlich kennt. Und nicht nur Jugendliche spielen, sondern
auch Über-Vierzigjährige, gerade auch App-Spiele. Meist kommen die Spieler aus besser gestellten Haushalten, die über ein
monatliches Nettoeinkommen von mehr als 3 000 Euro verfügen. Computerspiele-Messen wie *Gamescom* sind ein Ereig-
nis, dem Hunderttausende von Besuchern entgegenfiebern; die
teuren Eintrittskarten sind dementsprechend schon vor der Eröffnung ausverkauft.[82] Dass es bei solchen Messen regelmäßig
zu schweren Ausschreitungen wie bei Fußballspielen kommen
sollte, ist bislang noch nicht berichtet worden. In Ländern wie
Korea sind besonders kreative Spieler wie Lee Sedol, der mehr-
fache Weltmeister im *Starcraft*-Spiel, Nationalhelden. Sie einen
die Nation wie sonst Sportler oder Künstler auch. Historisch
geschulte Köpfe werden daran erinnern, dass schon vor mehr

als zweihundert Jahren Ästhetiker wie der Theologe Jean-Baptiste Dubos in Schriften wie *Réflexions critiques sur la poésie et sur la peinture* bemerkt haben, dass man gewaltsame Taten auf Bühne sehen kann, ohne deshalb das Theater als Monster zu verlassen. Shakespeares *Richard III.* auf der Bühne zu erleben, hat noch kein Publikum in Tyrannen verwandelt. Auch die *Gamescom* verwandelt niemanden in ein Monster.

Wenn zwischen Medien und Gewalt so leicht ein Zusammenhang herzustellen ist, dann liegt das auch an der Geschichte der Medien selbst. Medien haben eine Geschichte der Faszination für Gewalt und Schrecken und das gerade in der Moderne. Das Aufkommen der Kriminalgeschichten und all ihrer Subgenres wie dem Thriller sind die Folge einer Zähmung der Gewalt im öffentlichen Raum. Wir schauen nicht mehr gerne Kreuzigungen zu und besuchen auch nicht Hinrichtungen, wie es frühere Generationen getan haben. Tierquälerei ist ein Strafbestand und keine Unterhaltung mehr. Die Faszination ist in die Bücher gewandert. Auch das frühe Kino ist eine Erfolgsgeschichte geworden, weil es diese Faszination für Gewalt auszudrücken verstanden hat. Die Bundesrepublik gerät nicht regelmäßig sonntagabends in den Ausnahmezustand, weil wieder sehr viele Bundesbürger den neusten *Tatort* gesehen haben. Und der Erfolg skandinavischer Serienkiller-Romane steht in keinem Zusammenhang mit einer in Gewalt versinkenden Gesellschaft Nordeuropas, der gegenteilige Zusammenhang ist vielmehr richtig.[83] Es sind gerade die ausgeprägt modernen Gesellschaften wie die Schwedens, die sich simulierte Gewalt erlauben.

Die skandinavischen Gesellschaften können so gut im Genre der Schwedenkrimis mit sich selbst spielen, weil ihre soziale Ordnung in einer historisch einmaligen Weise befriedet ist. Ein Videospiel wie *Red Dead Redemption II* hat bei seiner Veröffentlichung im Herbst 2018 weder in der Schweiz noch in Österreich oder in der Bundesrepublik zu Gewaltausbrüchen geführt, weil der Wilde Westen dieses Action-Adventure-Games ohne jede Nähe zur Wirklichkeit der Spieler ist. Erst pazifizierte

Gesellschaften sind frei zu spielen und wir tun genau das in einer geschichtlich singulären Weise.

Computerspiele haben also für die meisten von uns modernen Menschen eine ziemliche genaue Funktion und Wirkung in einer befriedeten Gesellschaft. Sie sind keine Schulbücher und machen daher nicht einfach schlauer, auch wenn sie die ein oder andere strategische Fähigkeit wie schnelleres Schlussfolgern oder räumliche Orientierung einüben. Für die meisten Schulzusammenhänge sind das aber nur begrenzt nützliche Fähigkeiten. Computerspielen ist vor allem ein Freizeitverhalten. Es ist Spiel. Wer schulische Leistungen steigern will, der wird auf Lesen weiterhin setzen müssen, weil Lesen das Vokabular trainiert. Selbst beim Freizeitlesen wird zumeist das Weltwissen erweitert, Fähigkeiten, die auch in Schulen gern gesehen sind.[84] Aber wir sind nicht nur lernende Wesen, wie jeder von uns weiß, sondern schauen auch ziellos aus dem Fenster oder spielen selbstverloren vor uns hin. Natürlich können auch Computerspiele schlauer und kreativer machen. Das tun sie aber nur dann, wenn im Spiel möglichst genau die Fähigkeiten eingeübt werden, die gefördert werden sollen. Spiele, die prosoziales Verhalten für den Spielerfolg verlangen, erhöhen empathische Fähigkeiten und minimieren Gefühle wie Schadenfreude.[85] Das funktioniert mit Spielen wie mit dem Hören entsprechend positiv gestimmter Musik. Aggressive Lieder erhöhen dagegen aggressive Gedanken und feindliche Gefühle. Lernen kann man darum sehr wohl auch mit Computerspielen oder Musik, aber das nur in der Domäne, die ein Spiel jeweils einübt. Chirurgen schnitten im wörtlichen Sinne besser ab, wenn sie vor einer Operation die Augen-Hand-Koordination virtuell durchgespielt hatten. Actionspiele üben die rasante Adaption von Mustererkennung ein, die vielleicht nicht in der Schule, aber in anderen Lebensbereichen nützlich ist.[86] Spiele wie *Minecraft* unterscheiden sich von den sonst gängigen Spielen darin, dass sie nur minimale Instruktionen am Anfang geben und erwarten, dass man sich durch sehr viel Text und Instruktionsseiten liest, um hier erfolgreich eine solche Spielwelt zu meistern. Entsprechend fördern Spiele wie *Minecraft* Lesen und Schreiben mehr als es andere Spieltypen leisten. Spiele zu bestimmten Themen wie etwa zur griechischen Mythologie, zum Beispiel *Playing the Past*, verbessern naheliegender Weise das Wissen über alte Kulturen. Und zusammen zu spielen bzw. zu gamen, fördert kooperatives Verhalten, – wen wundert das.[87] Wie so oft hängt es an der Art der Spiele und dem Maßhalten mit der Spielezeit, warum Computerspielen auch lehrreich sein kann und warum Psychologen wie Esther Köhler und David Williamson Shaffer ein großes pädagogisches Potential in Computerspielen ausmachen.[88] Spiele wie *Sim City* ermöglichen es, verschiedene Perspektiven auf die Welt zu erproben, zu lernen, was es heißt, die Infrastruktur einer Stadt zu betreiben oder die Rechtsverhältnisse auszubalancieren. Lerndefizite in Fragen der Gedächtnisleistung, des räumlichen Denkens und der Entscheidungsfindung bei sechsjährigen Kindern mit ungünstigem Hintergrund können mit den richtigen Spielen wie *Mate Marote* ausgeglichen werden.[89] Man muss deshalb nicht gleich erwarten, dass die Zukunft des Lernens, ja des gelingenden Lebens im Spielen liegt, wie es poppige Thesen etwa von Jane McGonigal in auflagenstarken Büchern und im *Spiegel* behaupten.[90] Aber Computerspiele scheinen gerade auch visuelle Kreativität zu befördern, wie überhaupt unsere Kultur visuellen Informationen mehr Raum und Macht einzuräumen scheint als frühere Gesellschaften.[91]

Längst gibt es Fokussierungs- und Konzentrationstraining für unterschiedliche Berufe wie Piloten oder Chirurgen. Für deren Training wird intensives Computerspielen erfolgreich eingesetzt.[92] Spielen macht nicht dumm und kann viel eher unter die nützlichen Aufpulverungen des Lebens gerechnet werden. Und wie die Jungen, so die Alten. Eine australische Studie mit mehr als 5000 Teilnehmern zwischen 69 und 87 Jahren, die deren Computernutzungsverhalten über mehrere Jahre mit Nicht-Computernutzern dieser Altersgruppe verglichen hat, legt nahe, dass die tägliche Nutzung von E-Mail,

Internet, Textverarbeitung, Spielen und Netzwerken Demenz-
erkrankungen abzuschwächen scheint.[93] Damit nicht genug
werden Computerspiele, die wie *Rayman Raving Rabbids* dazu
verwendet, Kinder mit Legasthenie zum besseren Lesen zu ver-
helfen.[94] Aufgrund solcher und ähnlicher Befunde haben die
beiden Neurowissenschaftler Daphne Bevalier und Richard
Davidson in der Zeitschrift *Nature* die These vertreten, dass es
nicht darauf ankäme, Computerspiele zurückzudrängen, sondern sie für die Verbesserung vieler kognitiver Fähigkeiten zu
nutzen, weil sie genau das zu leisten im Stande seien.[95] Man
muss den Enthusiasmus der Sozialoptimierung nicht teilen,
um zu begreifen, dass von unterschiedlichen Dingen die Rede
ist, wenn über Computerspiele und ihren Folgen geurteilt wird.
Dass ihnen die Zukunft gehören könnte, dafür sprechen schon
jetzt viele der Befunde. Denn Computerspiele sind die Fort-
setzung der immersiven Lesewelten Rousseaus mit gesteigerten
Mitteln. Sie ermöglichen das selbstversunkene Eintauchen in
mögliche Welten und leisten vielfältige Anschlusskommunika-
tionen. Die Chatrooms der Actionspiele sind nicht leerer als
die lernorientierter Spiele.

Anders gesagt: So leicht die neuen Medien Teil unserer täglichen Umwelt werden, so wenig lösen sie die Grenzen unserer
sozialen Welt auf oder machen Eltern, Freunde und Lehrer
überflüssig. Sie heben auch nicht die Notwendigkeit des Maßhaltens auf, noch machen sie Gedanken überflüssig, für welchen Zweck ich welche Medien nutze. Weder die Versprechungen der Internetgiganten noch die Klagen ihrer Kritiker treffen
die Veränderungen der digitalen Modernisierung, die uns
längst wie eine zweite Haut umgibt. Die Modernisierung betrifft uns alle und lässt sich nicht auf ein Problem der Jugend
reduzieren. Konstruktionen von solchen Phänomenen wie die
'App-Generation'[96] sind Barfuß-Soziologie. Das Internet und
andere Aufpulverungen des Lebens sind nützlicher als gedacht.
Das ist die gute Nachricht, die festzuhalten sich lohnt, gerade
auch dann, wenn man die Folgen für die Verlierer der Gesellschaft nicht aus dem Blick verliert. Der gelingende Umgang

mit der digitalen Welt hängt an ihrer Verbürgerlichung. Sie zu betreiben, ist uns als gesamtgesellschaftliche Aufgabe gestellt, das gilt gerade auch für das Lesen, Schreiben und Publizieren, wie im Folgenden zu zeigen sein wird.

5. Der Computer ist dem Buch sein Tod und andere Falschmeldungen

‚Der Computer ist dem Buch sein Tod‘, so sagen es viele und sie sagen es mit dem Verweis auf die Folgen schwindender Bildung, Sprache und überhaupt alltäglicher Klugheit, die mit dem Ende des Buchs einhergehen sollen. Das Buch werde ein Nischendasein wie die Vinyl-Schallplatte führen, das stille, selbstversunkene Lesen könne bald schon die Ausnahme werden und der schaffende Geist würde sich anderer Medien und nicht mehr des Buchs bedienen. An diesem Topos ist vieles falsch, vor allem die Entgegensetzung von Buch und Computer. Schon das Buch gehörte und gehört zu den „Aufpulverungen des Lebens" wie heute der Computer, und das nicht erst seit Rousseaus Zeiten. Umgekehrt werden ganze Lyrik-Bände auf dem Computer geschrieben und in digitalen Poesiealben millionenfach geteilt. Und dass die Zahl der Bücher auch nur irgendwo abnehmen würde, ist noch nicht berichtet worden. Lesen und Buch gehören zu uns modernen Menschen. Nur wie das Buch aussieht, wie es hergestellt wird, wie es uns begleitet und unsere Gedanken formt, das wandelt sich sehr wohl. Wie sich der Nutzen von Büchern genauer verändert, davon handelt dieses Kapitel.

Bücher sollen nützen und erfreuen oder gar beides zugleich, so hat es der römische Autor Horaz den Dichtern seiner Zeit auf den Weg gegeben. Horaz war klug genug zu wissen, dass Bücher Unterschiedliches leisten und es keineswegs so ist, als würden alle Bücher gleichermaßen nützlich oder alle nur unterhaltend sein. Bücher haben viele Funktionen, deren Gemeinsamkeit darin besteht, uns Welten aufzuschließen, die andere an anderen Orten und zu anderen Zeiten beschrieben oder sich ausgedacht haben, sodass es nicht zu viel behauptet ist, dass Bücher unsere Welt erweitern. Bücher ermöglichen es uns, Erfahrungen über Räume und Zeiten zu teilen. Wer wissen möchte, wie die Welt an einem mittelalterlichen Hof im fernen Japan ausgesehen hat, wird in den Monogatari-Erzählungen und im Roman der Hofdame Murasaki Shikibu reichlich und viel wunderlich erscheinende Anschauung finden. Wer mehr über die Welt der Neandertaler wissen möchte, ob sie nun über Sprache verfügt haben oder in ihrer Lebensweise der unsrigen doch ähnlicher waren als lange vermutet, wird populäre Darstellungen, etwa die der Paläoanthropologen Thomas Wynn und Frederick Coolidge, belehrt aus der Hand legen können. Und wer nicht weiß, wie unsere Welt als Scheibenwelt aussehen könnte, findet in den Romanen Terry Pratchetts dazu mehr als eine Anleitung. Ist es wahrscheinlich, dass wir solche Entdeckungen im digitalen Zeitalter aufgeben wollen, um nur am Objekt direkt zu lernen? Selbst wenn wir das wollten, so ist es längst unmöglich, weil die meisten Dinge viel zu kompliziert und abstrakt sind, um unmittelbar erfahren und verstanden werden zu können. Sprache hat sich nicht zufällig im Lauf der Evolution entwickelt, denn sie ist ausgesprochen nützlich, um von Dingen zu reden, die nicht da sind, gestern passiert waren oder morgen geschehen werden, aus einer anderen Perspektive und von einem anderen Ort handeln und dergleichen Praktikabilitäten mehr. In der modernen Welt ist sehr vieles nicht der Erfahrung direkt zugänglich, und das hat zunächst Folgen für unsere Sprache.

Unsere Sprache wird reicher in der modernen Welt, so lautet der kontraintuitive Befund gegen alle Klagen über den Verfall von Rede und Ausdruck. Reicher wird die Zahl der Wörter in einer Sprache wie dem Deutschen. Je mehr Dinge es in der Welt gibt, desto mehr Wörter gibt es, um diese Dinge zu benennen und zu benutzen. Die Zahl der neuen Dinge ist weit größer als die Zahl der Worte, die verloren gehen oder zumindest außer Gebrauch kommen. Natürlich suchen eine Sattlerei nur noch wenige Menschen auf, an Bandsalat erinnern sich nur diejenigen, die mal ein Tonbandgerät oder einen Kassettenrekorder besessen haben. ‚Kommod' finden nicht viele Menschen eine Situation oder schimpfen jemanden einen ‚Quacksalber'. Wörtersammler wie Bodo Mrozek listen in ihrer Botanisiertrommel der verlorenen Worte vielerlei solcher und ähnlicher, längst verlorener Kleinodien auf, die in dem schönen *Lexikon der bedrohten Wörter* und im Internet unter www.bedrohte-woerter.de versammelt sind. Es sind so etwa 600 Wörter, die da unter großer Anteilnahme der gebildeten Welt zusammengekommen sind. Um solche Klageplätze versammeln wir uns gerne. Aber das vermittelt ein falsches Bild. Denn wir übersehen dabei, wie viele neue Worte jeden Tag entstehen, Worte für all die komplizierten Sachverhalte und Ereignisse unserer modernen Welt. Unser Wortschatz wird so jeden Tag reicher. Da nutzen dann Leute Worte wie ‚Flüsterasphalt' und ‚Vollpfosten', andere reden von ‚Eurobond', der ‚Mikrospende' und von der ‚Vorständin' und was der neuen Wörter mehr sind. Die Dinge, Institutionen und Ideen in der modernen Welt werden mehr und mit ihnen die Wörter, die sie vermitteln. Und wenn sie als Wörter, genauer als abstrahierte Konzepte vorliegen, können sie verändert werden. Neue Dinge und neue Vokabeln gehören zusammen, und beides gibt es gerade in modernen Wissensgesellschaften in unglaublich großer Zahl.

Die Lexikographen vom Mannheimer Institut für Deutsche Sprache versuchen die neuen Wörter zu verzeichnen, die einfach schon dadurch entstehen, dass es mehr Dinge auf der Welt gibt. Nur sind es so viele neue Wörter, dass selbst die Sprachgelehrten in Mannheim nicht wissen, wie viele es in etwa sind. Der erste *Bericht zur Lage der deutschen Sprache* von 2013 gab sich alle Mühe, den Zuwachs der Vokabeln in unserer Sprache abzumessen und zeigte eindrucksvoll, wie die Worte mit den Dingen zunehmen. Dinge sind nicht durch ein einziges Wort abgebildet, wie etwa das Phantasie-Englisch ‚Handy‘, vielmehr gehört ein Wortumfeld von der ‚Handy-Schutzhülle‘ über ‚Internet-Zugriffspunkt‘ bis ‚Android‘ und unzählige Wörter mehr hinzu, je nach der Domäne, die man untersucht. Die Software-Industrie hat ihrerseits viele Vokabeln für dieses Ding, das wir ‚Handy‘ nennen. Die Fachworte, die die Experten der Telekommunikationsbranche verwenden, sind andere als etwa in der Domäne der Gadget-Designer oder in der Jugendsprache. So umgeben sehr viele Wörter neue Dinge wie das Handy. Vorsichtig geschätzt rechnen die Mannheimer Lexikographen mit deutlich mehr als einer Million neuer Wörter im deutschen Sprachschatz seit den letzten hundert Jahren. Keineswegs sind es dabei die Anglizismen, die als neue Vokabeln in größerer Zahl zu diesem Anstieg wesentlich beigetragen haben, auch wenn dies andere Klageplätze der Kulturkritik nahelegen. Ihre Rolle ist weit überschaubarer, als es die gängige Sprachkritik suggeriert. Für das Deutsche sind es die so charakteristischen Komposita, die gerade auch mit der Entwicklung neuer Dinge oder Verhältnisse gebraucht werden und daher zunehmen. ‚Parklücke‘ ist von der technischen Entwicklung nicht abzukoppeln, die ein solches Wort in den Umlauf gebracht hat. Und ‚Teilzeit‘ besteht zwar aus zwei bekannten Worten, seine Bedeutung ist aber eine gänzlich neue und wiederum von gesellschaftlichen Entwicklungen in den letzten hundert Jahren nicht abzulösen. Zwischen 1905 und 2004 ist der Wortschatz des Deutschen um mindestens dreißig Prozent auf mehr als fünf Millionen Wörter angewachsen. Und das sind sehr vorsichtige Schätzungen, weil sie Fachsprachen nur eingeschränkt berücksichtigen. Dort sind der Wörter noch viel mehr.

Die Sprache verändert sich auch im digitalen Zeitalter. Ihr Wortschatz wächst, und die Grammatik wird eine andere. Dass die Grammatik einfacher wird, der Konjunktiv I nicht mehr so häufig gebraucht und der Genitiv zum Attribut wird, wenn wir eher sagen ‚Unterstützung vom Lehrer‘ statt ‚Unterstützung des Lehrers‘, mag manchen als Verfall erscheinen. Sprachwissenschaftler dagegen konstatieren schlicht, dass alle großen Kultursprachen im Laufe ihres Gebrauchs in ihrer Grammatik einfacher werden und das besonders dann, wenn die Zahl ihrer Sprecher zunimmt. Das lässt sich am Englischen besonders deutlich und schon länger beobachten. Sprachen, die dagegen nur von sehr kleinen Gruppen etwa in Papua-Neuguinea gesprochen werden, haben eine ungleich komplexere Grammatik auch als das Deutsche vor hundert Jahren. Wo mehr Sprecher einer Sprache zusammenkommen, da wird die Grammatik einfacher und die Worte werden kürzer, lautet die Faustregel. Wir gehen flexibler mit der Sprache um, sind anpassungsfähiger je nach kommunikativem und medialem Kontext und müssen mehr Worte verknüpfen als jemals zuvor. Mehr Worte und eine flexiblere Grammatik bestimmen also unsere sprachliche Umwelt im digitalen Zeitalter. In den noch größeren Sprachen als dem Deutschen wie dem Chinesischen oder eben Englischen ist die Entwicklung keine andere. Man kann also viel über die Sprache unserer Gegenwart sagen. Nur dass sie verarmen würde, das trifft nicht zu.

Wo mehr Wörter sind, da sind auch mehr Leser und mehr Bücher nicht weit. Bevor gleich viel von den Veränderungen in Sachen Bücher und Lesen die Rede sein wird, erinnere ich zunächst an die Eckdaten, an die in den deutschsprachigen Ländern vergleichsweise stabilen Muster des Lesens in den letzten hundert Jahren, wohlwissend, dass die Zahlen zur Beschreibung der Lesergruppen sparsam erhoben und wenig belastbar sind, will man regionale, soziale und andere Unterschiede genauer erfassen. In einer ersten Näherung kann man dennoch sagen, dass in den deutschsprachigen Ländern zu etwa achtzig Prozent den Kindern abends vorgelesen wird, ein gar nicht zu überschätzendes Ritual.[1] Denn Lesen ist nun mal eine Kulturtechnik, die wie das Zähneputzen eingeübt werden muss. Zu den Mustern des Leseverhaltens gehört auch, dass es Nicht-Leser eher in der Stadt denn auf dem Land gibt.[2] Ein stabiles Muster des Leseverhaltens ist außerdem der ausgeprägte Unterschied zwischen den Geschlechtern. Mädchen und Jungen,

Frauen und Männer lesen immer noch etwas anders, die einen mehr, die anderen weniger, emotionsbetont die einen, handlungsbetont die anderen. Mädchen lesen als erwachsene Frauen noch weiter Belletristik, Jungen dagegen wechseln mit dem Erwachsenenleben eher zur Lektüre von Sachtexten.[3] Das sind sehr alte Lesemuster, vielleicht noch älter als die Neuzeit und diese sind durchaus nicht auf den deutschsprachigen Raum beschränkt.

Die Zahl funktionaler Analphabeten ist hoch, zu hoch, und liegt bei vermuteten zehn bis fünfzehn Prozent der Erwachsenen. Mehr als sieben Millionen Erwachsene in Deutschland tun sich schwer mit dem Lesen selbst einfacher Texte, zwei Millionen scheitern schon an Sätzen, und etwa 300 000 können nicht einzelne Wörter entziffern. Im engeren Sinne rechnet man mit etwa vier Prozent Analphabeten in einer modernen Industrienation wie Deutschland oder der Schweiz – kein Nischenphänomen. Anders als es das Stereotyp vom sozial isolierten und benachteiligten Analphabeten will, stehen die meisten, die mit dem Lesen Schwierigkeiten haben, im Berufsleben und auch sonst in festen sozialen Beziehungen.[4]

Eine andere Gruppe bleibt über die letzten Jahrzehnte in Deutschland auch stabil. Das sind die intensiven Leser, oft sind es eher Leserinnen als Leser. Sie lesen den ganzen Roman *Anna Karenina*, alle sieben Bände von *Harry Potter* und Uwe Tellkamps *Turm*-Roman bis zur letzten Seite, ja, sie verschlingen diese Bücher. Kein Koffer kann tragen, was sie für den Urlaub als Lesestoff brauchen, und so sind schon viele von ihnen zu Amazons Kindle gewechselt, der genügend Bücher in weniger als 250 Gramm digital verpacken kann. Diese begierigen Leser sind nicht genau einer sozialen Schicht zuzuordnen, auch wenn sie eher weiblich denn männlich sind, eher dem Mittelstand entstammen, eher älter denn jünger sind, mal aus etablierten, mal aus zugewanderten Familien kommen, die ja auch längst einen lesenden Mittelstand ausgebildet haben, der oft und zu Unrecht übersehen wird. Unter allen diesen werden die mehr, die es nicht kümmert, wer analog oder digital spricht.[5] Das sind in einer ersten Näherung die kaum veränderten Lesergruppen.

Muss man sich also gar keine Sorge um das Lesen machen? Auf die Frage, ob denn in den letzten Jahrzehnten nun mehr oder doch eher weniger gelesen worden ist, bekommt man jenseits der Kulturkritik keine einfache Antwort. Nehmen wir einmal an und zwar mit einem der klassischen Beobachter der USA, mit Alexis Tocqueville, die USA seien die modernste Nation der Welt, und was dort geschieht, sei der Vorbote zu dem, was auch hierzulande zu erwarten sei. Zudem wird in den USA die Entwicklung des Lesens sehr viel genauer untersucht als in Deutschland, Österreich oder der Schweiz, sodass wir zunächst auf das Lesen in den USA schauen. Die nationale Studie zum Lesen von Kindern und zum Lesen in der Familie, die das größte Verlagshaus für Kinderbücher, Scholastic, alle zwei Jahre publiziert, stellt fest, dass knapp mehr als die Hälfte der 6- bis 17-Jährigen zum Zeitpunkt der Befragung ein Buch in ihrer Freizeit liest. Etwas mehr Jungen, nämlich etwa 26 Prozent statt nur 20 Prozent wie noch 2010, sind Freizeitleser. Mädchen lesen dagegen weniger als noch vor einigen Jahren Bücher, dafür mehr soziale Nachrichten. Sie sind aber unter den Viellesern deutlich die größere Gruppe im Vergleich zu den Jungen. Etwa 36 Prozent der Mädchen sind Vielleserinnen und ca. 32 Prozent der Jungen. Wie ihre Eltern sind die meisten Kinder und Jugendlichen der Meinung, dass Lesen wichtig sei und man überhaupt mehr lesen sollte. Die Antwort spiegelt freilich eher den sozialen Konsens als die Wirklichkeit des Lesens. Wie fast alle solche und ähnliche Studien, die mehrere tausend Kinder und Jugendliche befragen, betont auch diese, wie wichtig das elterliche Vorbild sei und dass die schiere Zahl der Bücher in einem Haushalt ein guter Indikator für die Leseintensität der Kinder sei.[6] Das sind erst einmal Zahlen, die nicht gleich verzweifeln lassen. Aber es lohnt sich noch genauer hinzusehen, ob nicht doch der Computer dem Buch den Rang streitig macht.

Zwei jüngere Berichte der amerikanischen Bundesstiftung

National Endowment for the Arts sind überschrieben mit *Reading at Risk* (2004) und *Reading on the Rise* (2009). Der Berichtzeitraum beider Studien fällt ziemlich genau mit dem Aufstieg des Internets und des Smartphones zusammen. Wie die Überschriften beider Untersuchungen im direkten Vergleich schon anzeigen, hat sich die Sache mit dem Lesen gebessert. 2004 schienen vom Lesen nur noch Daten des unaufhaltsamen Niedergangs zu vermelden zu sein, 2009 gab es die ersten guten Nachrichten seit mehr als zwei Jahrzehnten. 2004 musste der Bericht feststellen, dass weniger als die Hälfte der erwachsenen Bevölkerung Literatur im letzten Jahr gelesen hat, gegenüber 1982 demnach ein Verlust von fast zehn Prozent an Leserinnen und Leser zu verzeichnen ist.[7] Die damals beobachtete Abnahme des Lesens von Literatur geht mit dem Rückgang des Bücherlesens allgemein einher, auch wenn dieser Rückgang nicht ganz so stark ausgeprägt ist. Noch bevor der Computer und das Internet unsere Welt durchdrungen haben, ist die Zahl der Nicht-Leser in den letzten zwanzig Jahren um sieben Prozent gestiegen und die Geschwindigkeit, mit der die Zahl der Leser abnimmt, hat sich in den neunziger Jahren beschleunigt. Noch lesen Frauen deutlich mehr Literatur, aber auch unter ihnen, so der Bericht 2004, nimmt die Zahl der Leserinnen ab. Unterschiede zwischen den Altersgruppen oder Ethnien sind dabei nicht erheblich. Weniger Leser sind unter den besser Ausgebildeten ebenso wie unter den weniger gut Ausgebildeten zu finden. Die Zahlen gehen einfach überall rückläufig. Besonders alarmiert hat 2004 der Rückgang der Leser in der Altersgruppe der 18- bis 24-Jährigen und der 18- bis 34-Jährigen in den letzten zwei Jahrzehnten. Hier ließen sich noch stärkere Rückgänge verzeichnen als unter den Älteren. Noch bevor Internet und Computer unsere Welt bestimmt haben, sind in den USA demnach die Leserzahlen deutlich zurückgegangen.

Alarmierend sind die Zahlen von 2004, weil mit der Abnahme des Lesens das schwindende Interesse an der gesellschaftlichen und politischen Partizipation einhergeht. Die 2004 konstatierte Abnahme führt der Bericht auf die Zunahme der elektronischen Medien zurück, zu dieser Zeit noch vor allem auf den Fernseher. Damals, 2004, gab es im Durchschnitt der amerikanischen Haushalte nur einen Computer, aber viele Fernseher. Diese Zunahme des Mediums Fernseher schlägt sich auch in den Ausgaben nieder, die für verschiedene Medien getätigt wurden. 1990 machten 5,7 Prozent der Ausgaben für Freizeitaktivitäten Bücher aus, 6 Prozent waren es für elektronische Medien. Zwanzig Jahre später ist die Summe, die für Bücher ausgegeben wird, ganz leicht auf 5,6 Prozent gefallen, die Ausgaben für elektronische Medien sind dagegen auf 24 Prozent der Freizeitausgaben geklettert. Nicht das Buch hat verloren, vielmehr wird mehr Geld für die neuen Medien ausgegeben. Das meint hier aber noch nicht so sehr die digitalen Medien, sondern Videokassetten und -geräte. Man hat also zu Beginn des 21. Jahrhunderts in den USA in fast jedem Zimmer einen Fernseher stehen und der kostet mehr als Bücher. Medien konkurrieren um Zeit, Aufmerksamkeit und Geld miteinander, und das im ganz wörtlichen Sinne. Soweit stimmen die Zahlen von 2004 nicht eben glücklich, ohne dass in diesem Bericht von 2004 viel von Internet und Computer die Rede wäre.

Der alarmierende Bericht von 2004 wird noch durch einen weiteren Report von 2007 gestützt,[8] der ebenfalls feststellen muss, dass zwischen 1984 und 2004 das Lesen immer seltener zu den Freizeitbeschäftigungen von Jugendlichen zählt. Selbst der College-Besuch sichert nicht mehr das Lesen als eine selbstverständliche Tätigkeit ab. Die Konkurrenz des Buchlesens mit anderen Medien ist offensichtlich. Die Fähigkeit, Bücher flüssig lesen zu können, nimmt unter den 17-Jährigen ab. Berichte wie dieser von 2007 erinnern immer wieder daran, wie eng Lesefähigkeit und beruflicher Erfolg zusammenhängen. Gute Leser bereichern auch das soziale und kulturelle Leben. Sie sind mehr als andere in der Öffentlichkeit engagiert, treiben Sport und sind politisch aktiv. Diese Leser fehlen zunehmend der amerikanischen Gesellschaft.

2009 hellt sich das Bild auf.[9] Nach einem Vierteljahrhundert des Niedergangs machen die Fachleute zum ersten Mal wieder einen Anstieg des Lesens aus. Dieser Anstieg betrifft das Lesen von erwachsenen Frauen und Männern, verschiedenen ethnischen Gruppen und Generationen. Die 18- bis 24-Jährigen, deren Leseinteresse in den letzten Dekaden immer weiter abgenommen hat, zeigen einen erstaunlichen Zuwachs von über 20 Prozent mehr Lesezeit zwischen 2002 und 2008. Die Daten basieren auf sehr großen Probandenzahlen und sind sorgfältig ausbalanciert entlang der Zahlen des amerikanischen Zensus-Büros und erstaunen selbst die Wissenschaftler. Denn nachdem über Dekaden hinweg immer weniger in den letzten zwölf Monaten gelesen haben, liegt diese Zahl 2008 erstmals wieder über der symbolisch so wichtigen 50-Prozent-Marke und betrifft fast alle Bevölkerungsgruppen. Wichtig ist es dabei festzuhalten, dass die Bevölkerung keine feste Größe ist, sondern durch Zuwanderung in die USA angestiegen ist. Der prozentuale Anstieg von 7 Prozent zwischen 2002 und 2008 ist daher vielleicht nicht so wichtig wie der Anstieg der absoluten Zahlen der Leser. Mit mehr als 16 Millionen neuen Lesern im Jahr 2008 (bei einer Bevölkerung von mehr als 320 Millionen Menschen) ist die absolute Zahl der Leser auf einem Höchststand, seit das National Endowment for the Arts 1982 die erste Erhebung durchgeführt hat. Junge Menschen, die zwischen 18 und 24 Jahren alt sind, sie sind die neuen Leser, so sagt es der Bericht mit erkennbarer Freude an den eigenen Befunden. Ihre Zahl ist um mehr als 20 Prozent gegenüber 2002 angestiegen und liegt damit etwa drei Mal so hoch wie die der übrigen Bevölkerung. War die Zahl derjenigen, die in den letzten zwölf Monaten gelesen haben, über das letzte Vierteljahrhundert kontinuierlich gefallen, so weist der Anteil der jungen Leser wieder deutlich nach oben. Knapp dreieinhalb Millionen junge Leser sind dazugekommen. Und Gruppen der amerikanischen Bevölkerung, die wenig lesen – wie etwa die hispanoamerikanischen Gruppen – lesen zwar immer noch weniger als andere Bevölkerungsgruppen, aber auch hier steigt die Zahl der Leser sehr deutlich mit Zuwachsraten von mehr als 20 Prozent, unter den afroamerikanischen Lesern um 15 Prozent nach oben gegenüber den Zahlen von 2002. Jene, die nicht unbedingt im Zentrum der Gesellschaft stehen, lesen deutlich mehr als noch vor wenigen Jahren. Männer und Frauen lesen mehr, und auch hier ist interessant, dass die Zuwachsraten des notorisch leseschwachen Geschlechts mehr als doppelt so hoch liegen wie die der Leserinnen. Mehr noch steigt auch die Zahl derjenigen, die trotz Abbruchs der High-School in den letzten zwölf Monaten zu einem Buch gegriffen haben, auch wenn hier die absoluten Leserzahlen immer noch sehr bescheiden ausfallen und der Bildungsgrad zugleich ein sicherer Indikator für Leseverhalten bleibt. In der Summe ist der Bericht des National Endowment for the Arts ermutigend.

Das gilt auch für die Sache des Lesens schöner Literatur. Fast die Hälfte der amerikanischen Erwachsenen liest Romane. Diejenigen, die auch Poesie und Dramen lesen, lesen – fast ist man geneigt zu sagen: natürlicherweise – auch Romane und Erzählungen. Immer seltener werden dagegen Poesie und Dramen gelesen, ein länger schon zu beobachtender Trend. Auch Frauen lesen immer weniger Poesie. Und wenn man nur danach schaut, wer überhaupt ein Buch jenseits von Schule und Arbeit zur Hand nimmt, ganz gleich, was sein Inhalt ist, so ist die absolute Zahl dieser Leser auch leicht gestiegen, was vor allem auf die wachsende Bevölkerung zurückgeführt werden kann. Die erwachsene amerikanische Bevölkerung ist damit in etwa in zwei gleichgroße Gruppen von Lesern und Nicht-Lesern geteilt. Wer überhaupt ein Buch liest, ist eher gesellschaftlich und politisch engagiert, bringt sich in Sport, Freiwilligendienste aller Art, Theater, Kunstausstellungen oder Aktivitäten in der Natur mehr ein als Nicht-Leser. Lesen lohnt sich, aber nicht deshalb, weil das Lesen Menschen engagierter macht, sondern wohl eher, weil diejenigen, die sich in die Gesellschaft einbringen, auch lesen. Der Zusammenhang zwischen Lesen und Gesellschaft liegt nahe, denn auch dafür, so etwas Abstraktes wie die Gesellschaft zu verstehen, ist Lesen sehr nützlich. Lesen und Verbürgerlichung sind zwei Seiten einer Medaille. Sie gehören unverändert im 21. Jahrhundert zusammen.

Schon 2008 war zu beobachten, dass mehr digital bzw. online gelesen wird, gerade unter den Jüngeren. Die Zahlen sind heute schon vielfach überholt, aber bemerkenswert ist dennoch, dass gerade diejenigen, die online lesen, ganz überwiegend auch Bücher lesen. Leser lassen sich nicht in online- und offline-Leser aufteilen. Vielmehr gilt, wer liest, der tut dies in vielen Medien. Blogs zu lesen und Online-Artikel zu studieren geht mit intensivem Bücherlesen zusammen. Die dort gelesene belletristische Literatur ist zu allererst Romanlektüre, solche von Krimis und Thrillern, Fantasy und Romanzen. Die neuen Leseformate sind wie so oft in der Geschichte des Lesens neben die alten getreten. Und wer schon die alten Formate zu nutzen verstand, nutzt ebenso die neuen, so auch hier. Dennoch wundern sich die Experten erheblich über diesen Anstieg, für den sie keine einfache Erklärung haben. Sie verweisen vorsichtig darauf, dass in den USA im letzten Jahrzehnt vermehrt Anstrengungen in ganz unterschiedlichen Größenordnungen unternommen wurden, um das Lesen wieder zu einer größeren Selbstverständlichkeit werden zu lassen. Ob es diese vielfältigen Initiativen allein waren, die Veränderung zu erklären, kann man lange diskutieren. Panelstudien können solche Fragen nicht direkt beantworten, weil sie dafür nicht ausgelegt sind. Sie messen langfristige Veränderungen, nicht deren Ursachen.

Die Jahre zwischen 2002 und 2008 sind ziemlich exakt die Jahre, in denen die Zahl der Computer in Privathaushalten nach oben geschnellt ist, und das liegt vor allem am Internet. Kaum noch kann man sich in Industrienationen ein Leben ohne Internet vorstellen, und nicht nur dort. Entsprechend steigt die Zahl der Geräte an, mit denen wir ins Internet gehen. Digitale Medien sind für uns so selbstverständlich Internetmedien geworden, dass wir zwischen Computer und Internet kaum unterscheiden. Die digitale Transformation durch Computer und Internet zu Beginn des 21. Jahrhunderts geht eng mit den steigenden Leserzahlen zusammen, ganz anders als es selbst noch das National Endowment for the Arts in seinem Bericht 2002 vermutet hatte, war man dort doch fest davon überzeugt, dass es die neuen Medien seien, die für den Niedergang des Lesens hauptsächlich verantwortlich zu machen wären. Obwohl Zeit und Geld bekanntlich begrenzte Ressourcen sind, und wir die Zeit vor dem Bildschirm nicht zugleich mit dem Buch verbringen können, deuten diese Zahlen darauf hin, dass anders als vielleicht das Fernsehen, die digitalen Medien nicht im Gegensatz zum Lesen stehen. Jedenfalls korreliert der Anstieg des Internets nicht mit dem Niedergang des Lesens, trotz solcher Meldungen wie 2014 aus England, dass dort fast die Hälfte der Kinder aus unteren Einkommensschichten nicht ausreichend lesen könne.[10] Die britischen Zeitungen waren der besorgten Meldungen voll, wieder ein Klageplatz für Kulturpessimisten. Die vielfach zitierte britische Studie wurde von Fußballvereinen und Verlagen wie Harper Collins mitgetragen, sodass der Vorschlag nicht verwundert, dass 11-Jährige doch in der Lage sein sollten, *Harry Potter* lesen zu können – die Romanreihe erscheint bei Harper Collins. Bei näherem Hinsehen auf die dahinterstehende Studie der Universität Newcastle zeigt sich freilich, dass die Zahlen viel kleiner sind, als sie in den Zeitungen gemeldet wurden, und sozial schwache Jungen mit Englisch als Erstsprache betreffen. Dass Kinder gerade aus asiatischen Einwandererfamilien besser abschneiden, lenkt einmal mehr den Blick auf die sozialkulturellen Voraussetzungen. In Klassengesellschaften wie der britischen gilt Lesen anders als unter Mädchen unter den Jungen der unteren Einkommensgruppen wenig. Andere Bevölkerungsgruppen gerade aus asiatischen Zuwanderungsländern bewerten das anders. Großbritannien schneidet denn auch in so ziemlich allen Untersuchungen zum Lesen von Kindern und Jugendlichen schlecht ab. Daher lohnt der Blick auf die sozialen und kulturellen Umstände des Lesens und weniger der auf die Aufregung über die Medien und den angeblichen Verfall des Lesens. Dann sieht man, was für Anstrengungen an so vielen Ecken der Gesellschaft notwendig sind, um die Kulturtechnik des Lesens weiterzugeben. Aber dass sich die Anstrengungen mittelfristig auszahlen, das belegen diese Studien alle und sie tun es nachdrücklich.

Man sieht die positiven Veränderungen in Sachen Lesen erst recht im internationalen Vergleich. Die größte, international angelegte Studie zum Lesen, die PIRLS-Studie von 2016,[11] konstatiert für so unterschiedliche Länder wie Singapur und die Russische Förderation, Hong Kong und Polen Spitzenplätze im internationalen Vergleich der Lesefähigkeit am Ende der vierten Klasse und das obgleich gerade die asiatischen Länder eine intensive Nutzung aller Arten digitaler Endgeräte aufweisen. Insgesamt sei die Zahl der guten Leser in den letzten Jahren erfreulich angestiegen. Mit sehr triftigen Befunden belegt die PIRLS-Studie aber auch, dass die Voraussetzung für eine erfolgreiche Lesekarriere an einer gelingenden Erziehung im Elternhaus, durch Freude und durch die Schule liegen. Wo mehr Bücher, aber auch mehr digitale Geräte zu Hause zu finden sind, nimmt der Leseerfolg zu. Überhaupt wo Eltern, Freunde gerne lesen, lesen auch die Kinder und Jugendlichen mehr, sie lesen früher und sie lesen besser. ‚Scaffolding‘, also etwa ‚Gerüstbauen‘ nennt man in der Leseforschung diese Art der Unterstützung durch ein lesefreundliches Umfeld in Familie, Wohnort und Schule. Es gilt dann auch umgekehrt, dass dort, wo das alles fehlt, Lesekarrieren verloren gehen. Allein schon eine funktionierende Schuldisziplin sagt viel über zukünftige Lesechancen aus. Wo Schüler ausgeschlafen und ausreichend gefrühstückt haben, funktioniert der Leseunterricht besser, und wo Schulen einen Schwerpunkt auf den Leseerwerb kombiniert mit Wissenserwerb legen, werden Schüler zu besseren Lesern. Und sie lesen dann ebenso selbstverständlich auch gut Online-Texte und navigieren fokussierter im Netz.

Die Regel gilt, dass gelingendes Lesen nicht eine Frage von digital oder analog ist. Es ist eine Frage der gelingenden Lesesozialisation, die dann auch noch selbstverständlich mit einübt, wie man in der digitalen Welt erfolgreich lesen kann. Das ist umso wichtiger, weil es immer mehr und durchaus lange Texte zu lesen gibt, auch für Jugendliche wie etwa die Romanserie *A Song of Ice and Fire*, die als *Games of Thrones* verfilmt ein Milliardenpublikum erreicht. Jeder der Bände hat mehr als 500 Seiten. Gewiss ist dem Leser dabei nur der epische Leseumfang, nicht aber wer unter den Figuren dieser Romanwelt überlebt – und das sind wenige. Viel steht hier noch zu lesen aus, bis die Geschichte an ihr Ende gekommen sein wird. Andere lesen anderes, aber auch sehr viel. Schmonzetten wie *Fifty Shades of Grey* verlangen von ihren Leserinnen, dass mehr als 500 Seiten gelesen sein müssen, um zu erfahren, wie es nun zwischen Liebe und Handschellen ausgeht. Die erfolgreichen Romane einer Donna Tartt und der neue Hilary Mantel kosten ihre Leser ebenfalls viel Zeit, eben Zeit zum Lesen. Unter diesen Romanen sind reichlich komplexe Erzählwelten zu finden, die man so aufmerksam lesen muss wie einen russischen Roman des 19. Jahrhunderts. Tartt wird nicht zufällig wiederholt mit Charles Dickens verglichen. Und die Moral von Geschichten einer Hilary Mantel sind alles andere denn trivial. Im Gegenteil bringen hier selbst die Nebenfiguren alles mit, was die psychologisch aufwändig motivierten Figuren älterer Romane auch haben. Solche und ähnliche Romanwelten können durch oberflächliches Lesen, dem sogenannten Skimming, durch bloßes Abschöpfen von kleinen Handlungselementen, nicht annähernd verstanden werden. Daher ist es ganz unwahrscheinlich, dass diese Welterfolge anders gelesen werden als schon Flauberts *Madame Bovary* gelesen wurde, eben vertieft und selbstversunken, auch wenn Nicholas Carr und andere gerne mit neurowissenschaftlicher Unterfütterung das Gegenteil behaupten und das natürlich vielfach elektronisch und auch auf YouTube.[12] Aber vielleicht ist die Kulturkritik nur die Krankheit, für deren Therapie sie sich hält. Jedenfalls zeigen Soziologen wie John Palfrey und Urs Gasser, dass die Aufmerksamkeitsspanne in modernen Gesellschaften nicht generell sinkt, sondern die Internet-Erfahrenen sehr schnell die Register zwischen dem kursorischen und dem vertieften Lesen wechseln können.[13] Aber das tun Zeitungsleser auch schon seit mehr als einem Jahrhundert, wenn sie zum Roman wechseln. Martin, Tartt und Mantel können daher mit sehr aufmerksamen und selbstvergessenen Lesern rechnen, dies auch unter den jugendlichen Leserinnen und Lesern. Für sie schreiben diese Autoren ja. Lesen nimmt also nicht nur quantitativ zu, es hat auch qualitativ gewonnen.

Im Vergleich mit den USA hat es das Lesen in Deutschland besser. Das sieht man, wenn man die Studie der Stiftung Lesen heranzieht, die fast parallel zu der amerikanischen Lesestudie *Reading on the Rise* erstellt wurde.[14] Genau vergleichbar sind ihre Ergebnisse zwar nicht, weil die deutsche Studie sehr viel kleiner angelegt und etwas anders auf verschiedene gesellschaftliche Gruppen zugeschnitten ist, als dies bei den amerikanischen Studien der Fall ist. Aber der Tendenz nach lohnt der Vergleich zwischen den deutschen und amerikanischen Studien dennoch. Zunächst ist die Zahl der Leser in Deutschland deutlich größer als die Zahl der Lesenden in den USA. Während die amerikanische Lesewelt in zwei fast gleichgroße Gruppen von Lesern und Nicht-Lesern aufgeteilt ist, machen die Nicht-Leser in Deutschland nur etwa ein Viertel der Gesellschaft aus. Die absolute Zahl der Leser wächst, weil neue Lesergruppen auch in Deutschland hinzukommen, Menschen aus anderen Ländern, die fast ebenso häufig ein Buch lesen wie der Bevölkerungsdurchschnitt. Das sind etwa 36 Prozent, die wöchentlich, und 8 Prozent, die jeden Tag ein Buch zur Hand nehmen. Die Lese-Mittelschicht ist also nicht kleiner geworden, gewinnt neue Leserinnen und Leser hinzu, die auch Bibliotheken in wachsender Zahl nutzen. Auch diese Zahl ist nicht klein, insgesamt fast 60 Prozent der Bevölkerung in Deutschland nutzen regelmäßig Bibliotheken. Zugleich, so konstatiert der Bericht von 2008, schwindet im Vergleich zu den letzten Zahlen von 2000 der Typus des Gelegenheitslesers, der also im Monat ein bis vier Bücher liest (was nach amerikanischen Maßstäben schon ein Intensivleser wäre). Die Vielleser dagegen, die mehr als 50 Bücher im Jahr lesen, bleiben eine gleichgroße, wenn auch kleine Gruppe von Lesern, nicht mehr als 3 Prozent. An dieser Zahl ändert sich wenig. Dagegen wächst die Zahl derjenigen, die am Bildschirm lesen. Sie halten zwar überwiegend Gedrucktes für glaubhafter als digitale Informationen, ohne deshalb das Lesen am Bildschirm als Gegensatz zum Lesen von Büchern aufzufassen. Der Topos vom Bildschirm-Lesen als Zerstörer der Lesekultur wird in diesem Bericht von 2008 ausdrücklich zurückgewiesen.

Die Studie der Stiftung Lesen unterscheidet verschiedene Lese-Typen.[15] Ein Viertel der Bevölkerung liest so gut wie nicht, oder das Lesen ist für diese Menschen mühevoll. Das sind die Nicht-Leser. Ungefähr ebenso groß ist die Gruppe derjenigen, die gerne liest und das mit hoher emotionaler Freude am Lesen. Dieser Typus der Lesefreunde ist eher weiblich als männlich, wie umgekehrt der Typus des informationsorientierten Lesers eher männlich ist und 20 Prozent unter den Lesern in Deutschland ausmacht. 12 Prozent der Leser nutzen digitale Medien ebenso zum Lesen wie Bücher, ,Vielmediennutzer' werden sie in der Wissenschaft genannt. Etwas kleiner ist mit 11 Prozent der Anteil der Leser, die als elektronikaffine Mediennutzer firmieren, also eher und durchaus auch lieber digital als gedruckt lesen. Und für den Rest, etwa 8 Prozent, sind Bücher nur ein Ballast. Solche Typologisierungen haben natürlich etwas Willkürliches, weil Menschen oft je nach Lebenssituation mal eher dieser Typus, mal eher jener sind. Wer im Beruf viel zu lesen hat, kann, muss aber nicht in seiner Freizeit viel lesen und umgekehrt. Dennoch ist diese Typologie nützlich, weil sie einmal mehr unterstreicht, dass nicht der Computer und das Internet die bösen Buben in der schönen deutschen Lesewelt sind. Was das Lesen auch hierzulande beeinflusst, ist die kulturelle und soziale Hochschätzung des Lesens, die Frage, ob den Kindern vorgelesen wird oder nicht, ob ihnen ein Buch geschenkt wird, ob Groß und Klein zusammenspielen, ob eine Zeitung im Haus ist und Bücher im Regal stehen, aber auch ob der intelligente Umgang, die Metakognition, mit den neuen Medien eingeübt und darauf geachtet wird, wie viel Zeit Kinder vor den Bildschirmen verbringen. Auch das unterstreichen Einrichtungen wie die Stiftung Lesen immer wieder und mit guten Gründen. Lesen meint einfach sehr Unterschiedliches.

Das sind knapp zusammengefasst die kargen Zahlen, die ein etwas differenzierteres Bild des Lesens in der digital gewordenen Bundesrepublik zeichnen. Aber sie sind von 2008 und das ist schon viele Jahre her. 2016 erschien die letzte der alle zwei Jahre erstellten KIM-Studie des Medienpädagogischen Forschungsverbunds Südwest,[16] und 2017 die MIKE-Studie der Zürcher Hochschule für Angewandte Wissenschaften.[17] Diese Studien untersuchen detaillierter, wie die 6- bis 13-Jährigen in Deutschland und in der Schweiz mit den neuen Medien umgehen und das mit Blick auf das Lesen. Ein erster Befund sagt: Auch die Jüngsten sind weiterhin Leser. Mehr als die Hälfte der unter 13-Jährigen liest mindestens einmal pro Woche ein gedrucktes Buch, Mädchen deutlich mehr als Jungen. Der Anteil der Nicht-Leser ist hier kleiner als in der Gesamtbevölkerung und liegt bei etwa 11 Prozent bei den Mädchen und 21 Prozent bei den Jungen. Das Lesen nimmt zwischen dem 6. und 13. Lebensjahr zu und liegt, wenn man auch die Leser einbezieht, die nur selten lesen, bei über 75 Prozent. Die Gruppe der intensiven Leserinnen und Leser liegt bei 21 Prozent bei den Mädchen und 12 Prozent bei den Jungen. Die Zahlen decken sich auch in etwa mit den Antworten, ob die Kinder sehr gerne oder gerne, nicht so gerne oder gar nicht lesen. Auf die Frage, ob sie zurzeit gerne ein Buch außerhalb der Schule lesen, antworten mehr als die Hälfte der Kinder mit „sehr gerne" oder „gerne". Gelesen werden *Harry Potter* und *Gregs Tagebuch*, die immer jungen *Drei Fragezeichen, Fünf Freunde* oder *Das Magische Baumhaus* oder *Hanni und Nanni, Twilight* und *Die Tribute von Panem*, ohne dass man dabei lange darüber nachdenken muss, was eher die Jungen und was eher die Mädchen lesen. Und die Kinder gehen mindestens ab und zu in die Bibliothek, leihen dort aber nicht nur Bücher aus, sondern auch DVDs und Comics, seltener schon Konsolenspiele, Hörspiele und Musik-CDs. Dafür gibt es ja längst das Internet. Und auch hier führen seit Jahren, wenn nicht Jahrzehnten, *Die drei Fragezeichen* die Liste der Lieblingshörspiele an, gefolgt von *Bibi Blocksberg* bis hin zu *Pippi Langstrumpf.*

Die Generation der ganz jungen Leser nutzt das Internet, genauer steigt die Zeit, die sie im Internet verbringen gegenüber den Daten von 2012 und 2014. 2016 sind die jungen Leser fast jeden Tag im Netz, und nur ein kleiner Teil zählt noch zu den sporadischen Internetnutzern. Der Anteil der Internetnutzer dürfte gegenwärtig schon höher liegen, aber noch dominiert das Fernsehen das Medienverhalten von Kindern. Die Internetnutzung nimmt erst mit dem Größerwerden zu. Soziale Medien wie WhatsApp werden parallel zur steigenden Internetnutzung mit zunehmendem Alter wichtiger. Mit Hilfe der Eltern oder Freunde meldet man sich bei Facebook an. Auch Handys und Tablets spielen für das Lesen dieser Altersgruppe der unter 13-Jährigen eine wachsende Rolle. Sie nutzen aber immer noch vor allem den heimischen PC oder Laptop. Doch ist das alles nichts im Vergleich zum Fernsehen. Mehr als 60 Prozent der Kinder zwischen 6 und 13 Jahren zählen das Fernsehen zu ihrem wichtigsten Medium, auch das eine Zahl, die sich in den letzten zwei Jahren wiederum zugunsten des Internets verschoben haben dürfte. Das Fernsehen ist auch Spitzenreiter in der täglichen Nutzung. Fast 80 Prozent schauen so gut wie jeden Tag fern. Man spielt dagegen nur ein- bis mehrmals pro Woche etwa eine halbe bis eine Stunde Computerspiele. Im Jahr 2016 war also noch der Fernseher das Medium Nummer eins und das hat eine lange Geschichte. Seit 1999 belegen die Zahlen der KIM-Studie, dass 70 bis 80 Prozent der Kinder fast täglich fernsehen, vor allem die bekannten Sender wie KiKA, Super RTL, RTL und Pro Sieben bzw. Disney Channel. Unter den Freizeitaktivitäten führt Fernsehen das Feld an, erst danach folgen Aktivitäten wie Freunde treffen, drinnen oder draußen spielen, Musik hören. Online-Spiele und Computernutzung sind damit 2016 noch nicht vergleichbar häufig gewählte Spiele, aber sie liegen noch vor dem Bücherlesen und das nicht nur bei Jungen. Erst nach Fernsehen, Sport und Freunden kommt der Computer. Das Buch hat daher für die Kinder einen großen Konkurrenten – und das ist der Fernseher, unverändert seit mehr als fünfzehn Jahren, wenn nicht länger. Das digitale Zeitalter hat die Kindheiten nicht völlig gegenüber den Generationen davor verändert, auch wenn die Kinder mit dem Größerwerden mehr am Computer spielen. Und das durchaus mehr als eine Stunde täglich. Besonders Jungen tun das jeden Tag länger als eine Stunde. Die Spiele, die sie dabei spielen, sind *FIFA, Super Mario, Mario Kart, Die Sims, Minecraft*, kurz Spiele, die bislang niemand auf die Liste jugendgefährdender Spiele gesetzt hat. Ja, man ist geneigt zu sagen, dass sie erheblich gescheiter sind als ein großer Teil der Sendungen, die auf den bevorzugten Sendern laufen. Wenn die Entscheidung ist, ob Kinder besser Fernsehen oder solche Spiele spielen sollten, wäre wohl nicht nur meine Entscheidung klar.

Und wie die Kinder so die Jugend, sagt die an die KIM-Studie anschließende JIM-Studie bzw. die an die MIKE-Studie anschließende JAMES-Studie zum Lesen von Jugendlichen.[18] In den fünfzehn Jahren, seit die Studien Daten über Lesen und andere Mediennutzungen unter den 12- bis 19-Jährigen erhoben haben, ist die Zahl derjenigen Jugendlichen, die täglich oder einmal die Woche ein gedrucktes Buch lesen, in etwa gleich geblieben und liegt bei ca. 40 Prozent. Immer liegen die Mädchen vorne. Fast die Hälfte von ihnen liest regelmäßig, bei den Jungen sind es nur etwa 30 Prozent. Obwohl die Jugendlichen Tagezeitungen nur wenig nutzen, halten sie Zeitungen für vertrauenswürdiger als das Internet, das noch hinter Fernsehen und Radio rangiert. Das mag der bloßen sozialen Erwartung geschuldet sein und als Antwort nicht viel sagen. Dennoch spricht die Studie von einem konservativen Urteil der Jugendlichen, ungeachtet der Tatsache, dass dieselben Jugendlichen praktisch alle täglich im Internet sind und aus dem Internet ihre Informationen gewinnen. Und sie lesen, mehr als die Hälfte mindestens einmal pro Woche, viele so gut wie täglich und wiederum die Mädchen mehr als die Jungen. Die Nicht-Leser bilden etwa 20 Prozent unter den Jugendlichen in der Schweiz und in Deutschland. Die Jugendlichen lösen sich vom Fernsehen, das ist für diese Altersgruppe ein klar zu identifizierender Trend. Das Internet ist ihr Medium noch vor dem Fernsehen geworden und dieser Trend dürfte sich in den letzten zwei, drei Jahren noch verstärkt haben, seitdem Netflix oder Amazon Prime das herkömmliche Fernsehen zu einer Angelegenheit für Eltern und Großeltern gemacht hat. Hier werden auch viele der beliebten Sitcoms vielfach vorab geguckt. Lesen von Büchern kommt für die Jugendlichen lange nach Internet, Fernsehen, Radio und Computerspielen und liegt im Mittelfeld der Medien, die heute von den 12- bis 19-Jährigen genutzt werden. E-Books werden von den Jugendlichen kaum gelesen. Gespielt werden *FIFA* und *Minecraft*, *Grand Theft Auto* oder *Candy Crush*. Und es wird viel für die Schule am Computer gelernt. Aktive Computernutzung, etwa um Filme zu schneiden, gehört zu den nur von wenigen genutzten Möglichkeiten des Computers. Insgesamt dominiert der Medienkonsum, bei dem es keinen großen Unterschied macht, welcher Art das Medium ist. Wieder fallen die Jungen damit auf, deutlich mehr Videogames als die Mädchen zu spielen.

Fast jeder besitzt heute ein digitales Endgerät. Was Jugendliche damit vor allem und zuerst tun, das ist Kommunikation. Nicht der Computer, sondern das Smartphone ist das zentrale digitale Gerät. Fast die Hälfte der Mediennutzung ist dem sozialen Mit- und Gegeneinander gewidmet. Nichts ist wichtiger als Verabredung und Tratsch, Chatten und Instagram. Twitter und E-Mails sind schon etwas für Erwachsene. Erst nach den Sozialen Medien kommt mit knapp einem Viertel bei der Mediennutzung die Unterhaltung, also Videoportale und Musik. Erst das Soziale, dann die Unterhaltung und dann die vielen anderen Möglichkeiten, das ist die Hierarchie der Nutzung. Die schulischen Zwecke vom Austausch über Hausaufgaben bis zum Nachlesen des Schulstoffs, Rechnen auf dem Computer oder Nutzung von Lernprogrammen bestimmen erheblich, was am Computer gemacht wird. Computernutzung unter Jugendlichen ist so gesehen zu einem erheblichen Anteil eine Verlängerung der Schule, sozial wie inhaltlich. Nur wenige schreiben selbst, etwa für Wikipedia oder tragen in Foren etwas bei. Man ist in seiner persönlichen Öffentlichkeit und die überlappt sich mit der Klasse, in die man gerade geht. Es wundert daher auch nicht, dass sich die Nutzung von Online-Communities gegenüber 2008 nicht wesentlich erhöht hat, wie die JIM- und JAMES-Studie wiederholt belegen. Durchschnittlich haben diese Jugendlichen etwa 250 ‚Freunde‘, von denen aber ein deutlich kleinerer Teil zu denen gehört, mit denen man Nachrichten austauscht, lernt oder chattet.

Computer und Internet gehören schon für die Jugendlichen zu den Selbstverständlichkeiten des Lebens und des Lesens. Ihr Umgang damit unterscheidet sich von dem der Jüngeren und Älteren vor allem darin, dass die Jugendlichen dem sozialen Austausch die meiste Zeit widmen, dann auch der Unterhaltung und schließlich dem Lernen. Für diese Zwecke sind digitale Medien ideal und das Smartphone deshalb auch ständig angeschaltet. Wer das Buch mit dem Computer vergleicht, sieht spätestens hier, wie schief der Gegensatz von reichem, sozialen Leben und dem verarmenden Computer ist und wie irrig die Prognosen sind, die die Verdrängung des Buchs vorausgesagt haben. Lesen und Internet gehen zusammen und das gerade auch für Jugendliche. Der Schulalltag und das Gespräch unter Freunden, die neue Folge auf YouTube und das Teilen eines Leseeindrucks gehen über die digitalen Medien zwischen den Jugendlichen hin und her. Lesen wird Teil dieser digitalen Öffentlichkeit, ohne dass das Lesen selbst digital werden würde. Nicht das Lesen wird digital, sondern die digitalen Medien nehmen das Buch in sich auf. Computer und Internet sind auch Bücher und zugleich vieles mehr. Diesen Vorteil von Computern und Internet nutzen Kinder wie Jugendliche. Sie lesen in Deutschland in etwa immer noch so viel oder wenig wie vor fünfzehn Jahren. Die digitale Welt hat diese Kulturtechnik nicht marginalisiert, aber das Lesen in die digitale Vielfalt eingebettet. Das Buch ist Teil der digitalen Welt geworden, auch als gedrucktes. Diese Integration des Buchs und des Lesens in die Welt der vielen Medien ist das Neue im digitalen Zeitalter.

Genau betrachtet müsste man also nicht das Buch mit dem Computer, sondern das Buch im Zusammenspiel mit der Briefkultur, der Zeitung und dem Kaffeehaus vergleichen, um die richtigen Einheiten mit Computer und Internet zu vergleichen. Erst dann versteht man, was Internet und Handy den Jugendlichen sind. Denn sie sind das alles – das Buch, der Brief, die Zeitung und das Kaffeehaus – in einem und das heute im digitalen Zeitalter mit so niederschwelligen Übergängen, dass der Weg vom Tratsch zur Mathe-Hausaufgabe, von der Nachfrage, wie es dem anderen geht, zum Lesen eines Artikels über Montaigne oder dem Engagement bei der Freiwilligen Feuerwehr kaum noch ein Weg ist. Alles ist unter einer digitalen Oberfläche vereint, was früher auf viele Instanzen verteilt war. Welche Anstrengungen musste noch Voltaire unternehmen, um in seiner Kutsche lesen und schreiben zu können, Nachrichten zu empfangen und an der nächsten Poststation Briefe aufzugeben. Das alles können die digitalen Medien so viel leichter, schneller und in so viel Formaten und Formen, die sich kein Voltaire zu träumen gewagt hätte. Sie sind unsere Umwelt, lenken unsere soziale Aufmerksamkeit, machen viele schlauer, lassen junge und alte Menschen ohne große Umständlichkeit lesen und diskutieren. Die digitalen Medien sind Voltaires Kutsche, nur eine sehr viel bessere.

Dass diese Jugendlichen wie überhaupt viele Teile der Gesellschaft dann wenig Ahnung haben, wie ein Computer funktioniert, nur wenige eine Programmiersprache erlernt haben oder wissen, wie das Internet reguliert wird, bleibt festzuhalten. Die vielbeschworenen Digital Natives gibt es nicht, und das hat mit dieser, so vielen von uns unerträglichen Leichtigkeit des Digitalen zu tun. Es genügen Wischgesten und ein wenig Vertrautheit mit Menüpunkten, um digital zu navigieren. Unterschiede in den Medienformaten spielen kaum eine Rolle. Niemand muss umständlich einen Super-8-Film an ein Tonbandgerät koppeln. Die Leichtigkeit des Digitalen verknüpft Audio- und Video-Dateien, Gedrucktes und 3D-Objekte, als hätte nie ein Unterschied zwischen diesem allem bestanden. 3D-Drucker oder VR-Brillen lassen wohl in den nächsten Jahren den Unterschied zwischen dem Digitalen und dem Realen weiter schrumpfen. Wie diese digitale Leichtigkeit zustande kommt, das wissen aber immer noch nur wenige, eher diejenigen, die einen höheren sozioökonomischen Status haben, Freude an der Computernutzung zeigen und vielleicht noch in der Schule etwas über Internet und Computer gelernt haben. Sie verstehen am ehesten etwas von Computern und Internet. Insgesamt schneiden die Jugendlichen in den meisten Ländern nicht besonders gut in der Kenntnis der Computerwelt ab, wie der Bericht der International Association for the Evaluation of Educational Achievement *Preparing for Life in a Digital Age. The IEA International Computer and Information Literacy Study* von 2014 einmal mehr gezeigt hat.[19] Und das hat seinen Grund eben in dieser Leichtigkeit, mit der uns das Digitale wie eine zweite Haut umgibt.

Funktionsverschiebungen und Funktionsdifferenzierungen zwischen Medien sind kein neues Phänomen. Seit etwa gut hundert Jahren, seit Kindheiten auch Lesekindheiten geworden sind, haben Buch und Lesen immer Konkurrenten im Kampf um die Zeit und Aufmerksamkeit der Kinder – auch der Großen – gehabt. Mit dem Aufkommen des Kinos haben sich Unterhaltungsgenres aus dem Buch ins Kino verschoben. Mit dem Fernseher sind dann viele Formate aus den Familienblättern des 19. Jahrhunderts in das Fernsehen abgewandert. Die Wahlmöglichkeiten der Kinder und der Jugendlichen haben dabei insgesamt stark zugenommen. Man kann auch formulieren, dass die gesellschaftliche Heterogenität unter Jugendlichen zugenommen hat. Anders gesagt: Erst recht im digitalen Zeitalter ist ein nie dagewesener Reichtum der Medien mit einer zugleich gewachsenen funktionalen Differenzierung der Gesellschaft entstanden, die das Buch und das Lesen in eine digitale Öffentlichkeit integriert, in der es nicht das eine Lesen, sondern die vielen Weisen des Lesens gibt. Tatsächlich ist das Buch nur Teil einer reicheren Umwelt geworden und mit ihr anders verbunden als noch vor hundert Jahren. Die Konkurrenz zwischen Buch und Kino ist heute kaum eine, denn die Zahl der Filme, die wiederum auf Bücher zurückgehen, wächst, wie umgekehrt gerade populäre Autoren wie Frank Schätzing oder Joanne K. Rowling für die Verfilmung zugleich ihre Bücher schreiben. Comics genauso wie Computerspiele werden als Vorlagen für Filme genutzt und inspirieren wieder Bücher. Dabei zeigt ein Blick in ältere Erhebungen über das Leseverhalten, dass diese Änderungen in der Ökologie der Medien weder das Lesen abwürgen noch die Bücher an den Rand drängen. Studien vor mehr als einem Vierteljahrhundert zeigen ganz ähnliche Muster der Verteilung zwischen den Nicht-Lesern und den Viellesern, wie wir sie auch gegenwärtig vorfinden:[20] Nicht-Leser sind 15 bis 30 Prozent, je nachdem, wie man sie misst und welchen Moment man dabei aufnimmt. Mädchen lesen mehr und intensiver als Jungen. Informationsgewinnung und Unterhaltungen wandern ins Fernsehen ab. Das Buch ist tendenziell eher für schwierigere Inhalte da, wenn es nicht als Romanze oder Thriller der bloßen Unterhaltung dient. Bildungsnahe Familien vermitteln ihren Kindern eher einen Sinn für das Lesen auch über die Pubertät hinaus. Die Zahlen sind einmal höher, einmal niedriger und als einzelne Ziffern nur eine Annäherung. Im längeren Rückblick über mehr als ein Vierteljahrhundert zeigen die Zahlen aber keinen Niedergang des Bücherlesens an. Lesen und Buch sind Teil der Digitalisierung unserer Welt geworden, als wäre dies keiner großen Rede wert. Kurz, die Aufregung über das angebliche Ende von Lesen und Buch sind nicht viel mehr als kulturkritische Stereotype und haben so gut wie keine sachliche Grundlage.

Die Konstanz im Lesen auch unter Kindern und Jugendlichen hat viel damit zu tun, dass sich die sozialen Strukturen von Familie und Schule als den beiden wichtigsten Lesevermittlungsinstanzen in den letzten fünfzehn Jahren nicht so fundamental geändert haben. Eher haben die Anstrengungen zugenommen, Lesen besser zu vermitteln. Die große IGLU-Studie zum Lesen in der Grundschule aus dem Jahr 2006 formuliert es mit großer Zuversichtlichkeit:

> Im internationalen Vergleich hat Deutschland bei IGLU 2006 erfreulich gut abgeschnitten und in allen Dimensionen der Lesekompetenz bessere Ergebnisse in den Leseleistungen erzielt als bei der ersten Erhebung 2001. Auf der Gesamtskala Lesen erreichen die Schülerinnen und Schüler in Deutschland bei IGLU 2006 einen signifikant höheren Mittelwert als bei IGLU 2001. Darüber hinaus liegt Deutschland auch signifikant über den Teilnehmerstaaten der EU und der OECD. Erfreulich sind auch die geringe Breite der Leistungsverteilungen der die relativ geringen Unterschiede zwischen Jungen und Mädchen in den Leseleistungen. Der Anteil derjenigen Schülerinnen und Schüler, die mit ihren Lesewerten unter Kompetenzstufe III [d. i. relevante Einzelheiten und Informationen im Text auffinden und miteinander in Beziehung setzen] liegen, fällt in Deutschland vergleichsweise klein aus.[21]

2011 fällt das Gesamturteil nicht viel anders aus. Die Kinder in deutschen Schulen lesen im oberen Drittel der Rangreihe, über dem EU-Durchschnitt und dem der OECD, ohne die Spitzenländer wie Singapur zu erreichen, die nicht nur sehr gute Leser sind, sondern auch besonders intensive Internetnutzer. 2011 liegen die Leistungen insgesamt wieder bei denen von 2001. Die Streuung in der Breite der Lesekompetenzen hat nicht zugenommen, auch wenn es anderen Ländern wie den Niederlanden gelungen ist, homogenere Leseleistungen zu erreichen. Und wieder sind es ungefähr 15 Prozent der Schülerinnen und Schüler, die erhebliche Probleme haben, das Kompetenzniveau III „Grundlegendes Leseverstehen" zu erreichen, wie in vielen anderen Ländern auch, mit positiven Ausnahmen wie Finnland oder den Niederlanden.

Deutlich über dem internationalen wie europäischen Durchschnitt sind die deutschen Schülerinnen und Schüler im Lesen literarischer Texte. Der Grund dafür liegt darin, dass in deutschen Schulen im Unterschied zu vielen anderen Ländern eher das Lesen literarischer Texte gelehrt wird, während andernorts die Informationsentnahme aus Sachtexten im Vordergrund steht. Das erklärt zum Teil auch, warum in internationalen Untersuchungen wie der PISA-Studie die Leseleistungen deutscher Schüler schlechter ausgefallen sind als die anderer Länder. Denn die PISA-Studie fragt vor allem die Fähigkeit ab, Informationen aus Texten zu entnehmen. An deutschen Schulen wird dagegen eher das literarisch-interpretierende Lesen unterrichtet. Veränderungen gerade im Lesen literarischer Texte konnte die IGLU-Studie 2011 weder gegenüber den Ergebnissen von 2006 noch 2001 ausmachen. Und die Zahl derjenigen Schüler, die angeben, nie ein Buch außerhalb der Schule zu ihrem Vergnügen zu lesen, liegt in Deutschland 2011 bei 11 Prozent, in anderen europäischen Ländern wie Litauen oder Portugal niedriger, aber insgesamt im europäischen Durchschnitt. In den letzten zehn Jahren ist die Zahl der Nicht-Leser unter den Schülern gesunken, also in jenen Jahren, in denen Computer und Internet die Kinderzimmer der Welt erobert haben.[22] Die Leseleistungen von Schülern hängen daher nicht unmittelbar mit der Digitalisierung zusammen.

Wie immer sind das Durchschnittswerte, die große Unterschiede im Detail aufweisen. Die einzelnen Bundesländer liegen zum Teil fast ein Schuljahr auseinander, was die Lesekompetenzen der Schüler betrifft, und es wundert nicht, dass Stadtstaaten hier am unteren Ende der Skala liegen und Länder wie Thüringen die oberen Ränge belegen. Ebenso fällt es Familien leichter, ihre Kinder im Lesen zu unterstützen, wenn beide Elternteile nicht im Ausland geboren sind. Die jüngste IGLU-Studie des Jahres 2016 konstatiert noch einmal, dass sich an den Leseleistungen der Grundschüler in der vierten Klasse wenig geändert hat. Jedoch ist der Anteil der Schüler, die als Risikogruppe bezeichnet werden, weil sie die Grundschule ohne ausreichende Kenntnisse des Lesens verlassen, angestiegen, genauer von 16,9 Prozent der Grundschüler im Jahr 2001 auf 18,9 Prozent der Grundschüler im Jahr 2016. Die Studie nennt als Ursache für die schlechteren Werte die wachsende Zahl von

Inklusionsschülern und Kindern aus eingewanderten und bildungsferneren Familien. Und noch ein Grund wird geltend gemacht: die mehr als achtzig Programme zur Lese- und Schreibförderung in deutschen Grundschulen. Denn zu viele dieser Programme waren und sind nicht ausreichend auf ihre Wirksamkeit hin getestet worden. Ideologische Vorannahmen und politischer Aktionismus werden als Ursachen genannt, warum die deutschen Grundschüler im internationalen Vergleich nur im Mittelfeld liegen. Die Folge ist, dass die Heterogenität in den Leseleistungen zugenommen hat.[23] Die besten und schwächsten Schülergruppen driften weiter auseinander als noch 2001. Das alles hat viel mit Politik zu tun und fast nichts mit Computer und Internet.

Diese und ähnliche Befunde geben Anlass für viele bildungspolitische Debatten. Was aber diese Zahlen auch bei großzügiger Deutung nicht anzeigen, das sind Schwanengesänge auf das Lesen. In vielen Ländern wie auch in Deutschland strengen sich Schulen wie Eltern an, Lesen zu vermitteln und zu fördern. Sie wissen alle längst, dass Lesen sich lohnt und ziemlich gut den Erfolg im späteren Leben gemessen am erreichten sozioökonomischen Standard voraussagt.[24] Lesen ist im digitalen Zeitalter angekommen. Es ist kein Zufall, dass die IGLU-Studie viele Faktoren für die leichten Veränderungen in den Lesekompetenzen von Grundschülern nennt, nur nicht mehr die digitalen Medien als Ursache anführt. Computer und Buch sind keine Gegensätze.

Ähnliches gilt auch für die Debatten um den Niedergang des Schreibens, wird doch die steigende Fehlerquote im Rechtschreiben als Beleg für den Verfall des Lesens angeführt. Schreiben ist die andere Seite des Lesens, sodass es naheliegt, von der mangelnden Beherrschung der Orthographie auf nicht ausreichende Lesekompetenz zu schließen. Tatsächlich stören sich nur wenige daran, wenn WhatsApp-Mitteilungen oder Twitter-Nachrichten nachlässig, wenn nicht gar schlampig geschrieben sind. Diktate sind wohl auch nicht mehr die gefürchtete Einrichtung der Schulen, die sie einmal waren. Offensichtlich hat sich der Status der Orthographie gewandelt. Das erkennt man auch an einem anderen Wandel unserer sozialen Welt. Diktiert wird nur noch selten, und der Status, der sich damit einmal verbunden hat, wer zum Diktat wen bestellt, hat sich verloren. Man gilt nicht mehr als dumm, wenn man orthographisch fehlerhaft schreibt – fast. Denn bei Bewerbungen oder bei Online-Partnerbörsen zählt Rechtschreibung. Wahrscheinlich haben daher Lehrer Recht, denen es im Rückblick über die Jahrzehnte in ihrem Beruf nicht nur so scheint, dass die Kinder heute nicht mehr mit demselben Respekt oder Ernst mit der Rechtschreibung umgehen wie eben noch vor Jahrzehnten. Auch Rechtschreibung könnte eine der Institutionen sein, deren Bedeutung abgenommen hat, nicht anders als ganz andere Institutionen wie Militär oder Kirche. Das ist ein Modernisierungseffekt mit entsprechenden Folgen für die wachsende Heterogenität der Gesellschaft. Dieselben Lehrer, die den Respektverlust gegenüber der Rechtschreibung konstatieren, bemerken auch, wie viel und wie gut heute viele Kinder Geschichten schreiben können. Kreativität hat an Ansehen gewonnen, Rechtschreibung hat ihr Ansehen verloren. Ganz genau weiß das niemand, weil Längsschnittstudien und Verlaufsanalysen dazu fehlen und es mehr oder weniger Erfahrungsberichte sind, auf die man sich verlassen muss. Das wenige, was wir wissen, deutet auf einen Karawanen-Effekt beim Rechtschreiblernen hin. Damit gemeint sind die Befunde, dass Kinder von unterschiedlichen Ausgangspunkten Schreiben lernen, ihr Zuwachs aber relativ zu ihrem Startpunkt bis zur 9. und 10. Klasse erhebliche Fortschritte macht und schwache Schüler genauso schnell, wenn auch auf einem anderen Niveau, Rechtschreibung erlernen. Vergleichsdaten zwischen 1991 und 2001 deuten darauf hin, dass sich die durchschnittliche Rechtschreibleistung in freien Texten Anfang der vierten Klasse 2001 nicht signifikant von den Leistungen 1991 unterscheidet, die gemittelte Rechtschreibleistungen Anfang der 8. und 9. Klasse eher 2001 besser sind und die Wortfehlerquote über alle Schulformen hinweg von der 5. bis zur 10. Klasse deutlich sinkt, kurz, alles eher Hinweise darauf, die viel heiße Luft aus den Bildungs- und Schuldebatten zu lassen wäre.[25] Lesen und Schreiben gehören zur Moderne, auch zur digitalen Moderne, unverändert dazu. Nur ihre Rückbindung an die bildungsbürgerlichen Institutionen der Rechtschreibung und des guten Buchs haben sich abgeschwächt.

Lesen von Büchern hat sich in den letzten hundert Jahren vielfach gewandelt. Die verschiedenen Buchformate, die schon das 19. Jahrhundert hervorgebracht hat, das Aufkommen von Zeitschriften, aber auch das Aufkommen von Kino, Radio, Fernseher und dann des Computers haben die Verhältnisse zwischen den Medien verschoben und jedem einzelnen Medium weniger Gewicht gegeben. Vieles hat sich verändert, aber das Lesen ist darum nicht weniger und nicht weniger intensiv geworden. Wir stehen wohl erst am Anfang eines anderen Lesens und seine Umrisse sind gegenwärtig nur schwer auszumachen. Neu ist in den letzten Jahren das Lesen am Bildschirm geworden, das Lesen von E-Books anstelle der gedruckten Bücher und wohl auch das Aufkommen von Enhanced Books, also Büchern, die Spiel, Lesen, Hören und Schauen in einem digitalen Medium zusammenführen. Das ist nicht gerade viel, und dennoch sind schon jetzt Verschiebungen zu erkennen. E-Books sind selbstverständlich geworden, was man in vielen Ländern beobachten kann, gleich ob man in Singapur Metro fährt oder in Estland Busreisenden zusieht. E-Books auf verschiedenen Lesegeräten sind ein normales Buchformat geworden. Zwischen 2010 und 2014 hat sich in den USA die Zahl der E-Books, die 6- bis 17-Jährige lesen, verdoppelt, eine Entwicklung, die die Eltern unterstützen.[26] Es ist vor allem die Freizeitlektüre, für die E-Books das richtige Format sind. E-Books scheinen aus Gelegenheitslesern eher häufige Leser zu machen, besonders unter den Jungen. Diejenigen, die E-Books lesen, lesen auch gedruckte Bücher. Und das trifft besonders auf die älteren Leser zu, die bei digitalen Büchern nicht nur die Handlichkeit schätzen, sondern auch die Möglichkeit, die Schriftgröße und Schriftart augenfreundlich einzustellen.

In den USA sind es schon mehr als die Hälfte der Leser, die Bücher auch auf digitalen Endgeräten lesen, in Deutschland etwa ein Viertel. Und die E-Book-Leser lesen mehr, natürlich besonders die populären Genres vom Krimi bis zur Romanze. Der Weltbuchhändler Amazon, der längst alles Mögliche vom Toaster bis zur Unterhose und nur noch nebenbei auch Bücher verkauft, erklärt denn auch, dass sein E-Book-Reader das Lesen fördere.[27] Das sollte man so nicht einfach glauben, aber auch der Börsenverein des Deutschen Buchhandels sieht moderate Steigerungsraten für den Buchabsatz über den E-Book-Verkauf.[28] Gelesen werden die digitalen Bücher keineswegs nur auf den eigentlichen dafür vorgesehenen Geräten, sondern auf den größer gewordenen Smartphones, den Phablets, Tablets und Laptops.[29] Die meisten von uns haben längst schon viele solcher Geräte zugleich und ärgern sich höchstens über die Vielfalt der Ladekabel-Stecker und die Verbote, Bücher miteinander tauschen zu dürfen.

Mit den Geräten verschiebt sich das Lesen etwas in Richtung digitales Lesen. Ich sage ,etwas', denn die Verschiebungen sind klein und die Aufregungen über das digitale Lesen kaum der Beachtung wert. In Deutschland sind die Zahlen des digitalen Lesens im engeren Sinne klein. Die Gesellschaft für Konsumforschung rechnet vor, dass 2013 21 Millionen E-Books in Deutschland verkauft wurden und dass dies 9 Millionen mehr seien als im Jahr davor. Doch der Anteil der E-Books am Gesamtumsatz im deutschen Buchmarkt ist unverändert gering. Die Verfünffachung der Käufer von E-Books zwischen 2010 und 2013 ist in absoluten Zahlen – 3,4 Millionen – nicht hoch, die Zuwachsraten sind immer noch moderat.[30] Auch 2016 legt der Umsatz mit E-Books nur bescheiden um 2,6 Prozent zu, aber beschert zusammen mit dem Internethandel dem Buchhandel ein weiteres Jahr des Wachstums. Das hat vor allem den Grund, dass in Deutschland das Buch mit einer halbierten Mehrwertsteuer und einer Buchpreisbindung anders auf dem Markt aufgestellt ist, als in den meisten anderen Ländern. Noch unterscheiden wir jedenfalls in unseren Worten zwischen den beiden Bücherformaten. Und natürlich gibt es nicht wenige Sorgen, dass E-Books dem Lesen nicht zuträglich seien, zumal für die Jugend. Doch wandert das E-Book nicht nur über die Jugend in unsere Lesekultur ein, sondern gehört längst zu den alltäglichen Gegenständen älterer Menschen. So bescheiden die Verkaufszahlen der E-Books in Deutschland noch immer sind, so ist digitale Lesen ohne große Aufregung Teil der Lesekultur in Deutschland geworden, nicht weil es als solches digital geworden wäre, sondern weil es selbstverständlicher Teil der digitalen Kultur geworden ist. Auf diese Leichtigkeit der Integration des Buchs in die digitale Kultur kommt es an. Sie ist das Kennzeichen der digitalen Modernisierung. Daher wird von ihr noch wiederholt die Rede sein müssen. Unwichtig ist dagegen die Frage geworden, ob das Buch gedruckt wurde oder digital angezeigt wird.

Doch viele fragen hier kritisch nach. Kann man digital angezeigte wie gedruckte Texte gleichermaßen gut lesen? Die Frage lässt sich einmal mehr nicht mit einem einfachen Ja oder Nein beantworten, weil gescheites Lesen nicht nur vom Lese-Endgerät abhängt, wie es die Fragestellung einschränkend nahelegt. Neulinge im Lesen von E-Books behalten weniger vom gelesenen Inhalt im Vergleich zum Lesen eines gedruckten Buchs. Das kann kaum überraschen, denn der Unterschied liegt vor allem an unserer Gewohnheit, am Bildschirm eher schnell und kursorisch zu lesen, um Informationen rasch abzuschöpfen. Das ist ein erlernter Habitus, den zu ändern nicht leicht ist. Fokussiert zu lesen, auch digital, muss man lernen. Solange wir es gewohnt sind, das gedruckte Buch als Aufforderung zum konzentrierten oder auch selbstvergessenen Lesen aufzufassen, meist auch räumlich zurückgezogen, wird das Lesen am digitalen Gerät dagegen zurückfallen.[31] Noch bevorzugen die Leser ganz überwiegend ihr gedrucktes Buch. Aber der Unterschied verliert sich, je alltäglicher das elektronische Lesen wird und wir die etwas andere Leseweise eingeübt haben. Bei jüngeren Lesern ist dieser unspektakuläre Wandel nicht zu übersehen,[32] aber auch bei älteren Lesern, die verstärkt fremd-

sprachige Bücher lesen, weil E-Books mit Wörterbüchern ge-
koppelt sind und das Nachschlagen unbekannter Wörter so
sehr erleichtern. E-Ink-Reader minimieren den Unterschied
zu herkömmlich gedruckten Büchern und ermüden ihre Leser
nicht so wie es das Lesen am Computerbildschirm tut.[33] Der
Unterschied liegt hier weder am Digitalen noch am Hapti-
schen, sondern an einer flimmerfreien Darstellung des Druck-
bildes und dem Lichtspektrum, das viele Tablets aussenden.
Freilich haben die Hersteller solcher Geräte reagiert, sodass
man auch vor dem Einschlafen auf seinem Tablet in ange-
nehmen Gelbtönen lesen kann, anstelle der noch vor kurzem
dominierenden Blautöne. Menschen mit einer Leseschwäche
profitieren vom überschaubareren Schriftbild am Bildschirm.
Sie lesen zügiger und verstehen mehr, wenn der Text auf einem
übersichtlichen Bildschirm präsentiert wurde. Denn Menschen
mit Dyslexie haben zumeist Probleme mit der ausreichenden
Fixierung des jeweils zu entziffernden Wortes. Auf kleineren
Lesegerät-Bildschirmen werden sie dagegen nicht durch zu viele Wörtern um das zu verstehende Wort abgelenkt.[34] Manche
Kinder motiviert ein E-Reader zum Lesen.[35] Die Beispiele lassen sich leicht vermehren, weil verständnisreiches Lesen eben
von vielen Faktoren abhängt. Es gibt nicht das eine Lesen.
Lesen hat viele Formen. Man braucht deshalb keine große
Phantasie, um abzuschätzen, dass das Lesen auf digitalen Geräten alltäglicher werden wird und die konzentrierte Leserin
im Lehnstuhl ein Kindle in der Hand hält. Einen großen Effekt
auf Leseintensität und -umfang hat das Lesen auf digitalen
Endgeräten bislang jedenfalls nicht.

Kleinere Effekt des digitalen Lesens und Schreibens lassen
sich aber doch ausmachen. Wir behalten mehr von dem, was
wir mit der Hand mitschreiben im Vergleich zu dem, was wir
mittippen. Das liegt nicht am vielleicht irritierenden Geräusch
von Schreibmaschinen und Tastaturen, sondern daran, dass
viele so schnell tippen können, dass sie fast eins zu eins mitschreiben können, dabei aber über das Vorgetragene nicht
selbst nachdenken. Um mit der Hand zu schreiben, brauchen

wir mehr Zeit, denken erst über das Gehörte nach und notieren es dann in unseren Worten. Deshalb wird es auch besser erinnert.[36] Mit einer schreibfreundlichen App, von denen es erst allmählich nützliche gibt, verliert sich dieser Unterschied. Der Unterschied zwischen Digitalem und Papier schwindet. Größere Effekte der Digitalisierung von Schreiben und Lesen lassen sich nicht ausmachen. Die Aufregung um das digitale Lesen und Schreiben lohnt nicht, jedenfalls nicht in der Art und Weise, wie diese Aufregung in öffentlichen Debatten überwiegend diskutiert wird.

Eher ist sind es bildungspolitische Theorien, die ganz unabhängig von Computer und Internet glauben, eine gute Handschrift zu erlernen sei keine zeitgemäße Aufgabe der Schulen und das Erlernen von Druckbuchstaben statt Kurrentschriften würde ausreichen. Das Schreiben mit der Hand wird als überholt dargestellt, Schreiben nach Gehör genüge. Das aber ist Bildungspolitik und hat wenig bis keinen empirischen Rückhalt. Im Gegenteil sind Schreiben und Lesen soziale und spielnahe Tätigkeiten, die körperlich erfahren und gelernt werden müssen. Ob es die Stimme der vorlesenden Eltern ist, die einer Geschichte die begleitende Aufregung gibt, die Wiederholung der selben Geschichte oder nur der von Kindern und Eltern geteilte Blick auf das selbe Buch, welches Format auch immer – das ist es, was neue Wörter und neues Wissen über die Welt in Kinderköpfe zaubert.[37] Das ist das Scaffolding, das unterstützende, anleitende Lesen. Eltern benutzen beim Vorlesen und Erklären gegenüber Kindern kompliziertere Worte als sonst, verweisen stärker als sonst auf unterschiedliche mentale Zustände und nutzen verschiedene Zeitformen, wenn sie mit ihren Kindern über das gerade Gelesene sprechen und das gilt schon im Umgang mit Bilderbüchern.[38] Es sind diese mimetischen Dialoge, die selbst die Handschrift zu einem Schlüssel für das Verstehen von Welt machen. Deshalb sind alle Lese- und Schreibgeräte weniger nützlich, die vom Inhalt ablenken und stattdessen die Aufmerksamkeit auf deren Bedienung lenken.[39] Derzeit sind sicherlich noch viele digitale Endgeräte genau eine solche Verführung zur Ablenkung. Ihre Nutzung gerade was zum Beispiel das Notizenmachen betrifft, ist noch deutlich entfernt von der Selbstverständlichkeit mit der man sich mit einem Kugelschreiber etwas notiert oder mit dem Bleistift im Buch etwas anstreicht. Besser geraten sind inzwischen die meisten Lesegeräte, die mit einem Minimalismus der Bedienung versuchen, das Lesen und nicht die Bedienung in den Vordergrund zu rücken. Das ist die Richtung, in die die Entwicklung in den nächsten Jahren gehen wird. Anders gesagt: Wer die Leichtigkeit im Umgang mit dem gedruckten Buch digital umsetzen und dann auf den Markt bringen wird, der dürfte rasch zu einem der neuen Technikgiganten aufsteigen, die auf anderen Feldern diese Leichtigkeit des Digitalen schon umgesetzt haben. Die Finger-Bedienung des iPhone ist das bekannteste Beispiel für diese Leichtigkeit, die für die digitalen Bücher erst noch zu gewinnen ist. Noch aber ist das E-Book ein Randphänomen und alle Aufregung über das digitale Lesen übertrieben, denn kognitiv und emotiv ist es immer ein Kopf, der aus Buchstaben eine Geschichte macht.

Wie man es auch dreht und wendet, der Kulturkampf zwischen Buch und Computer bleibt aus. Weder die Kulturpessimisten noch die Technikenthusiasten haben Recht mit ihren Thesen vom Ende oder Anfang der Zeitalter. Vielmehr wandern die digitalen Formate leichtfüßig ein, als wäre selbst die bildungsschwere deutsche Umwelt ihr angestammtes Habitat. Die Diskussion um das Lesen im digitalen Zeitalter geht darum in die Irre, wenn sie auf die Frage fixiert ist, ob man nur gedruckte Bücher gut lesen kann, digitale aber nicht so gut. Lesen hat viele Formen und hängt von vielen anderen Faktoren erheblich ab, vom digitalen Endgerät am wenigsten. Das ist hier festzuhalten, denn vieles ändert sich sehr wohl. Aber die Menschen lesen nun mal immer noch mit Auge und Herz. Und das lesende Hirn ist unverändert das gleiche, egal ob der Text in Stein gemeißelt, auf Papyrus gemalt, mit Bleilettern gedruckt worden ist oder auf dem Kindle angezeigt wird. Die Revolution steckt nicht im Leseprozess selbst, nicht im digitalen Endgerät.

Fassen wir noch einmal zusammen: Seit Computer und Internet unsere Umwelt bevölkern, sind es noch mehr Wörter geworden und nicht nur mehr Bilder. Eine Verarmung der Sprache im digitalen Zeitalter ist ein kulturkritischer Topos, mehr aber nicht. Nicht mehr als ein Topos ist auch der angebliche Zusammenhang zwischen Leseverfall und Digitalisierung. Wie wir gesehen haben, hängt das gelingende Lesen an vielen Faktoren, am wenigsten an dem der digitalen Präsentation von Texten. Mehr noch scheint sich die Sache mit dem Lesen gebessert zu haben, nachdem im vordigitalen Zeitalter vielfach ein Niedergang des Lesens konstatiert wurde und vielleicht das Fernsehen schuld war, wenn das nicht auch nur ein Gemeinplatz ist. Und es wird ohne Rücksicht auf das Format gelesen. Kaum jemanden kümmert es, ob man digital oder analog liest oder schreibt. Junge wie alte Leser probieren neue Wege des Lesens aus. Das alles geschieht mit einer unerwarteten Leichtigkeit, der die bedenkenschwere Diskussion um das digitale Lesen so gar nicht gerecht wird. Für diese so verschiedenen Leser sind Computer und Internet nicht die Schurken in der bildungszufriedenen deutschen Lesewelt, aber auch keine Erlöser. Ihr Hunger nach Geschichten ist der gleiche geblieben. Auch deshalb ändern sich die Geschichten, die in so großer Zahl gelesen werden, nur wenig.

Worauf es weiterhin ankommt, damit das Lesen gelingt, ist die kulturelle Hochschätzung und die alltägliche Einübung in das Lesen. Das fängt beim frühen Vorlesen an, will lange gepflegt sein, um unterscheiden zu lernen, für welchen Zweck welches Lesen angemessen ist. Metakognition, also die Fähigkeit zu wissen, mit welche Lesestrategie ich welches Ziel erreichen kann, muss lange eingeübt werden, und das gelingt nur, wenn in den überlegten Wechsel zwischen geschriebenen, gedruckten und digitalen Texten eingeführt wird. Nicht alle haben das Glück, diese Förderung zu erfahren, um gescheit mit den vielen Medien unserer Gegenwart umzugehen. Wenn etwas unsere Aufmerksamkeit verlangt, dann nicht die Redeweisen vom Ende der Kultur und dem Verfall der Jugend. Was unsere Aufmerksamkeit verlangt, sind diejenigen, die keine ausreichende Einübung ins Lesen erhalten und für die dann tatsächlich die neuen Medien nur eine weitere Ablenkung sind. Weil sich auf dem Wort ‚Lesen' gerne der Kitsch der Kulturkritik ablagert, ist wenigstens hier daran zu erinnern, dass der Umgang mit dem Lesen von sozialen und sozialpolitischen Entscheidungen bestimmt wird. Daran hat sich auch im digitalen Zeitalter kaum etwas geändert.

Bei aller Kontinuität des Lesenlernens, bei allem unveränderten Hunger nach den Variationen der immer gleichen Geschichten, lohnt es sich noch einmal genauer hinzusehen, was sich dann doch im 21. Jahrhundert ändert. Buch und Lesen werden nicht digital in dem simplen Sinn, dass bald schon das Buch ein Bildschirm wird und das Lesen nicht ohne Strom erfolgen könnte. Vielmehr werden Buch und Lesen Teil einer umfassenderen digitalen Kultur, in der auch das Gespräch über Bücher digital geworden ist. Das Buch hat sich neue Kaffeehäuser und Zeitungen gesucht und hat sie in den Smartphones der Jugendlichen und in den sozialen Medien längst gefunden. Deshalb ist der Computer nicht der Tod des Buchs, eher sein Kaffeehaus. Im digitalen Zeitalter wird unvermindert gelesen, manchmal auch digital, vor allem aber eingebettet in eine reichere, man kann auch sagen heterogenere Medienwelt. Die Jungen und die Alten lesen, vielleicht ‚ohne Anhalt', aber sie erschließen sich die Welt immer noch durch das Lesen. Nur dass Bücher eben Teil größerer, digitaler Umwelten geworden sind, so wie Verlage und Druckereien, Literaturkritik und Feuilleton nur noch Teilöffentlichkeiten neben anderen Öffentlichkeiten des Lesens und Schreibens geworden sind. Von dieser Individualisierung oder auch Heterogenisierung des Lesens und Schreibens im digitalen Zeitalter ist daher jetzt zu reden.

6. Das Ende des Literaturbetriebs wie wir ihn kannten

Im August des Jahres 2019 haben 80 Millionen Menschen jeden Tag ungefähr 100 000 Geschichten in 50 verschiedenen Sprachen auf der Publikationsplattform *Wattpad* miteinander getauscht. Sie haben etwa 250 Millionen Stunden im Monat auf dieser Plattform verbracht, um dort Geschichten zu lesen oder auch selbst zu schreiben. Diese überwiegend jungen Menschen nehmen sich offensichtlich Zeit für Geschichten, viel Zeit. Jenseits des etablierten Literaturbetriebs sind ganze Nationen von Lesern unterwegs. Auf Plattformen wie Wattpad.com sind die intensiven Leser und die fleißigen Jungautorinnen zu finden, deren Fehlen Kulturkritiker so wortreich behaupten. Sie sind so zahlreich, dass sie eigentlich schwer zu übersehen sind, vorausgesetzt, man verbarrikadiert sich nicht hinter seiner Klage über den Kulturverfall. Erst mit Neugierde auf das Lesen im digitalen Zeitalter lassen sich die unbekannten Kontinente des Literaturbetriebs entdecken. Hier – auf den vom etablierten Literaturbetrieb so fernen Inseln und noch vor kurzem unbekannten Ländern – wird geschrieben, Literatur kritisch besprochen und gelesen ohne Unterlass. Hier ist Lesen und Schreiben eine Leidenschaft, eine ‚Herzensergießung‘ in Zeiten des Computers. Im Internetzeitalter ist es so leicht und niederschwellig möglich, den Hunger nach Geschichten zu stillen. Und genau das tun unter der Adresse wattpad.com täglich Millionen junger Autorinnen und Autoren, Leser und Leserinnen weltweit. Das kanadische Unternehmen behauptet, jede dritte junge Frau in Industrieländern habe einen Wattpad-Account. Bei aller Übertreibung im Interesse der Firma unterstreicht diese Zahl den Anspruch solcher Unternehmen auf einen Literaturbetrieb jenseits der etablierten Verlagsordnungen. Von diesem fast über Nacht grösser gewordenen Literaturbetrieb handelt dieses Kapitel. Ich zeige, dass die Digitalisierung nicht einfach eine Herausforderung für die Verlagswelt ist, wie sie in den vorangegangenen Jahrzehnten immer wieder vorgekommen ist. Vielmehr entsteht hier ein Literaturbetrieb, der die bisherigen Verlage nicht mehr zu brauchen scheint. Genauer: Der digitale Betrieb ist grösser und schließt die Verlags- und bekannten Publikationswelten in sich ein. Rollen, Institutionen und Umwelten ändern sich und werden neu zusammengefügt. Digitale Formate sind eine Selbstverständlichkeit geworden, Selbstpublikation ist kein Nischenphänomen mehr und die Konzentration in der Verlagsbranche und im Buchhandel wird weiter zunehmen. Genauer als vom Buch müsste man eigentlich von Content sprechen. Denn das Buch ist nur eine Form unter vielen. Der Literaturbetrieb ist fast über Nacht digital geworden.

Begonnen hatte für Wattpad alles damit, dass der Kanadier Allen Lau über 17 000 kanonische Bücher des Projekts Gutenberg auf einer neuen Plattform leichter zugänglich gemacht hat. Aber das war nur die Kopie des gedruckten Buchs im digitalen Format. Was die Plattform von den vielen bloßen Kopien des gedruckten Buchs im Internet unterscheidet und zu der gegenwärtig erfolgreichsten Publikationsplattform für Literatur gemacht hat, ist der Ansatz Allen Laus, ein soziales Netzwerk aus Autoren und Lesern zu knüpfen. Die Autoren fanden sich ein, weil sie hier die Möglichkeit zur Veröffentlichung erhielten, Fanfiction-Gruppen kamen hinzu und vor allem Leser von den Philippinen über die Arabischen Emirate und Europa bis hin zu den USA und Kanada. Die Autoren und Leser, sie alle teilen Geschichten in 50 verschiedenen Sprachen, sehr viele schreiben und noch mehr reden über Bücher aller Arten und Genres und das jeden Tag und jede Stunde. Viele der Autoren sind jung, oft Teenager, und haben wenig mit dem herkömmlichen Literaturbetrieb und seinen Prätentionen zu tun. Sie teilen einfach die Freude am Buch, dem eigenen und dem der anderen. ‚Buch' ist hier vielleicht nicht immer die richtige Bezeichnung, findet es sich doch zumeist auf mobilen Endgeräten, Handys von Jugendlichen, als Audiobook oder auf Tablet-Computern. 2006 waren diese noch nicht so stark verbreitet. Aber mit der Medienentwicklung der letzten Jahre explodierte Wattpad förmlich. Vielleicht sind auch ‚Leser' und ‚Autor' ebenfalls nicht so recht passende Bezeichnungen, denn die Leser sind vielfach auch die Autoren und die Autoren die Leser, alle Literaturkritiker, Geschichten-hungrige Leser und fleißige Autoren zugleich. Wir könnten sie ‚Autorenleser' oder sollten wir sie ‚Autorenleserkritiker' nennen? Sie sind alles in einem.[1]

Autorenleser streiten leidenschaftlich über Literatur. Auf Wattpad finden wir alle möglichen Debatten über das Schreiben von Literatur, sachkundige und emotionale, über Klassiker und mehr noch über Fantasy und Romanzen. Jedes Feuilleton würde sich freuen, wenn es so engagierte Leser hätte wie dieses Netzwerk, die über einen einzigen Satz von Jane Austen hunderte von Kommentaren schreiben. Die Aufregung dort über das nächste Kapitel von Anna Todds Geschichte *After* ist so groß, dass alle der knapp dreihundert Kapitel des Romans sofort nach Erscheinen 2013 Tausende von Kommentaren auf sich gezogen haben, die mal die Figuren wie die beste Freundin behandeln, mal die Kunstfertigkeit des Schreibens diskutieren, mal vor allem der eigenen Aufregung Ausdruck verleihen oder ein eigenes Kapitel selbst schreiben und beifügen, um ihre Bewunderung für eine Geschichte von Anna Todd auszudrücken. Das ist das Verhalten von Fans. So nah sind sich Autoren und Leser nie gekommen, wie durch die Bücher einer 25-jährigen College-Studentin aus Austin, eben Anna Todd, von der kaum ein Feuilleton Notiz nimmt. Bücher sind hier Freunde wie in den Zeiten Rousseaus und Goethes, vereint im Internet zu einer virtuellen Schreib- und Lesestube. 10 000 Kommentare an einem Tag für ein neues Kapitel von Anna Todd, mehr als eine Milliarde Downloads der mehr als 2 500 Seiten, das übersteigt alles, was die Fanpost seit den Tagen Jean-Jacques Rousseaus je gesehen hat. „Welchen Sinn hat das Leben nach dem Ende von *After?*", klagen die einen und andere bekennen, dass ihnen das Ende der Romanserie das Herz gebrochen habe.[2] Das sind leidenschaftliche Autorenleser, Fans der Literatur, von denen die Verlage träumen. Und wer die Anspielungen auf Harry Styles, den Sänger der britisch-irischen Boygroup *One Direction* in den Romanen einer Anna Todd versteht, wird noch mehr erahnen, warum Jugendliche ungeduldig auf ihr Handy blicken, um das nächste Kapitel lesen zu dürfen. Muss ich noch erwähnen, dass es die Bücher von Anna Todd inzwischen auch gedruckt bei Simon & Schuster, Penguin Random House bzw. im Heyne-Verlag zu kaufen gibt?[3] – Wohl kaum. Das ist ein Seiteneffekt, der allerdings mit Geld, hier mit viel Geld, verbunden ist. Denn die auf Wattpad schreiben, erhalten keine Honorare und ihre Bücher kosten die Leser nur Lesezeit. Wer will, kann einer Autorin wie Anna Todd als Sponsor über Wattpad Geld zukommen lassen. Aber das ist freiwillig. All das funktioniert längst und ist erfolgreich. Nur der etablierten Bildungsöffentlichkeit ist auch diese Revolution kaum eine Notiz wert, vielleicht, weil sie so leichtfüßig und selbstverständlich daherkommt.[4]

Geschichten in gefühlter Echtzeit zu teilen, zu kommentieren oder selbst weiterzuschreiben, das alles ist längst Praxis. Friedrich Schlegels romantischer Traum von der Aufhebung der getrennten Rollen des Lesers, Autors und Kritikers ist millionenfacher Alltag für die Autoren auf Wattpad, die so gar nichts von den auratischen Autorenfiguren der Moderne haben. Eher sind sie verwandt mit den Serienautoren für Sendern wie HBO und schreiben entlang von seriellen Mustern in Kapiteln für etwa zehn Minuten Lesezeit und das oft am Wochenende. Sie kommentieren und verbessern sich gegenseitig, integrieren alle möglichen Medienformate in ihre Texte, ob YouTube-Videos oder SoundCloud-Musik, sodass es scheint, als wäre der romantische Roman mit seiner Sprengung aller

Gattungsgrenzen und der Überwindung des kommerziellen Literaturbetriebs Wirklichkeit geworden. Keine Grenzsetzungen der Gattungen, keine Einengungen der Verlage stehen zwischen Buch und uns, den Lesern. Wir sind das Buch, der Autor und der Leser und alles auf einmal. Nie waren wir romantischer als im digitalen Zeitalter.

Die romantischen Hoffnungen auf die Entgrenzung der Künste und jeder Form sind vielleicht zunächst Teil einer Jugendkultur, die sich wenig um das Kopfschütteln der Bildungsphilister und Restintellektuellen kümmert. Auch das ist wohl romantisch zu nennen. Aber die Gründer von Wattpad, Allen Lau und sein Kollege Ivan Yuen, suchen keine blaue Blume, sondern gehören zu diesen unglaublich jungen Technologie-Unternehmern, die mehr Phantasie in ihren Köpfen haben als die versammelten grauen Häupter der etablierten Verlagslandschaft. Gemeint ist damit eine Phantasie vor allem dafür, wie junge Menschen miteinander Geschichten teilen, aber auch ein Ideenreichtum und die technischen Fähigkeiten, solche Einsichten ohne Kulturstaatssubventionen umsetzen zu können. Während hierzulande die Bedenken gegen Änderungen im Urheberrecht fast alle Aufmerksamkeit auf sich ziehen und E-Books nicht viel mehr als nur eine digitale und rechtebewerte Variante eines gedruckten Buchs sind, tun Köpfe wie Allen Lau und Ivan Yuen etwas für das Lesen und nehmen die Wochenend-Kreativität der jungen Autorenleser ernst. Die verwechseln sich nicht mit Flaubert und orientieren sich eher an Romanzen oder an Autoren wie Salinger. Kaum steht zu erwarten, dass hier endlich der vom Feuilleton erwartete Wende-Roman auf den Handy-Bildschirmen auftaucht. Die noch weitgehend im Druckzeitalter verharrenden deutschen Zeitschriften wie *Merkur, Lettre* oder *Kursbuch* sagen diesen jungen Autorinnen und Lesern nichts, die digital gewordenen Journale wie *The Atlantic,* die *New Republic* oder der *New Yorker* dagegen schon mehr, Blogs und andere Formate sehr viel mehr. Die Großkommentare in den Feuilletons lesen diese Autoren selten. Herkömmliche Leitmedien gibt es für sie nicht mehr. Was sie lesen, das sind ihre wechselseitigen Kritiken. Es versetzt sie in Aufregung, was vielleicht nur als Zwischenzeilen-Kommentar zu ihrem jeweils jüngsten Kapitel von einer anderen Autorleserin geschrieben wurde. Das alles mag romantische Jugendkultur sein, aber es vermittelt mehr als eine Ahnung davon, wie sich der Literaturbetrieb ändert, wenn alles digital wird. Bücher und Verlage werden Teil digitaler Umwelten, die zwischen Interpublikation, Buch und Film bzw. Fernsehserie ganz selbstverständlich hin und her wechseln. Wattpad wirbt gezielt auf seiner Startseite damit, wie einfach der Schritt vom ersten Kapitel bis zur Netflix-Verfilmung sei.

Was für Romane gilt, das gilt auch für das Teilen von Gedichten.[5] Allein auf *Gedichte.com*, der größten deutschsprachigen Website dieser Art, sind über 23 000 Lyrik-Enthusiasten angemeldet. Mehr als hunderttausend Gedichte finden sich dort, traditionelle, aber auch experimentelle Formen werden hier der Laien-Literaturkritik ausgesetzt. Die großen Zahlen mögen auf den ersten Blick nicht mit der doch so stillen Gattung Lyrik zusammengehen. So zu argumentieren, verrät jedoch eine erhebliche Unkenntnis der Literaturgeschichte der Lyrik. Gerade Gedichte wurden in empfindsamen Zeiten auf Rosenbänder und Tassen gemalt und verschickt, in Briefen kommentiert, beweint und weitergedichtet. Im 18. Jahrhundert hat Lyrik so dazu beigetragen, bürgerliche Öffentlichkeit jenseits der ständischen Ordnungen herzustellen. Mehr noch hat das bürgerliche Zeitalter des 19. Jahrhunderts dann Gedichte in Vereinen zu organisieren verstanden, ja hat darüber vielfach erst die bürgerliche Gesellschaft hergestellt, deren andere Seite die Ästhetisierung der Lebenswelt ist, die noch heute die Verlagswelt und den Literaturbetrieb antreibt. Gedichte und Verbürgerlichung gehören zusammen, historisch, aber auch gegenwärtig. So selten wie auf *Gedichte.com* finden sich in den Jahrbüchern der Vereine des 19. Jahrhunderts bislang unentdeckte Gedichte von der Qualität eines Hölderlins oder Mörikes. Die Lyrik im Verein ist zuerst Gebrauchslyrik, Lyrik zum Feilen und Verbessern, Lyrik zum Singen und Nachdenken,

Gutfühlen und traurigen Gedanken nachhängen. Mit etwas historischem Sinn versteht man dann auch die Bedeutung von Männergesangsvereinen und Salons, ohne die ein deutsches Bürgertum kaum entstanden wäre. Lyrik im Verein, das gehört zusammen,[6] auch heute, wo Vereine eben digitale Vereine mit Tausenden oder gar Millionen Mitgliedern sind. Die Salons und Männergesangsvereine von heute heißen gegenwärtig Gedichte.com, Wortkrieger.de oder Readme.cc, das übrigens ein typisches EU-Förderprojekt für ein Literatur-Portal in zehn Sprachen ist. Dass hier so viele Gedichte so wild, oft trivial und nicht selten ungestüm, jedenfalls nicht unbedingt gebildet schreiben, lesen und kommentieren, das mag den Wächtern der Kultur suspekt erscheinen, die hier auf die Einhaltung von Redeordnungen insistieren. Wen aber kümmert das noch in digitalen Zeiten? Lesen ist digital geworden, nicht weil die Gedichte nicht mehr gedruckt werden würden, das werden sie immer noch. Digital sind die Gedichte, weil ihre Autoren, Leser und Kritiker in den digitalen Salons und Vereinen zusammenkommen. Hier lebt die Literatur. Etablierte Verlage sind von diesem Literaturbetrieb erst einmal weit weg.

Die derzeit vielleicht erfolgreichsten Dichter haben ihre Leser nicht im Feuilleton und nicht in Fernseh-Literaturrunden, sondern in den digitalen Salons und Vereinen wie etwa auf Instagram. Im analogen Literaturbetrieb sind die Dichter Kritiker-bewehrt und von einschüchternden Instanzen wie Verlagen umgeben. Anders im digitalen Literaturbetrieb. Hier ist die Welt flach.

Die britische Dichterin Rupi Kaur zum Beispiel zieht weltweit die Aufmerksamkeit auf ihre Gedichte, weil es Instagram gibt. Als Kind indischer Einwanderer in Kanada hat sie mit Gedichten Englisch gelernt. Im Internet hat sie einen Ort jenseits des herkömmlichen Literaturbetriebs gefunden, um ihre Gedanken und Gefühle auszudrücken und Gleichgesinnte zu finden. In der digitalen Welt von Instagram und Twitter ist die Dichterin zu Hause und für ihre Leserinnen unmittelbar zugänglich. Sie hat dann durch ihr Studium der Kommunikationswissenschaften ihre Autorschaft professionalisiert und gelernt, sich glamourös zu inszenieren. Im Netz kommen die Gedichte von Kaur wie Gelegenheitslyrik daher, singen von Liebe und reden von Beziehungskrisen, aber auch von den Erfahrungen des alltäglichen Rassismus, und das alles so unmittelbar zur Leserin, wie es einstmals Rosenbänder und Literaturvereine, heute das Internet auch Menschen am Rande der Gesellschaft erlaubt. *#instapoesie* nennt sich diese Lyrik selbst. Und die klingt dann bei Rupi Kaur so: „if you are not enough for yourself / you will never be enough / for someone else". Wortspiele und freie Verse, Sinnsprüche und Naturlyrik stehen für die Leichtigkeit der poetischen Rede, die nicht selten banal werden kann. Jedes ihrer Gedichte zieht tausende Kommentare auf sich, zumal wenn ihre Gedichte umstrittene Themen wie Feminismus oder Rassismus aufgreifen. Dann mischen sich auch Hassbotschaften unter die Kommentare, auch das eine Erfahrung der Unmittelbarkeit. Viele ihrer Gedichte sind vor allem eine Ermutigung und Vorlage für andere, noch jüngere Autoren, selbst Gedichte zu schreiben.

Fast findet alles nur digital statt, fast. Denn ihr Gedichtband *Milk and Honey*, 2014 im Druck bei Andrews McMeel Publishing erschienen, einem Verlag, der sonst nicht Teil des großen Literaturbetriebs ist, sondern eher Geschenkbücher verlegt, hat sich weltweit mehr als anderthalb Millionen Mal verkauft, stand auf der Bestsellerliste der *New York Times* und ist bereits in mehr als 30 Sprachen übersetzt, auch ins Deutsche. Ihr zweiter Gedichtband *The Sun and the Flowers* ist dann auch schon bei Simon & Schuster erschienen. Gedichte haben ein Massenpublikum, auch ein zahlendes, auch und gerade in digitalen Zeiten. Die Lesungen von Rupi Kaur sind ein Event. Die Zuhörer, genauer die Zuhörerinnen strömen wie zu Popkonzerten. Das Netz erlaubt es einer jungen Autorin aus schwierigen Verhältnissen mit ihren Gedichten die Welt zu beeindrucken und gibt ihr die Möglichkeit als Aktivistin die Welt zu verändern. Gedichte verändern die Welt – das ist hier festzuhalten. Und Kaur ist keine Ausnahme mehr. Gerade Einwanderer und Mitglieder benachteiligter gesellschaftlicher Gruppen melden sich mit ihren Gedichten und Romanen zu Wort, Nayyirah Waheed zum Beispiel oder Warsan Shire oder Yrsa Daley-Ward.

Anzumerken bleibt aber auch, dass Verlage, wie wir sie kannten, für diese Literatur nur eine nachgeordnete Rolle spielen. Der digitale Literaturbetrieb integriert die etablierten Verlage, nicht umgekehrt. Das stellt das kulturelle Selbstverständnis der Verlage auf den Kopf. Auch das ist eine der Änderungen des Schreibens, Verlegens und Lesens im digitalen Zeitalter, wenn Lesen und Bücher Teil digitaler Umwelten werden. Die Bücher selbst werden nicht unbedingt digital, nein, alles, was das Buch und das Lesen ausmacht, wird in eine digitale Kette eingebunden, das ist die Änderung, auf die es ankommt. Man hat gute Gründe zu vermuten, dass in den nächsten Jahren Buch und Lesen noch dichter in die digitale Umwelt eingewoben werden. Eine meiner zentralen Thesen ist daher, das die Transformation des hergebrachten Literaturbetriebs in eine digitale Umwelt, die viel größer, reichhaltiger, flacher, aber auch heterogener und widersprüchlicher ist, ohne Leitinstanzen auskommen muss, wie sie das 19. und 20. Jahrhundert bestimmt haben. Nicht der Literaturbetrieb wird aufhören, im Gegenteil, aber ein Literaturbetrieb mit seinen Leitinstanzen löst sich auf. Die Welt wird damit unübersichtlicher und das wird nicht nur in Verlagen als Ordnungsverlust erlebt.

Auf den Kopf stellt die digitale Transformation des Literaturbetriebs auch die etablierte Rolle des Literaturkritikers. Denn diese Autorenleser sind auch gleichzeitig ihre eigenen Kritiker. Laien-Rezensionen in den Netzwerken oder gar bei Amazon werden vom Establishment als Lieschen Müller-Literaturkritik verspottet – bis vor kurzem. Denn inzwischen haben sich die Verlage auf die veränderten Rollen eingestellt. Mit Webanwendungen und Portalen wie *LibraryThing* oder *LovelyBooks* haben die Verlage schon ihre neue Rolle im digitalen Literaturbetrieb neu positioniert und versuchen Verfahren der sozialen Netzwerke mit konventionellen Vermarktungsstrategien zu verknüpfen. Etablierte Verlagshäuser arbeiten schon länger mit Internet-Werbebotschaftern, sogenannten Influencern, zusammen. Selbst wenn man den Altersunterschied zwischen den neuromantischen Autorenlesern und ihren etablierten Kritikern beiseitelässt, fällt auf, dass die etablierten Verlage Teil des digitalen Literaturbetriebs geworden sind. Einmal mehr gilt, dass das neue digitale Medium die alten Medien und Instanzen des Druckzeitalters in sich aufnimmt. Das ist der evolutionäre Vorteil des Digitalen und der wird in den nächsten Jahren noch wichtiger werden, wenn Bücher und Verlage ohne digitale Einbettung kaum noch Bestand haben werden.

Die vielleicht schönste Folge dieser digitalen Transformation des Literaturbetriebs ist das Anwachsen der virtuellen Bücherberge. Das digitale Zeitalter ist das Zeitalter der verkauften Bücher wie kein Zeitalter zuvor. Knapp 90 000 neue Bücher kommen Jahr für Jahr in Deutschland, der Schweiz und Österreich auf den Markt. In Großbritannien erscheinen bezogen auf die Einwohner mehr als doppelt so viele neue Titel jedes Jahr und auch Spanien liegt noch vor Deutschland in Sachen Buchproduktion. Und der Umsatz des deutschen Buchhandels wird zu gut 30 Prozent mit belletristischen Titeln erwirtschaftet, hinzu kommt noch der große Umsatzanteil der Kinder- und Jugendliteratur mit mehr als 15 Prozent. Es wird gelesen und geschrieben, als gäbe es noch nicht genug Bücher und zu wenig Gedichte. Und das ist gut so. Die Bücherberge wachsen und sie wachsen selbst dann, wenn die Produktion der Verlage in den nächsten Jahren sehr wahrscheinlich zurückgehen wird. An anderen Stellen des digitalen Literaturbetriebs wachsen sehr viel mehr Bücher nach, die nicht mehr unbedingt ein Verlagslogo haben werden.

Man sieht das Wachsen der Bücherberge im digitalen Zeitalter besser, wenn man für einen Moment zurückblickt, was es noch vor wenigen Dekaden für ein Buch hieß, ein Bestseller zu sein. 1975 wurde ein Bestseller wie E. L. Doctorows *Ragtime* in den USA 230 000 Mal verkauft. Im Jahr 2000 verkaufte sich

John Grishams Bestseller *The Brethren* mehr als drei Millionen Mal im Jahr der Erstauflage. In 25 Jahren hat sich offensichtlich viel verändert. Buchhandels-Fachleute wie Gayle Feldman rechnen vor,[7] dass sich im amerikanischen Buchmarkt vor 1985 nur von zwei Romanen mehr als eine Million Exemplare im Erscheinungsjahr verkaufen ließen. Im Jahr 1985 schafften es dann gleich drei Romane und noch zwei Sachbücher, mehr als eine Million Mal verkauft zu werden. Heute wundert sich niemand über solche Zahlen. So viele Bücher sind in immer schwindelerregenderen Auflagenhöhen im Handel. Bestseller sind zumeist Bestseller über mehrere Jahre hinweg und sie tragen wesentlich das Geschäft der Verlage.

Eben das ist dann auch die Schwierigkeit für den Literaturbetrieb, wie wir ihn kennen. Etablierte Geschäftsmodelle müssen immer schneller umgebaut werden. Nicht, weil weniger Titel auf den deutschsprachigen Buchmarkt kämen – auch ihre Zahl steigt ja von Jahr zu Jahr –, sondern weil immer schwerer zu kalkulieren ist, welcher Titel erfolgreich verkauft werden kann, welcher so durch die Decke schießt, dass er die anderen Titel mitträgt, die kein Erfolg werden. 2015 waren unter den meistverkauften Büchern so unterschiedliche Titel wie Charlotte Links *Die Betrogene*, das kluge Sachbuch von Giulia Enders *Darm mit Charme* bis hin zum zweiten Band von *Fifty Shades of Grey* und dem *Bürgerlichen Gesetzbuch*. Wer könnte solche Erfolge prognostizieren, bis auf den letzten vielleicht? Der Markt wird kleinteiliger, in dem Maß, in dem sich die Lesergruppen weiter ausdifferenzieren und sich das Leseverhalten individualisiert. Spitzentitel, die sich gut prognostizieren lassen, wie etwa Michelle Obamas Autobiographie, gibt es selten. Die Heterogenität der individualisierten Lebensformen moderner Gesellschaften erschwert die Marktanalysen für die Verlage. Neue Genres kommen hinzu, neue Medien noch obendrauf, die meist ihre jeweiligen Leser- und Schreibergruppen haben. Es ist diese Heterogenität der Lesergruppen, die das Lesen im digitalen Zeitalter charakterisiert, und nicht die Tatsache, dass nicht mehr gelesen und keine Bücher mehr verkauft würden.

Wenn so viel, aber so Unterschiedliches gelesen und ‚geliked‘ wird, dann ist schwer abzusehen, ob es besser ist, erst ein Hörbuch, eingelesen von Rufus Beck, herauszubringen, das dann das gedruckte Buch mit nach oben zieht, oder umgekehrt. Welchen Effekt es auf Buchverkaufszahlen hatte, wenn in Fernsehtalkshows ein Buch in die Höhe gehalten wurde, kann jeder Buchhändler erläutern. Längst werden Stellflächen in Buchläden verkauft und im Regal gegen Geld ein Meter extra vermietet, um einen Titel besser herauszustellen. Das ist für die Verlage ein hartes Geschäft geworden, auch hier nicht, weil weniger gelesen wird, sondern weil mehr, aber unterteilt in immer heterogenere Lesergruppen mit ihren jeweiligen Ausstattungsformaten gelesen wird. Die Individualisierung der Lebenswelten und die Heterogenisierung der Konsumentenmärkte sind auch für den Buchmarkt sich gegenseitig verstärkende Entwicklungen und der wichtigste Effekt der Digitalisierung des Literaturbetriebs.

Die Schwierigkeit, Titel richtig zu platzieren, setzt sich im Internethandel fort. Nur dass man dort über neue Beobachtungswege verfügt, das Verhalten der Leser genauer zu verstehen. Behavioral targeting nennt man in der Fachsprache die Technik, mit der das Such- und Kauf- und neuerdings auch das Leseverhalten von uns realen Lesern mitgeschnitten wird, um aus diesem Verhalten zu errechnen, dass diejenigen, die diesen Titel kaufen, auch jenen gekauft haben. Inzwischen verfolgen die ersten E-Books auch mit, wie lange wir als Leser bei welchen Kapiteln verweilen, was wir überblättern, was wir unterstreichen und was ungelesen bleibt. Und gerade das ist viel mehr, als man denkt. Ein Bestseller-Sachbuch wie Thomas Pikettys *Das Kapital im 21. Jahrhundert* haben nur wenige Leser wesentlich über die Seite 26 hinaus gelesen, lernt man aus diesen Daten über das Leseverhalten. Und das, obgleich es bei Büchern wie dem Pikettys doch gerade darauf ankommt, die Argumente auch von Seite 27 folgend wahrzunehmen.[8] Amazon erwägt sogar, Selbstverlag-Autoren danach zu bezahlen, wie viele Seiten ihrer Texte tatsächlich gelesen werden. Nicht das verkaufte Buch, sondern die tatsächlich gelesenen Seiten wären dann das Maß der Bezahlung. Über den Vorschlag, der zunächst irritieren mag, lohnt es sich dann doch nachzudenken, denn um was, wenn nicht das tatsächliche Lesen sollte es doch in der Welt der Bücher gehen? Marktorientierung und Kulturauftrag des Literaturbetriebs stehen sich damit in verwirrend neuen Positionen gegenüber. Darüber wird nicht gerne öffentlich gesprochen. Der Literaturbetrieb möchte als Kulturbetrieb fern von Marktmechanismen erscheinen, als hätte er mit Amazon und Google wenig zu tun. Aber natürlich sind Verlage wie andere Unternehmen auch daran interessiert, Daten über ihre Käufer zu sammeln.[9] Nur werden von den Verlagen gerne die Rolle von der marktfernen Kulturinstitution gepflegt, die weder dem Druckzeitalter noch erst recht dem Digitalzeitalter angemessen ist.

Ungeachtet der Rolleninszenierung sind Verlage auf fast allen Ebenen Teil eines durchdigitalisierten Betriebs geworden, das ist annähernd unvermeidlich und hat die unverändert schöne Folge, dass mehr Bücher mehr Leser finden. Dennoch kritisieren viele, dass die Digitalisierung des Literaturbetriebs zu einer großen Trivialisierung unserer Lesekultur führe. Als Beleg führen sie die Laienrezensionen an, die Amazon oder in den sozialen Netzwerken zu finden sind. Was da an Plattitüden geäußert wird, drängt einen aufmerksamen Beobachter fast unvermeidlich dazu, ins Grübeln über die schöne, neue Bücherwelt zu kommen. Es ist wohl nicht nur auf den ersten Blick richtig, wenn in Laienrezensionen Gemeinplätze über Bücher geäußert werden wie „fand ich gut", „hat Spaß gemacht", „war nicht sonderlich spannend", „ein echter Knaller". Das sind nicht eben Äußerungen des Hochfeuilletons. Wenn jemand im sozialen Lesenetzwerk LovelyBooks auflistet, was sie oder er liest, dann klingt es so:

So nun mein Voting:

78sunny: Libellensommer (ich mag Kanada einfach ;))

Asu: Der Augensammler (definitiv!! ;))

Caro88: Ascheherz (da hab ich auch schon ein paar Mal davor gestanden)

Daniliesing: White Horse

ever_green: Ewiglich die Sehnsucht (hab ich schon viel Gutes gehört, Plötzlich Fee hab ich mal ausgeklammert – da bin ich wohl vorbelastet ;))

kanemabe: Eragon (ein sehr gutes Buch)

LaDragonia: Göttlich verloren (tolles Buch, kann ich nur empfehlen)

liebling: The Night Circus (klingt vielversprechend)

RottenHeart: Plötzlich Fee (Die anderen kenne ich entweder nicht oder aber ich fand sie nicht so gut :/)

scarlett59: Tödliche Spiele (war für mich der beste Band der Tribute von Panem :))

Si-Ne: Leider kenne ich keines der Bücher :(Aber Shades of Grey soll angeblich ja recht gut sein.

Sommerleser: darüber muss ich noch nachdenken

Sunny Rose: Zeitenzauber (klingt interessant)

Lesewutz: Und morgen bist du tot (der Autor ist sehr gut)

Ich hoffe ich habe jetzt niemanden vergessen, sonst sagt mir bescheid :)[10]

Dennoch wäre es zu einfach, sich über solche Leser zu erheben. Wenn jemand ein Buch als „klingt vielversprechend" einstuft und einen solchen Kommentar bei Amazon oder LovelyBooks postet, dann geht es nicht um gedruckte Literaturkritik, wie wir sie seit dem 19. Jahrhundert kennen, sondern um die Einübung in die eigene Identität und die Suche nach Gleichgesinnten durch das Lesen. Das ist so ziemlich genau das, was auch die Leser Rousseaus getan haben, wenn sie mit Leidenschaft ihre Tränen über den Roman vergossen und das gleich noch in Briefen anderen Lesern mitgeteilt haben. Weint um Eure Bücher, schreibt es auf und findet darüber Herzensfreunde, das ist modernes Lesen seit mehr als zweihundert Jahren. Und genau das passiert in den digitalen Netzwerken in einem Maßstab, von dem Rousseau nur hätte träumen können. So schreibt jemand über das Buch der indisch-kanadischen Autorin Shilpi Somaya Gowda:

> Als das Buch *Geheime Tochter* zu mir gefunden hatte, hielt ich es in den Händen und wusste noch nicht genau, was ich von dem Buch halten sollte, das Cover war schlicht, die Geschichte klang interessant und doch da war sie, die Angst vor zu vielen Klischees. Denn diese Thematik leitet schnell dazu in Klischees zu verfallen und nicht neu zu denken und nur an der Oberfläche zu kratzen, sowie in Kitsch zu verfallen. Der Autorin ‚Shilpi Somaya Gowda' ist es nicht immer gelungen genau diesen Dingen aus dem Weg zu gehen, gegen Ende nahm in meinen Augen der Kitsch und die Rührseligkeit immer mehr Überhand und doch sind es genau die Stellen, an denen sie es schafft von diesen Klischees auszubrechen umso schöner.[11]

Die Buchkritik kommt nach weiteren Ausführungen zu dem bezeichnenden Schluss: „Das Buch lädt dazu ein, mit einer Tasse Tee sich einen gemütlichen Abend zu machen und in dieses Buch voller Differenzen einzutauchen."[12] Genau darum geht es in den sozialen Netzwerken: Jemand hat mit Verve gelesen, taucht in die Geschichte ganz ein und reflektiert dabei zugleich das Leseerlebnis in nachvollziehbaren Bewertungsmustern. Geschrieben ist eine solche Rezension für Gleichgesinnte. Es soll niemanden zum Lesen dieses Buchs bekehren, nur die Liebhaber dieser Autorin oder dieses Genres zusammenführen. Das ist viel und ist wichtig und eigentlich nicht viel anders als es die meisten Rezensionen auch im Hochfeuilleton zumeist tun. Denn nicht jedes Lob für die wichtigste Neuerscheinung des Jahres will neue Leser für ein Buch gewinnen, sondern oft nur die Leser in ihrem Urteil bestätigen und die eigene Position im Feld der Literaturkritik festigen.

Lesen im digitalen Zeitalter ist modernes Lesen wie schon seit den Zeiten Rousseaus, eher identifikatorisch, aber auch kritisch, und adressiert zuallererst an die jeweilige gleichgesinnte Gruppe. Es ist immer noch die immersive Bürgerlichkeit des Lesens, die heute ‚Social Reading' genannt wird und einstmals empfindsame Lesekultur hieß. Das haben auch die Verlage und die Literaturkritiker längst verstanden. Sie haben nicht nur Blogs für Kundenrezensionen wie eben LovelyBooks der Holtzbrinck-Gruppe oder *Wasliestdu* der Mayerschen Buchhandlung etabliert – und damit einmal mehr Amazons *GoodReads* nachgeahmt. Vielmehr versorgen die Verlage auch die im Netz gut sichtbaren Lesekunden mit Rezensionsexemplaren, stellen Literaturportale wie *Vorablesen.de* zur Verfügung, auf denen Leser Punkte für ihre Besprechungen sammeln und darüber Zugang zu Freiexemplaren erhalten können. Leser, Autoren und Kritiker rücken im digitalen Zeitalter auch in der etablierten Verlagswelt enger zusammen als jemals zuvor. Die Digitalisierung ist keine disruptive Technologie, im Gegenteil: Die Digitalisierung des Literaturbetriebs nimmt den bisherigen Betrieb fast geräuschlos in sich auf. Sie macht ihn nicht überflüssig, sondern transformiert ihn. Auf einmal ist der Literaturbetrieb, wie wir ihn kannten, ein Teil eines sehr viel größeren Literaturbetriebs mit vielen anderen Akteuren, die im etablierten Betrieb noch keine Rolle spielen konnten. Rupi Kaur hat mehr Leser als Günter Grass, die sozialen Netzwerke mehr Autorenkritiker als die Feuilletonleser, kurz, der Literaturbetrieb ist größer und er ist diverser geworden. Der etablierte Literaturbetrieb ist damit keine Leitinstanz mehr. Auch in Sachen Kultur ist die Welt flacher geworden und damit irritierend schwer durchschaubar auch für diejenigen, die im Literaturbetrieb tätig sind.[13]

Unter den Bedingungen der Digitalisierung des Literaturbetriebs geht alles noch größer. Die 2008 gegründete Plattform *NetGalley* bündelt die Werbung für Neuerscheinungen durch Rezensionen für mehr als 300 Verlage weltweit und bietet den professionellen Lesern, wie sie hier genannt werden, E-Books zur Rezension an, vorausgesetzt, die Bloggerin oder der Blogger ist gut sichtbar im Netz positioniert. Rezensionsmanagement ist ein rasch wachsendes Geschäftsfeld in der Verlagswelt geworden. Der Unterschied zwischen klassischen Rezensenten und professionellen Leserrezensenten wird durch die Möglichkeiten im Digitalen geringer. Booktuber treten auf den Buchmessen in Frankfurt und Leipzig auf, und YouTube-Stars wie

Zoella, PewDiePie oder JONAS, die teilweise mehr Fans haben als Kanada Einwohner, werden von den Verlagen als Werber gewonnen. Solche Influencer werden als sogenannte authentische Markenbotschafter von Verlagen für die Platzierung der Bücher bei den jeweiligen Kundengruppen genutzt, ob es dabei nun um Kochbücher, Reiseführer oder Literatur geht. Verlagshäuser wie Gruner+Jahr haben eigene Unterfirmen wie InCircles, in denen die Unterschiede zwischen der Druckwelt und der digitalen Welt längst aufgehoben sind, wenn reichweitenstarke, crossmediale Influencer-Kampagnen gestartet werden und in Echtzeit mitgeschnitten wird, wie viele Likes, Kommentare, Follower und wohl auch Absatzzahlen eine Kampagne erreicht. Alle diese neuen (und alten) Autoren werben nicht unbedingt um neue Leser, aber um gleichgesinnte schon.

Die digitale Transformation lässt die Verlagswelt anwachsen, auch die der gedruckten Bücher. Der Debütroman *Girl Online* der YouTuberin Zoella, das ist Zoe Sugg, 2014 bei Penguin Books erschienen, verkaufte sich mehr als 78 000 Mal in der ersten Woche nach Verkaufsstart, ein historischer Rekord für Bestseller, gemessen an der Zahl der in der ersten Woche verkauften Exemplare eines gedruckten Buchs. Die digital-romantische Entgrenzung von digitalen Autoren und Lesern und Kritikern geht sehr gut mit neuen Geschäftsmodellen zusammen. Das Beispiel belegt, wie sehr sich die digitale Welt ohne viel Aufhebens zwischen alle Prozesse des Literaturbetriebs schiebt und ihn von innen heraus verändert, verändert für alle Beteiligten, die Verlage, die Kritiker wie die Autoren und die Leser. Denn fast alle Buchmärkte der Welt sind in den letzten fünfzehn Jahren gewachsen. 50 Millionen Buchtitel im Angebot bei Amazon ist eine Größe verfügbarer Bücher, die die Welt noch nicht gesehen hat. Viele davon sind im Selbstverlag erschienen. Nicht das E-Book, sondern der Online-Handel, die digitalen Selbstverlage und die Selbstverständlichkeit des Ineinander von gedrucktem und digitalem Literaturbetrieb haben die Verlagswelt transformiert.

Die Verlagswelt ist durch die Digitalisierung uneinheitlicher geworden, trotz der gewaltigen Konzentration in immer größere Holdings. Hinter so traditionsreichen Namen wie ,S. Fischer Verlag' steht ,Holtzbrinck Publishing Group'. Und Penguin Random House ist alles, nur kein Haus, sondern der größte Publikumsverlag, den die Welt je gesehen hat. Ein Viertel der weltweiten Buchproduktion kommt aus diesem „Haus". Mehr als 45 Verlage sind unter seinem Dach vereint. Mit nicht eben wenig Stolz hat der Vorstandsvorsitzende Markus Dohle dann auch auf der Frankfurter Buchmesse 2017 festgestellt, dass es dem Buchmarkt nie so gut gegangen ist wie heute: „Das globale Buchgeschäft erlebt die beste Zeit seit seinem Bestehen, also seit mehr als 500 Jahren."[14] Das Gerede von der Krise des Buch- und Verlagshandels ist Lobbyismus, nicht mehr, zumindest aus der Sicht der globalen Gewinner der Oligopolbildung unter den Verlagen. Die Welt ist groß geworden, spricht aber fast nur Englisch und etwas Deutsch, denn Deutschland, Österreich und die Schweiz bilden den drittgrößten Buchmarkt der Welt mit weltweit einmalig günstigen Buchpreisen und einem typografischen und buchbinderisch singulären Niveau.

In dieser gar nicht so alten Buchwelt wird auch das Geld vor allem mit wenigen Spitzentiteln verdient, die auf wenige Verlage bzw. Holdings konzentriert sind. 2014 ging der Umsatz der deutschen Buchhandlungen mit erzählender Literatur um sieben Prozent zurück, meldet der Börsenverein des Deutschen Buchhandels,[15] weil es an Bestsellern wie der Erotik-Schmonzette *Shades of Grey* fehlte, die, in den Jahren zuvor millionenfach verkauft, die Kassen gefüllt hat. Weltweit sollen zwischen 2011 und 2013 mehr als 100 Millionen Exemplare dieser Liebesgeschichte zwischen einer gerade erwachsen gewordenen Literaturstudentin und einem jungen Unternehmer verkauft worden sein, wie wir dieses Buch einmal kurz zusammenfassen wollen. 2014 dann lag der Umsatz der zehn meistverkauften Titel um 20 Prozent unter dem des Vorjahrs und der Gesamtmarkt ging damit gleich mit nach unten, wenn auch nur um 2,2 Prozent. Ohne Geschichte mit Bett und Handschellen war kein Staat im Land der Bücher zu machen, würden böse Zungen sagen. Der Preisrückgang bei den E-Books und der Rückgang der Verkaufsflächen kamen noch hinzu, sodass trotz steigender Titelzahl der Buchhandelsumsatz in den letzten zehn Jahren nur gering gestiegen ist. An E-Books wird trotz verbesserter Absatzzahlen und steigender Käuferzahlen weniger verdient. Die Umsätze mit E-Books stagnieren bei knapp 5 Prozent des Branchenumsatzes. 2016 wuchs der E-Book-Markt um gerade einmal 2,6 Prozent des Umsatzes bzw. 4,1 Prozent der verkauften Titel, informiert der Börsenverein. Die Insolvenz großer Buchvertriebe wie der Weltbild-Gruppe und der Ausstieg von Club Bertelsmann aus dem Markt hatten mehr als hundert Standortschließungen nach sich gezogen. Dennoch ist der stationäre Handel verglichen mit dem klassischen Versandhandel und seinen Buchclubs und Warenhäusern stabil. Eine Konzentration auf immer weniger und immer größere Unternehmen ist nicht zu übersehen, wie die Fusion der Mayerschen Buchhandlung mit Thalia einmal mehr zeigt. Die Strategie, stationären Handel und Internetangebot zu verknüpfen, geht vielfach auf. Von Omni-Channel-Buchhandelsunternehmen ist in Branchenkreisen die Rede, wenn die zusammengefasst werden soll, wie der stationären und der Online-Handel zusammenwirken. Bücher gedruckt und als E-Book anzubieten, wird von den Kunden angenommen. Sie bestellen Bücher im Internet und holen sie dann in ihrer lokalen Buchhandlung ab. 2015 und 2016 ist der Buchmarkt auch in Deutschland wieder leicht gewachsen. Pro Kopf kaufen die Kunden mehr Bücher und geben mehr Geld für sie aus als in den Jahren davor. „Buchmarkt 2016. Verlage und Buchhandlungen stabile Größen im Medienwandel", meldet der Börsenverein.[16] Und er hat Recht. Das digitale Zeitalter treibt auch den Literaturbetrieb an, auch und gerade in seinen Konzentrationsprozessen. 2018 konnte der Börsenverein noch einmal einen Zuwachs der Verkaufs- und Umsatzzahlen konstatieren.

Alle diese Befunde stehen im Kontrast zu den aufgeregten Meldungen über den dramatischen Rückgang an Buchkäufen.

Solche Meldungen folgen einer Art von langweiliger Dramaturgie stets fallender Zahlen, schwindender Leselust und man-
gelnder Lesefähigkeit. 2018 fand eine vom Börsenverein beauf-
tragte Studie der Gesellschaft für Konsumforschung heraus,
der Buchmarkt sei 2016 mit knapp etwas mehr als 30 Millionen
Käufern auf das niedrigste Niveau seit fünf Jahren gefallen.[17]
Zwischen 2012 und 2016 seien dem Buchhandel mehr als sechs
Millionen Buchkäufer verloren gegangen, ein Trend, der sich
unvermindert fortsetze. Nur die Stückzahl der verkauften Bücher ist nicht zurückgegangen, weil diejenigen, die Bücher kaufen, mehr Bücher kaufen. Immer weniger Menschen lesen,
stellt die Studie fest und präzisiert, dass vor allem Menschen
zwischen 20 und 50 immer seltener Bücher lesen würden, auch
wenn die Älteren mehr kaufen und so das Geschäft stabil halten. Der Börsenverein vermutet ganz in der Dramaturgie solcher Meldungen, dass die Menschen ihre Zeit den neuen
Medien widmen und nicht mehr dem Buch. Im Bericht ist
dann die Rede von der Abhängigkeit von den digitalen Medien,
vom Verlust der Konzentrationsfähigkeit, der wachsenden Bedeutung des Multitasking und was der Gemeinplätze mehr
sind. Nur setzt diese Dramaturgie voraus, dass wer Computer
und Internet nutzt, nicht liest und schreibt. Und eben das ist
falsch. Wer die digitalen Medien nutzt, wird vielleicht nicht
mehr ein neues Buch kaufen oder ein E-Book herunterladen.
Aber er oder sie lesen, lesen oft sehr viel und viele schreiben
und auch das viel und in so vielen Gattungen und Genres, die
der etablierte Literaturbetrieb nur ausschnittsweise abbildet. So
fehlen etwa die Zahlen über den Wiederverkauf von Büchern,
den das Internet revolutioniert hat. Wir wissen nicht einmal
ansatzweise, wie groß der moderne Antiquariatsmarkt ist, wo
Bücher sehr interessensgenau für wenig Geld zumeist zwischen
Privatleuten gehandelt werden. Die Zahlen dürften sehr groß
sein. 2 Millionen Privathändler sind allein bei *Booklooker* regis-
triert und ca. 5 000 Buchkäufe finden hier pro Tag statt. Die
Zahlen sind hier oder auch bei *AbeBooks.de* oder *Momox* so
groß, dass sie in der Statistik vom Schwinden der Leser berück-

sichtigt werden müssten. Aber das ist nicht der Fall. Es singt sich zu schön vom Verfall. Nein, der Buchmarkt ist längst Teil einer digitalen Umwelt geworden, redet aber immer noch in der Rhetorik der Kulturkritik. In Wahrheit ist das nicht viel mehr als simpler, wenn auch medienwirksamer Lobbyismus.

Die Integration der analogen Bücherwelt in die digitale Lesewelt geht nicht immer so geräuschlos vonstatten wie bei Wattpad. Beim Verlag, der keiner ist, bei Amazon also, wird zwischen Socken und Rasenmähern experimentiert, wie man die etablierten Verlage umgehen und eine direkt von den Autoren betriebene Verlagswelt aufbauen kann. Man denkt hier betont groß und will, wie in der Plattform-Wirtschaft üblich, ohne allzu viele Zwischeninstanzen direkt von den Autorenlesern her den Markt aufrollen. Das ist nicht wirklich romantisch, sondern harte Ökonomie, die auf die Verdrängung etablierter Marktteilnehmer angelegt ist. Bestehende Geschäftsmodelle werden nicht nur etwas anders oder besser konzipiert, sondern sollen durch ganz andere ersetzt werden. Die Autoren sollen ihre eigenen Verleger sein, Amazon ist nur die Plattform, bei der allein durch ihre schiere Größe dann das meiste Geld und das Gold des 21. Jahrhunderts, die Daten über die Leser, hängen bleiben. Kindle Direct Publishing heißt das Portal von Amazon, auf dem Autoren ihre Bücher selbst setzen und mit einer Covergrafik auf den Markt bringen können. Den Preis legen sie selbst fest und vom Verkaufspreis erhalten sie siebzig Prozent. Bei einem Verlag bekämen sie gerade einmal 10 Prozent Tantieme, wenn es sehr gut läuft. Das sieht aus wie ein Unterschied, doch kosten die Bücher bei Amazon gerade mal eben 3,99 Euro pro Band. Solche Preise sind nicht zufällig an denen für Popsongs orientiert. Wie in der Musikindustrie ist auch die Buchindustrie so angelegt, dass eine große Masse erfolgloser Autoren für fast nichts schreibt und nur wenige schier unglaubliche Gewinne einfahren, wie etwa die deutsche Fantasy-Autorin Marah Woolf, die ihre inzwischen fünf *Mond-Silber*-Sage weit mehr als 400 000 Mal verkauft hat.[18] Oliver Pötzschs historischer Roman *Die Henkerstochter* ist in 20 Sprachen übersetzt; die amerikanische Indie-Autorin Holly M. Ward hat mit ihren Unterwäsche-Covern mindestens sechs Millionen E-Books über Kindle Direct Publishing verkauft.[19] Der populäre Netflix-Film *The Kissing Booth* basiert auf der gleichnamigen Geschichte von Beth Reekles, die diese 2011 im Alter von 15 Jahren auf Wattpad hochgeladen hat. Man kann mit Schreiben von Literatur also Millionärin werden. Und von diesen und ähnlich erfolgreichen Teenfiction-Autoren gibt es noch ein paar mehr, wie etwa Poppy J. Anderson und morgen schon andere. Das ist die irritierend-verheißungsvolle Seite der Digitalisierung des Literaturbetriebs. Er tendiert dazu, ein Pop-Betrieb zu werden. Ganz wenige Superstars teilen unter sich den Großteil der Gewinne auf. Diese Popindustrialisierung auch des Literaturbetriebs ist eine der wesentlichen Veränderung, die es ernst zu nehmen gilt und eben Effekt der neuen Kommunikationsmöglichkeiten, wie der Ökonom Sherwin Rosen als ein der ersten bereits Anfang der 80er-Jahre beschrieben hat.[20]

Die meisten der Autorinnen und Autoren schreiben auf den digitalen Plattformen um des Schreibens willen. Sie sind in anderen Berufen tätig und schreiben nebenher, selbst wenn sie damit schon längst Millionäre geworden sind wie Jenny Rosen mit ihren Romanen *Cheater, Faker, Troublemaker* über Beziehungsdramen und Sex, die auf *Wattpad* und *Goodreads* und jetzt bei *Hachette* zu lesen und zu hören sind. Ein Proletariat bilden sie nicht, denn sie entstammen zumeist dem besser gestellten Mittelstand und schreiben nicht, um die Suppe für den Tag zu bezahlen. Lohnschreiber wie Karl May es war, der zunächst nach der Zahl der geschriebenen Zeilen bezahlt wurde, sind sie alle nicht. Eher sind sie professionelle Autoren wie Michael Meisheit, der zunächst ein erfolgreicher Drehbuchautor war, bevor er sich auch als Schriftsteller etabliert hat. Meisheit reflektiert klug auf seinem Blog die Welt der selbst verlegenden Autoren:

> Das goldene Zeitalter des Selfpublishings, in dem man fortlaufend Autoren traf, die selbst nicht wussten, wieso ihre eBooks sich plötzlich zu Tausenden verkauften, liegt hinter uns. Längst hat sich

146

herumgesprochen, dass man mit selbst veröffentlichten Werken insbesondere über Amazon ungewöhnlich viel Geld als Autor verdienen kann. Entsprechend steigt die Zahl der Publikationen. Zwar steigt auch die Zahl der Leser, die zum eBook greifen, aber nicht im selben Verhältnis. Vor allem aber verteilen die neuen Leser sich nicht gleichmäßig auf die neu hinzukommenden Selfpublisher.[21]

Die Empfehlung und die Algorithmen hinter den Charts treiben einzelne Titel nach oben. Und wie im übrigen Verlagsgeschäft gilt auch hier in der Welt der Selbstverleger, dass der Gewinner alles bekommt. Wie im übrigen Literaturbetrieb müssen die Selbstverlagsautoren regelmäßig liefern, um sichtbar zu bleiben, und sie müssen den Gattungs- und Genre-Erwartungen nachkommen, mit denen sie bekannt geworden sind. Die Marktgesetze, dass etwa durch ein leicht variierendes Cover-Muster der einmal erfolgreiche Autor wiedererkannt wird, gelten auch hier. Wer sich wie Meisheit nicht daran hält, und sein neues Buch *Als ich eines Morgens mich selbst traf* mit einem ganz anderen, keinem Genre zuzuordnendem Cover herausbringt, wird nicht gesehen. Michael Meisheit ist freilich ein professioneller Autor, der ansonsten weiß, dass er Bücher unter einem Frauennamen besser verkaufen kann, weshalb er sich als Autor ‚Vanessa Mansini‘ nennt. Darin unterscheidet sich die digitale Buchwelt nicht von der gedruckten. Auch dass sie sich organisiert, auf Buchmessen präsentiert und keineswegs als einsames, selbstverlorenes oder selbstverliebtes Subjekt agiert, gehört dazu. Meisheit hat zusammen mit anderen Autorinnen und Autoren die Marke ‚Lieblingsautoren‘ auf einer der letzten Leipziger Buchmesse erfunden. Die Marke repräsentiert gleich sechs Millionen verkaufte Bücher, kein Nischenphänomen. Die Gründung eines Selfpublisher-Verbands ist dann der konsequent nächste Schritt und auch er ist bereits erfolgt.

Wie Michael Meisheit selbst offenlegt, wäre seine Etablierung als Autor ohne Amazon nicht möglich gewesen. Das auch wegen der bis vor kurzem noch kaum vorstellbaren Möglichkeiten zur Werbung. Meisheits erster Band von *Im falschen Film* wurde durch das Programm Kindle-Deal der Woche nach oben auf die Kindle-Charts katapultiert, zog die weiteren beiden Bände der Romanserie gleich mit nach oben, sodass Meisheit inzwischen 100 000 Exemplare seit Beginn seiner Karriere als Schriftsteller im Selbstverlag 2012 verkaufen konnte. Der Band kostet 0,89 Cent und dies multipliziert mit hunderttausend – das ist hier das Geschäftsmodell. Wie Meisheit feststellt, ist Amazon nicht der alleinige, wenn auch derzeit der größte Akteur im rasch wachsenden Feld der Selbstverlage. Der E-Book-Selbstverlag Smashwords hat es zunächst der Autorin des Bestseller *Fifty Shades of Grey* ermöglicht, ihr Buch hochzuladen. Meisheit testet andere Publikationswege wie den über den Tolino-Shop aus, den die deutschen Großbuchhändler Club Bertelsmann, Hugendubel, Thalia und Weltbild zusammen mit der Telekom Deutschland gegründet haben. iBookstore bewirbt Meisheits Buch *Nicht von dieser Welt*. Es sind die Großen der neuen, digitalen Buchwelt, die sich hier die Hand reichen. Mit der alten Verlagswelt haben sie nur wenig gemeinsam. Abonnements wie für das Streamen von Musik bei Kindle Unlimited oder die Etablierung eines deutschen Kindle Storyteller Self Publishing Award sind die Formate, mit denen erprobt wird, ob nicht ein radikal anderer Buchmarkt möglich ist, der nicht zufällig so viel Ähnlichkeit mit der Popindustrie hat. Mehr als tausend Einsendungen hat der mit 10 000 Euro ausgestattete Kindle-Preis auf sich gezogen. Prämiert wurde der handwerklich gut gemachte Science-Fiction-Roman *Paradox. Am Abgrund der Ewigkeit* über eine Reise an die Grenzen unseres Sonnensystems von Phillip P. Peterson. Bastei Lübbe hat ihn inzwischen auch gedruckt herausgebracht. Diese Mischung aus Romantik, neu-empfindsamer Fankultur und radikal anderer, weil digitaler Publikationswirtschaft könnte alles ändern. Für Autoren wie Michael Meisheit oder für Verleger wie Hannes Steiner, der bewusst von der etablierten Verlagswelt in die der Eigenverlage gewechselt ist, hat sie das schon längst. In den Vereinigten Staaten hat sich die Zahl der in Eigenverlagen publizierten Titel zwischen 2008 und 2017 auf etwa eine Million Titel verzehnfacht, während sie sich im deutschsprachigen Raum zwischen 2012 und 2015 etwa verdoppelt hat. Davon verkauft freilich ein Drittel weniger als drei Exemplare. Kleinteiliger kann der Markt kaum noch werden, denkt man angesichts solcher Schätzungen.

Und kein Ende ist in Sicht, eher ist das ein Anfang. Wer es schrill formuliert hören möchte, muss etwa der *New York Times*-Bestseller-Autorin Bella Andre zuhören, auch sie eine Kindle-Millionärin:

> Ich habe 300 000 Dollar mit meinem ersten E-Book verdient. Ich habe mit meinem zweiten Buch diese Summe verdoppelt. Ich arbeite die ganze Zeit. Ich habe Lektoren angestellt. Ich habe Übersetzer. Ich suche das Cover aus. Ich verfasse die Buchbeschreibungen. Ich arbeite sehr eng mit dem Vertrieb zusammen. Ich spreche mit der Presse. Ich spreche über Twitter und Facebook mit meinen Lesern. Ich kann meine Bücher schnell raushauen. Ich muss nicht erst Agenten von meinen Ideen überzeugen. Ich kann genau das Buch schreiben, das meine Leser wollen. Ich bin meine Leserschaft.[22]

– so leicht kommt die neuromantische Leserevolution daher. ‚Ich bin meine Leserschaft', sagen die Autoren im Pop-Zeitalter der Bücher mit einigem Recht. Im digitalen Literaturbetrieb scheint alles möglich zu sein.

Die Rücksichtslosigkeit, mit der die Großen im Geschäft alles auf sich lenken, hat ihnen Kritik eingetragen, die sie ihrer schieren Größe wegen ignorieren können. Selbst ein bei der EU-Kommission anhängiges Wettbewerbsverfahren stört den Gang der Geschäfte nicht. Auftritte von Russell Grandinetti, dem für die Kindle-Sparte bei Amazon verantwortlichen Senior Vice President, sind genau für diese Rücksichtslosigkeit in der Verlagsbranche berüchtigt. Sein Vortrag 2013 in Frankfurt ist dafür im Gedächtnis geblieben, nicht nur etablierte Vermarktungsmodelle beiseite zu wischen, sondern die Verlage unter Druck zu setzen, ihre Preise in Konkurrenz mit Popsongs, Filmen und Computerspiel-Apps zu kalkulieren. Alles wird bei Amazon investiert, weil Wachstum um jeden Preis das Prinzip von Amazon ist. Schließlich hat Jeff Bezos sein Unternehmen 1995 ohne Ahnung von Büchern und mit noch weniger Kenntnissen über Computer gestartet. Als er dann 2003 auch noch beschloss, sich selbst mit der Entwicklung eines elektronischen Lesegeräts Konkurrenz zu machen, und das auch ohne Wissen um den Bau solcher Geräte, haben selbst viele bei Amazon den Kopf geschüttelt. Und doch hat der Erfolg hier Methode und verlangt von allen Mitarbeitern Innovation. Kantinen wie bei Google gibt es hier nicht und keine Flüge in der Business Class. Mit derselben Rüpelhaftigkeit hat Bezos festgelegt, dass bei ihm ein digital verfügbarer Bestseller nur 9,99 Dollar kostet, einfach um E-Books durchzusetzen. Damit war digitales Lesen von Anfang an deutlich billiger.

Das war 2007. Doch Amazon wurde damit zugleich von einem Partner für die Verlage, der sie gegen die großen Buchhandelsketten wie Barnes & Noble oder Hugendubel zu verteidigen schien, zum Feind. Und das geht so weiter, denn Amazon attackiert Verlage, wenn sie sich den Preisvorstellungen des Alles-sofort-Verkäufers Amazon nicht beugen. Die Entwicklung von Flatrates, von Direct Publishing, der Aufbau von lektorierten und gedruckten Büchern, die Durchsetzung von Hörbüchern nach dem Flatrate-Modell oder jüngst die Entwicklung eines eignen Labels für kürze Formate wie Essays oder Kurzgeschichten, genannt Kindle Singles, sind nur der Anfang und lassen es in den Ohren der alteuropäischen Verlagslandschaft rauschen. Die Digitalisierung mischt den Literaturbetrieb auf.

Verwirrend dabei ist, dass diese Entwicklungen nicht aufeinander abgestimmt sind, keinem Plan folgen und viel anarchischer sind, als es das Gerede vom neoliberalen Plattform-Kapitalismus suggeriert. So gefährdet etwa die Einführung von Lese-Flatrates das Konzept der Direktvermarktung. In der traditionellen Verlagswelt, wäre das ein Einwand, bei Amazon ist das nebensächlich. Wichtig ist nur, dass sich Amazon fast jeden Tag neu erfindet und seinen Konkurrenten keine Zeit zum Nachdenken lässt. Gewinne werden hier sofort in neue Ideen gesteckt. Das wird man nicht von vielen seiner Konkurrenten in dieser Radikalität sagen können. Kein Zufall, dass

Amazon eine Top Level Domain „.amazon" anstrebt, weil es sich auf Augenhöhen mit Staaten versteht. Und so treibt Amazon mit seinen mehr als 50 Millionen Büchern im Angebot die Verlage vor sich her und wird das noch mehr tun, wenn die Buchpreisbindung einmal eine deutsche Sondergeschichte sein wird. Amazon ist ein Land, das nicht fernab im Amazonas liegt, sondern die alten Nationalstaaten überspannt – eine Supernation. Wen kümmert noch die alte Nationalstaaterei des bisherigen Literaturbetriebs, sagt man sich bei Amazon. In der neuen Welt wird alles digital umfasst, auch der Literaturbetrieb und das mit der aggressiven Marktpolitik des Unternehmens, das die Welt sein will, über die hinaus nichts gedacht werden kann, eine Pop-Supernation.

Auf Augenhöhe mit Amazon konkurrieren derzeit wohl nur Firmen wie Facebook. Im Mai 2015 hat sein Gründer Mark Zuckerberg die Verleger aufgefordert, direkt auf Facebook zu veröffentlichen und dort die Bücher mit weiteren Inhalten zu verlinken. Dass er dabei an Werbung denkt, weil er wie Amazon weiß, dass der Weg von einem Buch zum nächsten in der digitalen Welt kürzer und öfter begangen wird, kann niemanden verwundern. Auch nicht, dass er dabei die Nutzerdaten ausliest. Daran haben wir uns schon viel zu sehr gewöhnt, wenn selbst schon der *Spiegel* bei Facebook seine Instant-Artikel veröffentlicht. Das sagt viel über den Stand der Kritik an der digitalen Modernisierung aus. Für unsere Frage nach dem Lesen im digitalen Zeitalter ist aufschlussreich, mit welcher Konsequenz auch Facebook versucht, das ganze Internet selbst zu werden, auch das für das Lesen. Darin steht es Amazon und anderen digitalen Giganten nicht nach. Denn Facebook will ja nicht eine Anwendung unter anderen sein, nicht eine App neben anderen, sondern die ganze Welt in einem. Wer liest und schreibt, publiziert und kritisiert, braucht Facebook nicht zu verlassen, sondern findet für jede dieser Rollen auf der Facebook-Plattform schon die richtige Systemstelle, so die Idee einer radikalen Digitalisierung des Literaturbetriebs.

Facebook hat daher Firmen wie Tugboat Yards gekauft, die darauf spezialisiert sind, Bezahlmodelle für Kreative im Internet zu entwickeln, mit denen sich gerade auch kleine und mittlere Verlage etablieren können sollen, indem sie Leser zu Beiträgen einladen, um im Gegenzug Zugang zu publizierten Inhalten zu erhalten. So wie sich Amazon durch die Top-Level-Domainendung „.amazon" für das Internet selbst ausgibt und sich Google unter dem Namen „Alphabet" eine neue Holding von universalem Anspruch geschaffen hat, so will auch Facebook, dass wir als Leser nicht mehr den Möglichkeitsraum Internet denken, sondern uns von A bis Z von einer Firma umgeben, ja umsorgt wissen. Nicht das Internet, die Firma ist die zweite Haut, die uns umgibt. Facebook weiß schon, was Leser wünschen. Apple kauft Firmen wie BookLamp, das die Inhalte von E-Books für Kaufempfehlungen aufbereitet. Google Books' Sieg vor dem New Yorker Gericht über den Autorenverband bzw. die Verlage, dass ihre vor mehr als zehn Jahren begonnene Digitalisierung ganzer Bibliotheken rechtmäßig war, geht ebenfalls in diese Richtung, dass bald die Worte Bibliothek und Google Books synonym gesetzt werden. Alle Versuche der Deutschen Digitalen Bibliothek oder der Digital Public Library of America, des HathiTrust oder des Internet Archive davon unabhängige öffentliche Bibliotheken aufzubauen, sind nicht mehr als Nebenschauplätze, leider.

In der Umklammerung durch die digitalen Oligopole verändert sich der Literaturbetrieb. Wer als kritisches Antidot die 2014 publizierten Regeln für die digitale Welt von Hans Magnus Enzensberger dagegenhält, weiß, dass das 20. Jahrhundert auch in Deutschland endgültig vorbei ist. Enzensbergers Regeln mögen ein kritischer Einspruch gegen das gedankenlose Posten und Handy-Starren sein. Aber sie haben selbst in den Feuilletons des analogen Literaturbetriebs keine Diskussion mehr auslösen können. Dafür waren die Regeln im besten Falle nur gut gemeint. Ja, man kann Enzensbergers Rat folgen und Handys wegwerfen und einige tun das auch. Für die Modernisierungsprobleme des Literaturbetriebs reichen solche Vorschläge aber kaum aus.

Wenn dies aber alles gar kein Wandel ist, sondern ein schieres Überranntwerden von jungen Leuten und ungeahnten Ideen, wie die digitale Welt zukünftig aussehen könnte? Man muss keine aufwändige Sozialstudie betreiben, um zu sehen, dass die neuen Köpfe von Wattpad bis Facebook die etablierten Verlage bestenfalls noch im Augenwinkel wahrnehmen, wenn überhaupt. Daher ruft auch niemand bei Wattpad oder Facebook eine Revolution aus, denn man hat hier gar nichts vom Gegner je gehört. Das ‚Ancien Régime der Verlage' erreicht kaum Wahrnehmungshöhe. Alle Verteidigung des bisherigen Literaturbetriebs hat daher etwas Sentimentales, und das spüren ihre klugen Verteidiger nur zu genau.[23] Ihre Argumente haben den Rückzug schon eingeschrieben. Sie wissen, dass sie gar nicht von denen gelesen werden, denen sie in kritischer Absicht ins Stammbuch geschrieben sind. So erfindet sich die digitale Welt fast jeden Tag selbst neu, während die analoge Welt ihre Bedenken pflegt. Das eine findet selten mit dem anderen zusammen. Und wenn nicht gerade die Europäische Kommission eine Vorladung ausspricht oder ein Wettbewerbsaufsichtsverfahren anstrengt, ist der Unterschied zwischen der etablierten und der neuen Verlagswelt kaum ein Thema der Öffentlichkeit, sondern löst nur vage Verlustängste aus, die ‚alten' Medien und ihre Institutionen wie die Verlage könnten bald schon irrelevant werden. Das werden sie aber nicht, denn sie sind zumeist schon selbst Teil des digitalen Literaturbetriebs geworden.

Die Klagen über das Ende von Buch, Literaturkritik und Verlag setzen voraus, Verlage und digitale Welt würden wie Buch und Computer Gegensätze bilden. Das trifft weder in dem einen noch in dem anderen Fall zu. Die Strukturierung des Literaturbetriebs ist vielmehr schon längst so sehr von digitalen Techniken und Prozessen durchzogen, dass auch Verlage längst digitale Verlage sind und den popindustriellen Betrieb mehr antreiben, als sie zugeben können. Noch werden Formulierungen wie „Auflage" benutzt und das Buchdrucken als geradezu handwerkliche Arbeit stilisiert. Von Buch- und

Druckkultur ist gerne und viel die Rede. Tatsächlich aber gibt es kaum noch Auflagen im herkömmlichen Sinn, jene in einem Druckvorgang produzierten Exemplare, die dann in Lagerräumen der Verlage zum Verkauf bereitliegen. Gedruckt wird auf Nachfrage ohne große Remittenden. Die Kalkulation einer Auflage entsprechend der vermuteten Nachfrage mit dem Risiko, zu viele Bücher zu produzieren, die dann keine Abnehmer finden, oder zu wenige, sodass ein erneuter kostenträchtiger Druck notwendig wäre – sie entfällt. Die heute übliche Auflagenhöhe beträgt eins. Denn gedruckt wird auf digitalen Maschinen je nach Nachfrage. Die Maschinen dafür sehen aus wie etwas größere Kopierer und benötigen keine größeren Räume mehr, um aufgestellt und betrieben zu werden. Verlag und Druckerei passen in ein Wohnzimmer. Raum und Technik des Druckens sind vollständig digitale Prozesse geworden. Kaum etwas ist so digital wie der Weg vom Manuskript bis zum Druck. Auch das gehört zur Digitalisierung des Literaturbetriebs.

Die Digitalisierung des Drucks hat mehrere Folgen. Zum einen kann so gut wie alles gedruckt werden. Da Auflagenhöhen nicht mehr die Rolle für die Gesamtkalkulation eines Buchs spielen wie noch vor wenigen Jahren und selbst farbige Abbildungen keine Spezialmaschinen mehr benötigen, gibt es so gut wie keine drucktechnischen Gründe mehr, dass etwas nicht gedruckt werden könnte und wenn das Buch nur fünf Leser gewinnen sollte. Zweitens kann das Buch in allen möglichen Formaten ausgegeben werden, von denen das traditionelle Buch nur ein Format unter anderen ist. Alle sind sie digitale Formate, nur dass das traditionelle Buch nicht so aussieht. Das hat mit einer dritten Folge zu tun. Die Verlage und Druckereien müssen, um Zeit für den Umbau ihrer Geschäftsmodelle zu gewinnen, ihre bisherige Position im Markt behaupten. Das führt zu der antidigitalen Rhetorik in der Öffentlichkeit, selbst wenn alle Beteiligten wissen, dass die Interessensgegensätze gar nicht entlang der Grenze zwischen digital und analog verlaufen. Und viertens wird es mehr Verlage geben, viele kleine und einige ganz wenige, sehr große Verlage, die ihrerseits in viele kleine Verlage zu zerfallen scheinen und doch eine Holding bilden. Die Heterogenität moderner Lebensformen prägt auch die Vielfalt und Widersprüchlichkeit der Verlagswelt.

Das digitale Zeitalter entgrenzt Buchdruck, Verlag und Buchhandel, wie wir sie kannten und öffnet Nischen selbst für Kleinstmärkte. Die Penny-Buchhändler sind dafür das beste Beispiel. Dutzende von Buchhandelsgründungen wie Thriftbooks, Silver Arch Books, Owls Books, Yellow Hammer Books oder Sierra Nevada Books bedienen den Markt mit vergriffenen Büchern für die Sammler des Seltenen, derjenigen Bücher, die Bibliotheken kaum sammeln, Thriller und Spionageromane, Heftliteratur und Räuberromane zum Beispiel, die dann für einen oder 3,99 Dollar wiederverkauft werden.[24] Dieser sogenannte ‚Long Tail‘ des Buchverkaufs gehört zu der anderen Seite der Digitalisierung, des Pop-Betriebs und der Oligopol-Bildung und hat viel mit der Individualisierung der Leseerfahrung zu tun. Der digitale Markt für das moderne Antiquariat kommt noch hinzu. Wo ganz wenige große Unternehmen den Markt unter sich aufteilen, da entstehen Nischen für die ganz kleinen Buchverkäufer, die noch den ausgesuchtesten Lesegeschmack bedienen. Das sind vielfach Laien, die in keiner Statistik auftauchen, aber in ihrer Summe den Literaturbetrieb ebenfalls verändert haben. Die Individualisierung des Lesens wird so leichthändig möglich, weil alles längst Teil der digitalen Kette von Schreiben, Drucken und Verkaufen geworden ist. Computer haben die Eigenschaft, andere Medien wie das Buch in sich zu integrieren, wie das Buch seinerseits einst viele andere Medienformate in sich aufgenommen hat. Wenn also etwas zu Ende gegangen ist, dann das Druckzeitalter, mit seinen getrennten Rollen und Funktionen. Das digitale Druckzeitalter hat gerade begonnen und es bestimmt die Rollen neu.

Die Zukunft des Literaturbetriebs hat wesentlich damit zu tun, dass die Digitalisierung nicht die alten Medien verdrängt, sondern in sich aufnimmt. Literaturkritik, Drucklegung, Vertrieb und Verlag bilden längst eine digitale Kette. Der bisherige Literaturbetrieb ist nur eine Teilmenge eines größeren Betriebs und keiner weiß so recht, wie groß diese Teilmenge noch ist und ob der Begriff der Leitmedien ähnlich unscharf geworden ist wie der Begriff der Leitkultur. Die vielen Leser, die zugleich auch Kritiker und auch Autoren sind, haben mit den Füßen abzustimmen begonnen, wo sie ihre Geschichten lesen, wo sie über Literatur reden und wo sie ihre Bücher veröffentlichen: in der digitalen Welt, die nicht mehr ein Verlag sein muss, aber es sein könnte und oft ist. Rupi Kaurs Gedichte auf Instagram und bei Simon & Schuster sind dafür ein anschauliches und noch dazu für alle ein erfolgreiches Beispiel. Ein solcher Literaturbetrieb war vor gar nicht so kurzer Zeit so gut wie nicht möglich. Hektographierte Kopien hat es zwar gegeben und waren für die Entstehung der Fan-Fiction-Szene nicht unwichtig und für die Samisdat-Literatur wesentlich, aber das ist Geschichte. Die Digitalisierung des Literaturbetriebs nimmt die uns vertraute Verlagswelt in sich auf und hat sie damit schon weit mehr verändert, als es die Rhetorik vom Ende des Buchs und der Verlage erkennen lässt.

Ich fasse noch einmal zusammen: Wir lesen wohl nicht viel anders als Generationen vor uns, aber wir lesen mehr und wir lesen individualisierter gerade in digitalen Zeiten. Der Literaturbetrieb wird unübersichtlicher und die Rollen in ihm werden neu verteilt. Denn erst die Digitalisierung ermöglicht eine Vielfalt der Verlagswelt in der ganzen Widersprüchlichkeit von Selbst-Verlag und Holding, Lyrik für Millionen und Drucklegung des seltenen Buchs. Weil jeder anders liest und dafür ein fast schon personalisiertes Angebot erhält, ist es für die Verlage schwieriger geworden, zu ermitteln, was ein erfolgreiches Buch werden könnte. Erfolg und Misserfolg liegen für die Verlage und Buchhandlungen dichter beieinander als früher. Die Lage wird noch dadurch verkompliziert, dass die Selbstverständlichkeit der Digitalisierung des Literaturbetriebs nicht weit weg von der aggressiven Modernisierung der Verlagswelt ist, die Verlage und Buchhandlungen noch mehr dazu zwingt, ihr Sortiment immer breiter aufstellen zu müssen und damit die Unübersichtlichkeit der Lesewelt noch weiter zu erhöhen.

Die Heterogenität des Lesens im digitalen Zeitalter zeigt sich dann auch an dem Bedürfnis, ganz nahe an die Literatur selbst heranrücken zu wollen. Literaturfestivals wie lit. COLOGNE oder die Solothurner Literaturtage ziehen immer mehr Menschen an.[25] Buchmessen feiern Besucherrekorde. Die Menschen wollen Autoren zuhören und über Bücher sprechen, und das in der persönlichen Begegnung mit der Lieblingsautorin wie auf Instagram. Die Digitalisierung des Literaturbetriebs ermöglicht das und treibt damit die Individualisierung der Lesewelt noch weiter an. Digitalisierung und Individualisierung der Bücherwelten sind zwei Seiten einer Medaille der kulturellen Vergesellschaftung. Nie waren sich Bücher, Leser und Autoren näher als heute im Zeitalter von Instagram und Wattpad. Die alleinige Instanz, die Leser und Autoren zusammenbringt, ist der herkömmliche Literaturbetrieb nicht mehr, ja für nicht wenige Leser sind Verlage eine unbekannte Einrichtung. Für andere Leser dagegen sind Verlage unverändert die vertraute Institution der Literaturvermittlung. Zusammengehalten wird diese so unterschiedliche Wahrnehmung derselben kulturellen Institution durch die digitale Umwelt, in der Instagram und Druckverlage ineinander übergehen.

Der Literaturbetrieb, wie wir ihn kannten, muss aushalten, dass ein großer, vielleicht schon der größte Teil der Literatur gar nicht mehr im etablierten Literaturbetrieb geschrieben, geteilt und gelesen wird und nur gelegentlich aus der größeren Welt der sozialen Medien ein Roman oder Gedicht den Weg in die Welt der Verlage und des Feuilletons findet. Die digitale Welt ist größer als die des bislang bekannten Literaturbetriebs. Die Tendenz zur popkulturellen Dehierarchisierung der Kultur ist den einen die Demokratisierung der Kultur. Den anderen ist es der Verlust einer sich selbst als qualitätsvoll verstehenden Kultur, in der nur einige definieren (dürfen), was als Kultur zählt. In jedem Fall ist aber nicht zu übersehen, dass die Digitalisierung des herkömmlichen Literaturbetriebs nicht die disruptive Technisierung ist, als die sie ihre Kritiker ausgeben. Stattdessen nimmt die Digitalisierung den analogen Literaturbetrieb in sich auf und transformiert ihn von innen heraus. Den Literaturbetrieb der wenigen Instanzen und Institutionen gibt es nicht mehr. Geradezu beiläufig ist der Literaturbetrieb digital geworden, aller antidigitalen Rhetorik zum Trotz. Rupi Kaur ist die Dichterin, geboren aus dem Schaum des digitalen Meeres, deren Gedichte wir jetzt auch als gedruckte Bücher lesen können, die wir auf Instagram schon auswendig gelernt und selbst weiter gedichtet haben.

Gerade wegen der Digitalisierung wird es Verlage, Buchhandlungen und Feuilletons weiterhin geben, das aufwändig gedruckte Buch ebenso wie Gedichte für viele. Immer noch liest ja der alte Adam und die immersive Verbürgerlichung mit ihrer Individualisierung des Leseverhaltens verlangt unverändert nach Lesestoff. Wer aber die Instanzen und Akteure dieses Literaturbetriebs sein werden, ob Amazon und drei global agierende Verlags- und Buchhandels-Holdings oder die vielen und vielfältigen Instapoeten, mittelständischen Verlagsbetriebe und eine Mischung aus Hochfeuilleton und den vielen Netzliteraturkritikern, ist eine politische Entscheidung. Die Digitalisierung lässt uns die Wahl. Es ist an uns, die Entscheidungen zu treffen, welchen Literaturbetrieb wir haben wollen.

7. Mutmaßungen über die Zukunft von Buch und Lesen

Bei den Präsidentschaftswahlen in den USA haben 2015 gleich zwei Bewerber ihre Kandidatur angemeldet, die nicht in das politische Schema Amerikas passen. Der eine ist Lawrence Lessig,[1] Jura-Professor an der Harvard University und weltweit bekannt für seine bahnbrechenden Ideen und Lösungen für ein Urheberrecht der digitalen Gesellschaft. Wie wir Eigentumsrechte teilen, weitergeben und so alle mehr davon haben könnten, hat er mit der Entwicklung der Creative Commons-Lizenzen vorgemacht. Der andere Bewerber um das Präsidentenamt ist der exzentrische Internet-Millionär John McAfee.[2] Das gleichnamige Virenschutzunternehmen, das heute zu Intel gehört, hat ihn reich gemacht und zugleich sensibel für die dramatischen Umbauten der Gesellschaft in eine digitale. Keiner der Kandidaten war erfolgreich. Aber bei allen erheblichen Unterschieden zwischen beiden Kandidaten, dort der seriöse Jura-Professor, hier der unter Mordanklage stehende Waffennarr mit sehr viel Kenntnissen über die Zukunft des Privaten, wird allein aus der breiten Unterstützung für beide Kandidaten deutlich, wie sehr das Thema digitale Gesellschaft an der Spitze gesellschaftlicher Debatten angekommen ist.

Die Möglichkeiten und Folgen der digitalen Modernisierung gehen alle an. Völkerrechtsverträge für Privatheit nach dem Modell der Genfer Konvention etwa, das Internet der Dinge, Supercomputer für die Hosentasche und Roboter im Alltag sind Stichworte für eine irritierend rasante Entwicklung, die allenthalben vorzufinden ist und die Frage aufwirft, in welcher Gesellschaft wir eigentlich leben und leben wollen. Ganz unterschiedliche Denker wie der Soziologe Anthony Giddens oder der Computer-Futurist Raymond Kurzweil behaupten gar, die Entscheidungen über unsere digitale Zukunft seien drängender denn je. Sie sprechen in diesem Zusammenhang von der zur Entscheidung anstehenden technologischen Singularität und meinen damit, dass wir uns entscheiden müssten, ob wir sich selbst verbessernde Maschinen zulassen wollen. Denn ist die künstliche Intelligenz einmal so weit entwickelt, dass sie selbsttätig auch in Wissensdomänen lernen kann, auf die sie noch nicht trainiert wurde, gibt es keinen Weg zurück. Manche fürchten, dass einmal ins Leben gerufen, die Maschinen uns als Menschen ablösen würden. Insofern wäre dies eine singuläre, nicht revidierbare Entscheidung. Diesen Transhumanismus mag man für eine steile These halten. Tatsächlich hat bisher noch niemand einen Algorithmus schreiben können, der sich selbst substantiell verbessert, wie es der Optimismus der 50er-Jahre des 20. Jahrhunderts und die ihn begleitenden Science-Fiction Romane, etwa Isaac Asimovs *The Last Question* von 1956, erdacht hatten. Wer aber einem Computer wie IBMs Watson zugesehen hat, wie er in einem Mensch-gegen-Maschine-Wissenswettbewerb die klügeren Antworten gegeben hat, und in der Lage war, Sprache in ihren Kontexten zu verstehen und stimmige Antworten auf natürlichsprachliche und durchaus komplexe Fragen zu geben, der wird die Annahme der Transhumanisten nicht gleich als Unsinn abtun. Roboter lesen und sie beginnen gerade das Gelesene zu verstehen und das nicht in einem Geheimlabor, sondern mit jeder gesprochenen Frage, die wir an unser Handy und andere digitale Assistenten richten.[3] Wer nur etwas genauer hinsieht, kann die Veränderungen, ja Revolution der Gesellschaft kaum übersehen.

Das alles sind Gründe dafür, dass nun auch andere Bewerber als bislang für das Amt des amerikanischen Präsidenten kandidieren und Spekulationen über die digitale Zukunft fast unvermeidlich sind. Denn für die Gegenwart sind solche Vermutungen handlungsleitend. Als 1984 Nicholas Negroponte über die Zukunft der Bildschirme und Bücher nachdachte, glaubte er daran, dass sich bald schon Bildschirme in das Gesicht desjenigen formen würden, mit dem man gerade über das Internet spricht, und dass Kinder auf der ganzen Welt durch den Computer lesen auf eine ganz neue Weise lernen würden.[4] Solche Mutmaßungen über die Zukunft schienen damals wohl eher Spinnereien zu sein, auch wenn sie ideenreicher waren als die zeitgleichen Klagen darüber, dass wir uns zu Tode amüsieren würden. Zu einer Zeit, in der unklar war, ob sich so etwas wie der PC überhaupt durchsetzen könnte und vom Internet nicht die Rede war, dürften Negropontes Vorstellung, dass es ein ganz anderes als das durch Lesefibeln vermittelte Lesen geben könnte, anregungsreicher als alle Kulturkritik der damaligen Zeit gewesen sein. Seine Überlegungen hätten der Entwicklung der Computer und dem Lesen eine andere Richtung geben können. Gerade deshalb sind solche und ähnliche Vermutungen über die Zukunft notwendig. Von ihnen handelt dieses Kapitel. Ich versuche zu zeigen, dass sich verschiedene Szenarien unterscheiden lassen, wie sich das Lesen in den nächsten Jahren verändern wird. Es ist klar, dass es nicht verschwinden wird. Deutlich wird aber auch, dass sich der Zusammenhang von Lesen und Freiheit auflösen könnte und wir Gefahr laufen, die kulturelle Vergesellschaftung, die doch so sehr am Lesen hängt, verlieren könnten.

Weil Lesen die Gesellschaft formt, ist es eine gute, eine sehr gute Nachricht für uns alle, dass immer mehr Menschen auf der Welt lesen und schreiben können. Die Daten, die der Statistiker Max Roser über die Entwicklung des Lesens in den letzten fünfhundert Jahren zusammengetragen und auf seinem Blog *Our World in Data* veröffentlicht hat,[5] zeigen eindrucksvoll den weltweiten Anstieg der Lesefähigkeit. Es genügt für viele Regionen der Welt, nur zwanzig oder dreißig Jahre zurückzugehen und die Zahlen mit den heutigen zu vergleichen, um den Fortschritt im Lesen zu erkennen. Nach der UNESCO-Definition der Lesefähigkeit – das ist die Fähigkeit einfache und kurze Aussagen über sein eigenes Leben aufschreiben und lesen zu können – liegt die Lesefähigkeit heute bei über 80 Prozent der Weltbevölkerung. Das ist viel. Noch nie haben so viele Menschen mindestens die wichtigsten Dinge über ihr Leben niederschreiben und lesen können. Ob der Computer dabei einer der Faktoren ist, sagen diese Daten nicht. Aber sie legen nicht nahe, dass seit der Einführung des Computers und der Ausbreitung des Internets die Lesefähigkeit gesunken wäre. Das Gegenteil ist der Fall. Dies festzuhalten, ist von größter Bedeutung, denn es unterstreicht, wie wichtig das Lesen für die Zukunft ist und dass sich hier Fortschritte erzielen lassen. Mit der globalen Modernisierung geht auch das Lesen einher. Keine Moderne ohne Lesen, so könnte man den Zusammenhang auf eine Formel bringen.

Es ist daher keine wilde Spekulation, wenn ich vermute, dass diese elementare Fähigkeit in den nächsten Jahren weiter ansteigen wird. Freilich sind die Daten, die Max Roser ausgewertet hat, nur sehr basale Daten, aufgrund derer man vermuten darf, dass die Lesefähigkeit auch in den nächsten Jahren noch steigen wird. So einfach, wie in solchen Statistiken zur weltweiten Entwicklung gefasst, ist das Neue am Lesen im digitalen Zeitalter jedoch kaum sichtbar. Das Neue sieht man eher, wenn man den Autorinnen bei Wattpad oder Goodreads folgt oder wenn man einem Schriftsteller wie dem Jugendbuchautor John Green über die Schulter blickt. Seine Jugendbücher wie *Das Schicksal ist ein mieser Verräter* oder *Margos Spuren* und jüngst *Schlaft gut, ihr fiesen Gedanken* sind im übertragenen wie im wörtlichen Sinne ausgezeichnete Jugendbücher, unter anderem 2013 mit dem Deutschen Jugendliteraturpreis ausgezeichnet. Dass seine Bücher auch verfilmt wurden, muss ich kaum erwähnen, so selbstverständlich ist das schon. Greens Stoffe und Themen gelten der Literaturkritik als Auseinandersetzung mit existentiellen Themen und ihr Autor wird nicht zufällig mit Philip Roth und John Updike verglichen. Hochliterarische Anspielungen auf Shakespeare oder Walt Whitman zeichnen seine

Bücher aus und sind schon Gegenstand von Seminararbeiten über den Autor geworden.

Green ist aber nicht deshalb ein Beispiel für das Lesen in digitalen Zeiten, weil seine Bücher multiadressierte Massenkunst sind, die hochkulturell ebenso gelesen und bewertet werden wie in der Populärkultur. Vielmehr ist John Green zusammen mit seinem Bruder Hank auch ein Internetstar. Ihre Videoblogs Brotherhood 2.0 und ihre Erklärvideos über Fragen, ob Armut überwunden werden kann, worum es in der Flüchtlingskrise geht, was in Syrien los ist und was man über den Ersten Weltkrieg wissen muss, haben mehr als zweieinhalb Million Abonnenten. Die direkte Auseinandersetzung mit den Fans und der Versuch, komplizierte Themen allgemeinverständlich zu erklären, gehören zu Greens Romanen dazu. Erst das Ineinander von Buch, Film und Internet beschreibt den Schriftsteller John Green und macht den umfassenden Bildungsanspruchs dieses Autors aus. Green schreibt und spricht und spielt für Millionen. Er schreibt über die existentiellen Themen in den Familien und Freundeskreisen von Jugendlichen, erklärt die weite Welt in zwei Videos pro Woche und ermutigt seine Leser und Zuschauer, sich in verschiedenen Projekten zu engagieren. Die Nerdfighteria, wie sich die Fans der Green-Brüder nennen,[6] haben mit ihrer Crowdfounding-Initiative *Project For Awesome* schon mehr als eine Million Dollar für verschiedene gute Zwecke eingesammelt. Auf Google+ Hangout ist dann John Green auch mit Barack Obama zu sehen oder wie er selbst das Thema Bullying diskutiert. Studentenklubs verschiedener Universitäten und Schauspieler wie Benedict Cumberbatch unterstützen die Fan-Subkultur und zählen sich stolz zu den Nerdfighters. Ein Plattenlabel namens *D.F.T.B.A.*, gegründet von den beiden Green-Brüdern, unterstützt unabhängige Bands. Und morgen schon haben die beiden noch eine weitere Idee, wie man die Welt ein kleines bisschen besser machen kann. Hier bei Green thematisiert sich die Gesellschaft selbst, eine Grundfunktion des Lesens und Schreibens von Literatur.

Diese Funktion wird in einer digitalen Gesellschaft wichtiger werden und erklärt, warum John Greens umfassender Anspruch, Menschen aufzuklären, ihnen Geschichten zum Nachdenken zu geben und das Gute zu tun, so erfolgreich ist. Im digitalen Zeitalter lesen nicht nur mehr Menschen, sie lesen auch nicht mehr nur entlang der Formate des Buchzeitalters, sondern wechseln vom Internet ins Buch zum Film und wieder ins Netz. Das Buch ist bei John Green in der Nahrungskette der neuen Leser dabei, aber zwingend ist es nicht, zwingend ist aber die Selbstreflexion der Gesellschaft auf ihre eigenen Bedingungen hin. Und das tut sie verstärkt in den digitalen Medien. Sprachwissenschaftler wie Henning Lobin betonen denn auch mit guten Gründen, dass die Zukunft des Lesens multimodal sein werde.[7] Das Buch entfaltet seine Bedeutung in der engen Verknüpfung mit anderen Medien. Computer und Internet nehmen uns das Lesen und Schreiben nicht ab. Aber sie verschieben beides in eine digitale Welt der vielen Medien.

Die Selbstbeobachtung der Gesellschaft kann viele Formen annehmen. StoryCorps ist eine der Initiativen, das Netz für das Schreiben und Teilen der vielen vergessenen und verdrängten Geschichten von Kriegsheimkehrern, Alkoholkranken und vernachlässigten Kindern zu nutzen.[8] In dieser und ähnlichen elementaren Form der gesellschaftlichen Selbstreflexion kommt ihnen der Auftrag zu, Menschen mit ihren verschiedenen Hintergründen und Überzeugungen die Möglichkeit zu geben, ihre Lebensgeschichten aufzuzeichnen, zu teilen und aufzubewahren. So hat es 2003 der Gründer Dave Isay formuliert und damit viele hunderttausend Menschen angesprochen. Wie intelligent, rücksichtsvoll und aufmerksam das Erzählen im Internet geschehen kann, das zeigt StoryCorps eindringlich. Heute ist StoryCorps die weltweit größte Sammlung mündlich aufgezeichneter Lebensgeschichten dieser Erde, eine Sammlung, deren Ziel es ist, eine gerechtere und von Mitgefühl bestimmte Welt zu schaffen. Das Internet bietet für diese Lebensgeschichten das digitale Netzwerk. Bücher braucht es hier nicht, aber Lesen, Aufschreiben und Zuhören sehr wohl, damit in der

Gesellschaft jeder eine Stimme bekommen kann, auch und gerade diejenigen, die am Rande stehen.

Diese und viele ähnliche Beispiele wie etwa The Moth. True Stories Told Live illustrieren den Zuwachs neuer Ausdrucksformen, anderer Gattungen und virtueller Räume, in denen Geschichten zusammenkommen und wir uns so als Gesellschaft selbst begegnen. Initiativen wie Change Writers des Sozialarbeiters Jörg Knüfken ermutigen Schüler aus hochschwierigen Verhältnissen ein Tagebuch nur für sich selbst zu schreiben. Seine Erfolge, genauer die Schulerfolge seiner Schüler haben inzwischen viele Lehrer inspiriert, mit ähnlichen Methoden zu arbeiten. Hinter dem pädagogischen Projekt steht die *Freedom Writers Foundation* der kalifornischen Lehrerin Erin Gruwell, die als eine der ersten mit dem Tagebuchschreiben Schüler erreicht hat, die die Schule längst aufgegeben hat. Heute sind diese Initiativen fast alle internetbasiert, nutzen neue Medien genauso wie das Schreiben auf Papier. Lesen und Schreiben im digitalen Zeitalter meint diese Fülle neuer Ausdrucksformen, die vom handgeschriebenen Tagebuch bis zur digital geteilten Lebensgeschichte reicht. Analoge Formate sind Teil einer größeren, digitalen Welt. Die Annahme, wir würden im digitalen Zeitalter nicht mehr gründlich lesen und schreiben, ist schlicht falsch, so falsch auch wie die Annahme, wir würden alle nur noch digital lesen und schreiben. Nein, wir lesen und schreiben in einer digitalen Umwelt, in der die mündlich erzählte Lebensgeschichte ebenso dazu gehört, wie das nur für sich handschriftlich geschriebene Tagebuch, das digital geteilte Interview über das eigene Leben oder das Gedicht auf Instagram oder das gedruckte Buch. Für das alles brauchen wir dieselbe Zeit. Lesen und Schreiben lässt sich nicht wesentlich beschleunigen, gleich ob es digital und analog ist. Für John Greens Bücher oder die Lebensgeschichten bei StoryCorps brauchen wir viel Lesezeit. Aber diese Geschichten in vielen anderen Formaten wieder zu erzählen, sie zu teilen, zu kommentieren, als Hörbuch herauszubringen, in Videoblogs darüber zu sprechen, mit dem Autor die Welt zu verbessern, das alles treibt das Internet an. Das alles umreißt, was die digitale Modernisierung des Lesens ausmacht.

Unter dem Begriff ‚Soziales Lesen' ist diese Steigerung der gesellschaftlichen Selbstbeobachtung gefasst, die so eng mit der Digitalisierung zusammengeht. Es scheint dann, als wäre die ganze Welt ein „Freiluft-Klassenzimmer", so hat der digitale Kulturhistoriker Jeffrey Schnapp treffend die Veränderungen des digitalen Zeitalters beschrieben und damit nur ein anderes Bild für die wachsende Selbstbeobachtung von modernen Gesellschaften gefunden.[9] Nichts ist einfach gegeben, alles kann diskutiert, aufgeschrieben, kritisiert und anders perspektiviert werden. Kultur muss nicht mehr so strikt auswählen wie noch im Druckzeitalter, wo jede Publikation mit Kosten verbunden und ein Autor zu werden eine aufwendige Sache war, wo ohne das Buch oder die Zeitung kaum etwas zu erreichen war. Das digitale Zeitalter macht alle zu Autoren der Gesellschaft und potentiell kann jetzt alles zur Vorlage für eine Bearbeitung werden. Jetzt hängt es zuerst und vor allem am Engagement der Entdecker und ihrer Klugheit, um Archive zu öffnen, den Spaziergängern die Bäume im Park mithilfe einer App zu erklären oder mit einer Espresso Book Machine einen Miniverlag aus der Packung zu eröffnen.

Noch ist das an vielen Stellen dann doch aufwendig und teuer, weil die digitalen Werkzeuge und Arbeitsstraßen für solche Projekte gerade erst im Entstehen sind, gesellschaftliche Rollen und Institutionen nie diesen fast unbegrenzten Freiheitsgrad des voraussetzungslosen Selbstentwurfs haben. Wie weit die Möglichkeiten gehen, das Wissen über uns selbst zu verändern, hat das Laien-Projekt Wikipedia vorgemacht. Kulturkritiker mögen es für Frevel halten, wenn jeder in der Gesellschaft mitschreiben kann und argumentieren, dass Kultur doch im Auswählen bestehe. Was sie nicht nennen, ist der Umstand, wer da auswählt entlang welcher Adressen. Moderne Gesellschaften kennen zumindest idealiter keinen privilegierten Ort, von dem aus das Wissen bestimmt wird. Das andere sind Diktaturen. Fast ist es eine Selbstverständlichkeit, wenn ich vermute, dass in naher Zukunft sehr viel mehr Menschen an der Kultur mitschreiben und ihre Geschichte und ihre Geschichten einbringen werden als dies bisher der Fall war. Genau das ermöglicht das digitale Zeitalter.

Wir wissen, Wikipedia ist eher die Ausnahme, auch in der Offenheit, in der die Debatten und Versionen der jeweiligen Artikel für jeden offen einsehbar sind. Die Komplexität des Gesprächs eines jeden mit jedem über alles führt gegenläufig ja zur Entstehung der Oligopole, die ihr Wissen gerade nicht teilen. Facebook und Alibaba, Google, Microsoft und Apple kümmern sich nicht nur von der Heizung bis zur Raumfahrt um so ziemlich alle Lebensbereiche. Sie schöpfen daraus auch die Daten ab und haben darin längst einen so großen Vorsprung vor allen möglichen Konkurrenten, dass sie nur noch mit sich selbst und den Geheimdiensten dieser Welt konkurrieren. Natürlich machen es ihnen viele andere nach, aber konkurrenzfähig sind die anderen nicht. Diese Datenmengen tragen nicht unbedingt dazu bei, dass die Gesellschaft eine offenere wird, transparent für viele. 2014 gelangte eher zufällig an die Öffentlichkeit, dass Facebook in einem einwöchigen Experiment schon im Jahr 2012 Nachrichten zwischen Hunderttausenden von Nutzern manipuliert hatte, um zu erforschen, wie sich Emotionen in Netzwerken ausbreiten. Wie sich zeigte, gingen die Facebook-Nutzer eher auf die positiven Nachrichten ein und haben diese auch eher weiterversandt.[10] 2016 steht Facebook in der Kritik, liberale Ideen in ihren Nachrichtenströmen zu favorisieren. Sie versuchen mit dem Internet identisch zu werden, wie Facebook mit den Anwendungen Facebook-Lite, die auf Regionen mit schlechter Datenanbindung und schmaler Datenbreite zugeschnitten sind, damit Facebook auch in Entwicklungsländern mit dem Internet identisch wird. Das ist dann das Ghetto für arme Nutzer, wie Aktivisten der Electronic Frontier Foundation mit guten Gründen kritisieren. Wieder einmal ist dies weit davon entfernt, ein für alle gleiches Internet zu sein.[11] Von den Freiheitsversprechungen des Internets bleibt wenig übrig.

Und das gilt auch für das Expertenwissen der Wissenschaften, denn es wird in den Serverfarmen von Reed Elsevier bzw. der RELX Group, Springer Nature Group, Wiley und Taylor & Francis verwaltet, aber nicht öffentlich geteilt. Die ganz überwiegend von den Steuerzahlern finanzierten Daten der Forschung gehören damit drei oder fünf Weltfirmen, je nachdem, wie man zählt. Im schönen Feld der Literatur, der Koch- und Sachbücher gibt es zwar schon etwas mehr Vielfalt, jedoch bestimmen die Verlagshäuser wie Pearson, Penguin Random House oder Wolters Kluwer und jetzt auch China South Publishing den Markt mehr und mehr. Oligopole sind eine Folge der Digitalisierung und finden sich in fast allen gesellschaftlichen Bereichen. Daten zu teilen, kommt da nicht in den Sinn, dafür ist das Geschäft längst zu hart und zu groß geworden. Wo Daten nicht geteilt werden, da werden sie auch nicht zu Informationen verdichtet und können nur eingeschränkt zum Wissen einer Gesellschaft werden. Sie nützen nur Wenigen. Das Wissen gehört damit immer weniger der Gesellschaft, die es bezahlt und erbringt. Eine offene Gesellschaft sieht anders aus.

Das Ungleichgewicht zwischen der Möglichkeit, mehr lesen und mehr teilen zu können, und der offensichtlichen Herausbildung von Wissensoligopolen in der gegenwärtigen Weltgesellschaft hat mit der Dynamik des zweiten Maschinenzeitalters zu tun. Schon im ersten Maschinenzeitalter, als Elektromotoren die Welt dauerhaft umgebaut hatten, profitierten die einen von den neuen technischen Entwicklungen, viele aber verloren ihre Arbeit schneller als sie in der neuen, industrialisierten Welt einen Platz finden konnten. Es hat lange gebraucht, bis die Gesellschaft als ganze von den Maschinen profitiert hat und die neuen technischen Möglichkeiten nicht als Entwertung angestammter Lebenswelten erfahren wurden. Aus dieser historischen Erfahrung des ersten Maschinenzeitalters haben viele Ökonomen auf die gegenwärtigen Asymmetrien im zweiten Maschinenzeitalter geschlossen und warnen vor einer digitalen Spaltung der Gesellschaft, in der wenige von den neuen Maschinen profitieren, viele aber durch sie ihre

Arbeitsplätze verlieren würden. Erik Brynjolfsson und Andrew McAfee haben in ihrem Buch von 2014 *The Second Machine Age. Wie die nächste digitale Revolution unser aller Leben verändern wird* aufgezeigt, mit welchen Widersprüchen und Schieflagen und damit auch mit welchen Entfremdungserfahrungen in der digitalen Modernisierung zu rechnen ist. Ganz ähnlich hat 2016 die Rede des damaligen amerikanischen Vizepräsidenten Joe Biden auf dem Weltwirtschaftsforum die Chancen wie die Bedenken einer größeren Öffentlichkeit gegenüber der digitalen Modernisierung vor Augen gestellt. Wie Brynjolfsson und McAfee ist auch Biden trotz aller Bedenken der Überzeugung, dass die digitale Revolution mehr Gewinner als Verlierer hervorbringe. [12] Brynjolfsson und McAfee gehören zu den Wachstumstheoretikern wie Paul Romer, Brian Arthur oder Martin Weitzman, die annehmen, dass die datengetriebene Ökonomie breit genug angelegt ist, um ein exponentielles Wachstum für alle erzeugen zu können. Neue Berufe entstünden schneller alte entwertet würden. Neu erfundene Unternehmen wie *Uber* lösen das Problem einer angemessenen Versorgung mit punktgenauen Taxidiensten besser und für mehr Fahrer als traditionelle Taxi-Firmen. Routinetätigkeiten in Anwaltskanzleien und bei der Wirtschaftsprüfung können heute schon automatisiert abgearbeitet werden. Computersysteme können Gerichtsentscheidungen mit hoher Wahrscheinlichkeit voraussagen, weil sie dafür auf Sammlungen von Gerichtsurteilen aus mehr als einem halben Jahrhundert zurückgreifen können. IBMs *Watson Health* ist vielleicht das derzeit bekannteste System, um Ärzte beim Abgleich von Patientendaten mit dem kumulierten medizinischen Wissen zahlloser Datenbanken zu unterstützen. Das digitale Maschinenzeitalter berührt also auch diejenigen, die sich davor sicher glaubten, Anwälte und Richter, Wirtschaftsprüfer oder Ärzte. Wahrscheinlich, dass uns trotzdem die Arbeit nicht ausgeht. Ökonomen rechnen vor, wie trotz oder wegen der Digitalisierung der letzten zehn Jahre die Wirtschaftsleistung um die doppelte Rate gegenüber der allgemeinen Produktivität gewachsen ist, was bedeutet, dass der technologische Wandel hin zu einer internet- und computerbasierten Ökonomie die Wirtschaft angekurbelt und mehr Stellen geschaffen als er Stellen abgeschafft hat. Ob man aus solchen Beispielen generelle Rückschlüsse auf die Entwicklung der digitalen Gesellschaft ziehen darf, kann man in Frage stellen und nicht wenige Ökonomen sehen eher eine Teilung des Arbeitsmarkts und eine Stagnation auf uns zukommen und nicht einen wachsenden Wohlstand für alle. Für beides gibt es gewichtige Argumente. Man ist sich nur einig, dass die bisherigen Konzepte zur Messung des Bruttosozialprodukts für die digitale Welt nicht mehr passen.[13]

Um zu verstehen, was das für das Lesen bedeutet, ist es wichtig, sich klar zu machen, dass Lesen sehr Unterschiedliches meint. Das geduldige Lesen, das wiederholte Lesen desselben Textes ist die Ausnahme. Gerade bei Literatur versetzen wir uns vielfach einfach nur in die Geschichte hinein. Das ist schon ein anderes Lesen als das gründliche und wiederholte Lesen, das Lesen mit dem Stift, das Exzerpieren beim Lesen. Die Praktiken des Lesens sind aber noch vielfältiger und reichen vom flüchtigen Überfliegen bis zur selbstversunkenen Lektüre, nutzen alle möglichen technischen Hilfsmittel vom Kugelschreiber bis zur Bibliographie. Geübte Leser wechseln oft schnell von einem Text zu einem anderen und passen den Lektüremodus den jeweiligen Leseanforderungen an. Es macht einen Unterschied, ob man sich von einem Roman treiben lassen will oder konzentriert einer bestimmten Fragestellung in vielen Veröffentlichungen nachgeht und dazu viele verschiedene Texte zügig durchsehen muss. Das sind Lesepraktiken, die schon Jahrhunderte alt sind.[14] Im digitalen Zeitalter werden sie noch wichtiger werden. Lesen heißt vor allem den Wechsel der Lesestrategien zu meistern. Gefragt sind metakognitive Fähigkeiten: zu wissen, welcher Lektüremodus für welches Lesen angemessen ist.

Das können viele sehr gut, gerade auch jene jungen Leser, die von den Kritikern des digitalen Zeitalters als Beispiele besonderer digitaler Demenz vorgeführt werden, etwa die mehr als zwei Millionen Follower der YouTuberin Marie Lopez. Sie ist der Lidstrich-Guru und die große Schwester für Millionen, die ihr auf YouTube folgen. Auch sie hat ein Buch geschrieben *#EnjoyMarie*, und das lesen ihre Fans. Sie wechseln von YouTube zum gedruckten Buch so behänd, dass sie sich wundern, warum man überhaupt darüber diskutiert, dass das Lesen verschwinden könnte. Sie tun es einfach, auch wenn nicht alle die gründlichen Expertenleser sind, die Kritiker des digitalen Lesens wie Nicholas Cage für den Normalfall des Lesers halten. Das dichte Lesen ist nur eine und wohl eher die Sonderform des Lesens unter den vielen Lesepraktiken. Lesen ist eine sehr variable Tätigkeit nicht nur zwischen verschiedenen Büchern, sondern zwischen Texten, Bildern, Animationen, Visualisierungen von Zusammenhängen, Graphiken und Statistiken und virtuellen Welten.[15] Noch genauer ist Lesen mal eher instrumentell, mal eher ästhetisch-expressiv, mal zum Nachdenken über sich und die Welt da, mal zum Verhandeln der Normen in unserer Gesellschaft und oft nur zur intensiven Selbsterfahrung durch das Verlieren in einer Geschichte. Das flüssige Wechseln zwischen diesen Leseweisen ist eine, wenn nicht die Anforderung an das Lesen im digitalen Zeitalter, gerade wenn mehr zu lesen ist, und das in einer komplexeren Leseumwelt. Lesen im digitalen Zeitalter hängt wesentlich an der Fähigkeit, zwischen den Formaten behänd je nach Leseweise wechseln zu können. Pädagogen wie Philippe Wampfler weisen darum immer wieder darauf hin, wie wichtig es gerade für Schulen ist, diese Registerwechsel des Lesens einzuüben.[16]

Im zweiten Maschinenzeitalter der Digitalisierung wird das Lesen von neuen Maschinen unterstützt und verstärkt, einfach weil das Lesen so selbstverständlich digital umfangen ist. Das beginnt bei den elektronischen Bibliothekskatalogen und Suchmaschinen, geht über auf die sozialen Medien aller Art, umfasst simple Internetseiten, PDFs oder Scans von Büchern, enhanced E-Books oder Hörbücher, bald vielleicht auch begehbare Bücher. Bücher lassen sich schon heute so automatisiert vorlesen, dass dabei die Vorlesestimme der emotionalen Kontur des vorgelesenen Texts automatisch angepasst wird. Oft aber ist nicht Lesen, sondern Schauen wichtiger. Gebrauchsanweisungen sehen sich die meisten Leser lieber in einem Erklär-Video an, gelesen werden sie nur noch selten. Bibliotheken wie etwa die im niederländischen Tilburg haben das verstanden, wenn sie Bücher mit einer Vielzahl von Möglichkeiten der Welterkundung architektonisch kombinieren, sodass der Weg zwischen Buch und 3D-Drucker, Kaffeetrinken und selbstvergessenem Lesen ganz kurz ist. Viel spricht zudem dafür, dass über die von uns wahrgenommene Realität eine digital erzeugte, virtuelle Realität gelegt wird und das verändert, was wir bislang Lesen genannt haben. Was in der Medizin, für technische oder auch militärische Aufgaben längst genutzt wird, um Schmerzen zu bekämpfen, Produkte zu entwickeln oder Soldaten zu trainieren, das wird nun auch im Umgang mit dem kulturellen Erbe genutzt und geht immer weiter über bloße virtuelle Touren hinaus.[17] Leser erkunden als Spieler in einer virtuellen Realität die historische ‚Verbotene Stadt' in Peking, und zwar so, wie es diese Stadt längst nicht mehr gibt. Sie durchstreifen einen mesopotamischen Palast oder legen eine virtuelle Ebene als Verstärkung über die reale Ebene, wenn sie beispielsweise ein so abgelegenes kulturelles Denkmal wie die Mawson-Hütten betrachten, einer der ersten Basisstationen zur wissenschaftlichen Erkundung des Südpols. Auch das ist dann Lesen, hier das Lesen der Geschichte mit digital verstärkten Mitteln. Dieses virtuell verstärkte Lesen nutzt verschiedene maschinengestützte Werkzeuge, um die Welt zu verstehen und zwischen den Welten hin und her zu wechseln. Ein natürliches Ende hat diese Entwicklung nicht. Im virtuellen Klassenzimmer der ganzen Welt muss viel gelesen werden. Dem virtuell verstärkten Lesen dürfte ein guter Teil der Zukunft gehören.

Einen Unterschied lohnt es dabei in den Blick zu nehmen. Die Werkzeuge, die das Lesen möglich machen und es unterstützen, waren und sind sichtbar und spürbar. Der Kugelschreiber in der Hand und die Tastatur unter den Fingern werden direkt wahrgenommen. Auch die bis heute üblichen, digitalen Endgeräte sind vergleichsweise massiv, müssen aufgeklappt und angeschaltet werden. Verbindungen zum Netz sind oft Glücksache. Das alles ist umständlich und zeitaufwendig. Ich rede nicht über die Zukunft, wenn festzustellen ist, dass es längst das Ziel verschiedener Firmen, Philosophen und Techniker der digitalen Welt ist, diese digitale Welt ohne spürbare Grenzen in unsere Wirklichkeit einzuweben. ‚Einweben' ist hier mehr als nur eine Metapher. Als Wearables bezeichnet man schon heute die als Armbänder getragenen Fitnesstracker und in die Kleidung ganz wörtlich eingewebten Sensoren, die sich mit dem Internet verbinden. Wem das nicht genug ist, der kann sich einen Chip unter die Haut schieben lassen, mit dem er seine Haustür öffnet und den Kopierer in seinem Büro nutzen kann. Technische API ersetzen Passwörter und fragen dafür Gesichtsformen, die Iris der Augen oder auch den Fingerabdruck ab, je nach Sicherheitsstufe dann auch in Kombination. Das alles gilt nicht nur für die digitalen Endgeräte, sondern für unsere gesamte Umwelt. Auch in sie werden digitalen Sensoren und Daten eingewoben.

Was diese durchdigitalisierte Welt meint, illustriert ein neues Gebäude, im Mai 2015 in Amsterdam bezogen, das zu diesem Zeitpunkt nachhaltigste Bürogebäude der Welt, genannt The Edge.[18] Nachhaltig ist es nicht nur, weil Solarzellen in seine Südfassade eingelassen sind, die alle Smartphones, Laptops und elektrischen Autos in der Tiefgarage mit Strom versorgen können, oder weil das Regenwasser für die Toilettenspülung und die Bewässerung des Gartens verwendet wird. Nachhaltig ist der Bau, weil er so ziemlich alles mit allem vernetzt, die Leuchten, die Heizung und die Bewegungen aller Mitarbeiter. Das Nummernschild des Wagens wird eingescannt, sodass das Haus schon weiß, welche Mitarbeiterin gleich zur Arbeit kommt und wo sie dann bei welcher Temperatur und welchem Licht mit wem arbeiten wird. Arbeitsplätze werden flexibel nach Bedarf zugewiesen und selbst die Entscheidung, ob ein Büro gereinigt werden muss, wird den

Sensoren überlassen. Wer was tut, das ist höchst gläsern zu sehen. Und wer genug gearbeitet hat und sich entspannen sollte, dem wird das auf dem ihm nächsten Bildschirm angezeigt. Das alles erzeugt Daten, Daten, die wieder in Informationen umgewandelt werden und alles und jeden so ziemlich optimieren, was in den Niederlanden keinen Protest hervorruft. Die digitale Schicht unterstützt das Arbeitsleben, wird eingewoben in unsere Geräte und Häuser, Fahrzeuge und Brillen. Wir werden es immer weniger bemerken. Das Digitale ist da, bevor wir auch nur einen Computer angeschaltet haben. Das virtuell verstärkte Lesen wird daher Teil einer in den Alltag eingewobenen digitalen Infrastruktur, die wir kaum noch direkt erfahren. Sie ist da, unsere zweite Haut.

Viele nennen das eine Revolution, die Revolution der Daten. Was wir als unsere Welt begreifen, wird zu einem erheblichen Teil davon abhängen, welche Daten wir lesen, zu Informationen verdichten und als Wissen zur Steuerung unserer Gesellschaft nutzen, also auch wem die Daten gehören. 2015 hat die Generalversammlung der UNO als Teil ihres Plans für nachhaltige Entwicklung die datenbasierte Messung von Armut, Ungleichheit, Unrecht und Nachhaltigkeit beschlossen. Unter dem sprechenden Titel *A World That Counts* schreibt die „Data Revolution Group" nicht ohne Emphase:

> Data are the lifeblood of decision-making and the raw material for accountability. Without high-quality data providing the right information on the right things at the right time, designing, monitoring and evaluating effective policies becomes almost impossible. New technologies are leading to an exponential increase in the volume and types of data available, creating unprecedented possibilities for informing and transforming society and protecting the environment. Governments, companies, researchers and citizen groups are in a ferment of experimentation, innovation and adaptation to the new world of data, a world in which data are bigger, faster and more detailed than ever before. This is the data revolution.[19]

Die Daten treiben die Neudefinition dessen an, was Politik sein kann und revolutionieren die Lebensverhältnisse in einem Umfang, den wir uns vor kurzem nicht vorstellen konnten. Daten gehen in alle Richtungen, wir sind Sender und Empfänger, Produzenten und Konsumenten, Autoren und Leser zugleich und das alles nur, weil Daten in einem Umfang vorhanden und in einer Geschwindigkeit verteilt werden können, dass Wirklichkeit und Daten zu verschmelzen scheinen.

Hier sind wir beim Kern des zweiten Maschinenzeitalters angelangt und das ist auch die Richtung, die etwa Eric Schmidt, der Executive Chairman von Google, auf dem Davoser Weltwirtschaftsforum 2015 benannt hat, dass nämlich Computer und Internet das Leben so durchdringen werden, dass es aus unserem Gesichtskreis verschwindet.[20] Die Daten sind dann unsere zweite Haut. Google oder vielleicht auch Alibaba sind nur die erfolgreichsten Holdings, die in ihren Moonshots alles angehen, was an der Schwelle des Möglichen ist, eine Weltgesundheitspolitik, eine Verringerung der Rückfallquoten von Kriminellen, ein verantwortungsbewussterer Umgang mit den natürlichen Ressourcen der Welt, ein sicherer Verkehr oder Städte, deren Häuser sich je nach Bewohnern durch Roboter selbst umbauen, alles dank digitaler Datenströme. Vielleicht ist es bald schon so, dass in zehn bis fünfzehn Jahren Nano-Roboter in unserem Körper mit einer Datencloud kommunizieren, unsere Körper von innen reparieren und unsere Wahrnehmung mit der digitalen Wahrnehmung ganz verschmelzen. Das sagen Leute voraus, die zugleich genau an diesem sogenannten Transhumanismus arbeiten, Wissenschaftler wie Raymond Kurzweil, der selbst das Problem der Sterblichkeit für ein lösbares hält[21] und als Forschungsdirektor bei Google eben an der Unsterblichkeit arbeitet. Wegen des radikalen Futurismus hat Frank Schätzing in seinem Erfolgsroman *Der Schwarm* von 2004 Raymond Kurzweil als Entwickler eines Neuronencomputers erwähnt.

Ein paar Probleme gibt es aber dann doch noch, bevor die Unsterblichkeit und das glückliche Leben unser aller Schicksal sein wird. Raymond Kurzweil soll ca. 200 Tabletten einnehmen, um seinen Körper für die Unsterblichkeit vorzubereiten.

Firmen wie Alibaba oder Google sind am Gewinn und nicht am Gemeinwohl interessiert. Cyberangriffe werden von Geheimdiensten und kriminellen Organisationen tausendfach jeden Augenblick ausgeführt und gehören schon zum Alltag von Wirtschaft, Städten und Nationen. Angriffe auf die Stromnetze und politische Institutionen führen gegenwärtig vor, was es bedeuten würde, wenn selbst unser Herzschlag von Daten abhängen würde. Cyberangriffe auf den Körper sind so gut möglich wie das Hacken von Stromnetzen und autonom fahrenden Autos. Je mehr Daten miteinander verknüpft werden, desto höher ist die Verletzlichkeit dieser Daten, warnen daher Fachleute wie Marc Goodman.[22] Angriffe selbst auf die DNA des Menschen, Bio-Hacks, sind in greifbarer Nähe.[23] Auch hier reden wir eher über die Gegenwart und verlängern nur hier und dort die Linien ein wenig, um zu sehen, was morgen und übermorgen unsere Wirklichkeit ausmachen wird.

Denkt man hier nur etwas über die Gegenwart hinaus, was sich in Sachen Lesen ändern könnte, dann drängt sich die Schlussfolgerung auf, dass sich auch das Lesen in unseren Alltag anders einweben wird als es Buch und Computer derzeit tun. An die Stelle gegenständlicher Bücher oder auch Computer und selbst der vergleichsweise handlichen Tablets, Smartphones und Phablets wird ein virtuell verstärktes Lesen treten, das dieser Gegenständlichkeit kaum mehr bedarf und sich der Techniken virtueller Assistenzsysteme und intelligenter Brillen wie Microsoft HoloLens oder holographischer Systeme wie Magic Leap bedient. Wir werden es immer weniger bemerken, dass wir ins digitale Medium gewechselt haben und gerade zwischen der betrachteten Wirklichkeit und dem Lesen gewechselt haben. Hier ist dann kein Buch aufzuschlagen und in keiner Zeitschrift etwas nachzusehen, kein Laptop aufzuklappen und kein Password einzugeben, sondern vielleicht nur ein Blinzeln oder ein ‚Denken an‘, das zwischen verschiedenen Erkenntnismodi hin und her schaltet. In einer Kontaktlinse sind Nanospiegel eingebaut, die eine virtuelle Überblendung der von uns gesehenen Wirklichkeit erlauben. Die

Nanospiegel spielen dann Texte für unser Auge ein. Das Lesen schiebt sich zwischen uns und die Wirklichkeit als eine weitere Schicht, assistiert und verstärkt unser Verstehen der Welt. Ähnlich anderen digitalen Assistenzsystemen wird uns das Lesen begleiten, ja wie diese Assistenzsysteme mit unserer Wahrnehmung so sehr verwoben sein, dass uns der Wechsel keine größere Mühe kostet. Ich trage die auf mich zugeschnittene Bibliothek mit mir, aber so leicht, dass ich sie kaum spüre.

Im zweiten Maschinenzeitalter sind Bücher nur ein Teil einer umfassenderen virtuellen Schicht, die uns umgeben wird. Sind Bücher schon eine erhebliche, maschinengestützte Erweiterung des Gehirns, so wird es das digitale Lesen erst recht sein. Lesen wird uns so fast nahtlos umgeben, wie es andere digitale Datenströme schon jetzt tun, ja man ist geneigt zu vermuten, dass der Unterschied zwischen Buch und Leser verschwindet und wir wie in den Romanen einer Cornelia Funke aus den Büchern heraus- und wieder hineingelesen werden könnten. Das ist natürlich ein schöner romantischer Traum. Wahrscheinlicher ist, dass gerade die Verteilung, die Dispersion der Daten auf allerkleinste Einheiten, die näherungsweise als Datenwolke oder nanoskalierte Teile benannt sind, das eigentlich Neue sind, welches demnächst zu erwarten ist. Denn erst so miniaturisiert, wird sich die digitale Verstärkung zwischen alle Schichten unserer Wahrnehmung schieben. Eine digital verstärkte Intelligenz, die ganz dicht in unser Leben eingewoben ist und verteilt auf sehr viele Untereinheiten ist, das könnte die nahe Zukunft bestimmen. Nicht zufällig hat der Microsoft-Chef Satya Nadella dazu aufgerufen, die artifizielle Intelligenz als unsere kommende Umwelt, ja als Teil von uns anzunehmen.[24]

Wenn das Internet aus unserem Gesichtskreis als eine sichtbare Struktur schwindet, wird das Lesen und Schreiben nicht nur mehr werden, nicht nur Teil einer sehr viel diverseren digitalen Umwelt sein und mehr metakognitive Kompetenzen brauchen, um bewältigt zu werden. Es wird auch fluider zwischen Hören und Sehen, Audio- und Video-Files fast ohne erkennbare Schwelle wechseln. Die dicken Brillen, die man derzeit aufsetzen muss, um virtuelle Realitäten zu erleben, werden morgen schon überholt sein, wenn auch noch niemand so genau weiß wie. Dass sich Texte in virtuelle Wirklichkeiten und Filme in Texte übersetzen lassen und wohl auch noch in andere Formate, die wir jetzt noch nicht kennen, das alles ist schon jetzt annähernd möglich. Die niederländische Firma Apvis entwickelt virtuelle Realitäten, die Gedichte völlig neu erleben lassen, und verfolgt damit das nicht bescheidene Ziel, Lyrik einem großen Publikum zu vermitteln. Gedichte in die Erfahrung virtueller Realität zu transformieren, braucht viel Freude am Experiment, ob eine Stimme oder ob Bilder durch das Gedicht leiten sollen, ob eher abstrakte oder konkrete Bilder zu nutzen sind oder wie das Mitsprechen von Gedichten zu nutzen sein könnte. Weniger poetische Texte wie Quartalsberichte von Unternehmen werden schon heute von den Schreibrobotern von NarrativeScience oder Automated Insights in lesbare Texte verwandelt. Computer schreiben und lesen mit uns und erstellen Finanz- oder Sportberichte. Die größte Nachrichtenagentur der Welt Associated Press nutzt intelligente Computersysteme, um täglich ihre Presse-Meldungen zu erstellen. Die Programme dahinter heißen nicht zufällig Sensemaker, denn sie sind in der Lage Phänomene zu identifizieren, zu beschreiben und aus Daten sinnvolle, für Menschen verstehbare Sätze zu erzeugen. So lesen und schreiben die Computer schon mit uns. Computerverstärktes Schreiben und Lesen ist Gegenwart.

IBMs Supercomputer Watson hat 2016 das erste, allein durch artifizielle Intelligenz hergestellte Fachmagazin herausgebracht, ein sogenanntes Driverless Magazine. Wie selbstfahrende Autos, so ist dieses Magazin nicht von Menschen geschrieben und bebildert worden, sondern von lernenden Systemen. *The Drum* heißt das britische Marketing-Magazin, für das Maschinen und nicht Menschen die Texte geschrieben und die Bilder dazu ausgewählt haben.[25] Die Journalisten kommen in der Ausgabe noch vor. Allerdings nur in der Rolle, dem künstlichen Intelligenzsystem Watson ein Interview gegeben zu haben, zu schlafen oder Computergames zu spielen, während IBM Watson die Arbeit für sie erledigt. Ein System wie Watson kann nach einigem Training so geschult werden, dass Leser des Magazins nicht unterscheiden können, ob die Zeitschrift von Menschen oder von einem Automaten erstellt wurde. Andere haben mit künstlicher Intelligenz George R. R. Martins Romanepos *A Song of Ice and Fire* vom Computer weiterschreiben lassen. Mit neuronalen Netzwerken hat der Computer aus den mehr als fünftausend Seiten der fünf, bereits erschienenen Bänden den Stil des Autors abgeschaut. Aus dem Gelernten hat die Maschine dann einen sechsten Band geschrieben. In ihm tauchen neue Figuren und neue Handlungskonstellationen auf, die die Maschine aus der bisherigen, so verzweigten Handlung des Romanepos abgeleitet hat. Aber noch ist der automatisiert hergestellte sechste Band kein gelungener Roman, denn noch kann kein System eine komplexe Handlung wie die dieses Epos sich so merken und weitererzählen, dass daraus eine in sich stimmige Geschichte für menschliche Leser wird.[26] Aber das Unterfangen eines künstlichen Romanschreibers ist gerade mal ein Anfang des computergestützten Lesens und Schreibens. Die Grenze zwischen dem Lesen von Menschen und dem Lesen von Maschinen wird durchlässig werden, weil die Maschinen unser Verhalten, unsere Interessen und Aufmerksamkeiten lernen können, meint der Chefentwickler von IBM Watson, David Kenny. „Why can't computer feel completely natural?", fragt programmatisch eines der führenden Unternehmen für virtuell verstärkte Wirklichkeiten Magic Leap. ‚Natürliche Computer' mag noch nach einem Oxymoron klingen. Ob die Grenze zwischen den Maschinen und uns einmal ganz verschwindet, hängt an vielen Faktoren, auch der Beantwortung der Fragen, ob wir Maschinen als gleichberechtigen Teil unserer sozialen Welt akzeptieren, ja es überhaupt können.

Lesen wird bei alledem nicht verschwinden, sondern wachsen, aber wohl so seltsam, zumindest auf den ersten Blick, wie die digitale Welt wächst, wenn das weltweit erfolgreichste Medium keinen eigenen Inhalt anbietet (Facebook), die am schnellsten wachsende Bank kein Geld vorhält (SocietyOne), das größte Kino der Welt kein einziges Lichtspielhaus betreibt (Netflix), die größte Telefongesellschaft keine Telefoninfrastruktur vorhält (Skype, WeChat), das weltgrößte Taxiunternehmen kein einziges Taxis besitzt (Uber), der größte Wohnungsanbieter kein einziges Zimmer sein eigen nennt (Airbnb), der größte Flohmarkt über keinen eigenen Warenbestand verfügt (Alibaba) und die größten Software-Verkäufer keine App (Apple, Google) geschrieben haben. Das Lesen wächst in dieser digitalen Welt je mehr es in die Datenströme eingeflochten ist. Nun sehen die einen darin den Anfang vom Untergang, denn Algorithmen werden uns vorgeben, was und wie wir lesen. Roboter und Software übernehmen das Kommando auch hier, während die anderen eher glauben, dass eine ungeahnte Kreativität Lesen und Schreiben in neue Dimension führt. In dieser Entgegensetzung kann zwischen den möglichen Entwicklungen freilich kaum entschieden werden. Die Apokalyptiker wie die Integrierten setzen einen Transhumanismus voraus, der ungeachtet der gegensätzlichen Wertung annimmt, dass der Mensch ein ganz anderer wird, wenn die Digitalisierung der Welt fortschreitet. Vielleicht ist das aber schon falsch und die Entwicklung ist schon in den letzten Jahren eher davon angetrieben, wie gut sich Soft- und Hardware den leiblichen und mentalen Bedürfnissen von uns Menschen einzupassen wissen. Schließlich wollen wir immer noch dieselbe Geschichte von Hans und Grete lesen. Der Finger, den Steve Jobs zum zentralen Werkzeug zur digitalen Erkundung erhoben hat, hat seine Firma reich gemacht wie schon vorher die grafische Benutzeroberfläche anstelle der Textkommandozeilen. Facebooks Welterfolg ist ohne die sozialpsychologische Neigung des Menschen zu Bindung, Tratsch und Selbstdarstellung nicht möglich. Warum sollten People-Magazine nicht automatisiert erstellt werden? Der alte Adam ist auch in der digitalen Welt noch nicht verschwunden, aber er ist auch nicht mehr derselbe.

In der Perspektive einer langen kulturellen Evolution liegt der eigentliche Vorteil des Computers darin, frühere Kulturtechniken in sich aufzunehmen. In der digitalen Welt ist das Papyrus-Manuskript ebenso aufgehoben wie das Klatschmagazin und alles mit einer Leichtigkeit zugänglich, die noch vor kurzem undenkbar schien. Das aufwendige Lesen von Details, Exzerpieren, Vergleichen und Kommentieren von Aufsätzen oder Büchern ist selbst im PDF-Zeitalter leichter als zu den Zeiten Winckelmanns, als man mit aufwendigen Exzerpiertechniken versucht hatte, der Fülle der antiken Überlieferung Herr zu werden. Ebenso ist es das Durchblättern von Banalitäten über irgendwelche Prominenten. Das Verknüpfen über Sprach- und Kulturgrenzen hinweg ist dank verbesserter Übersetzungssysteme und Metadaten in ungeahntem Umfang möglich. Bibliotheken vergessener und kaum gelesener Literaturen tauchen auf und werden von den Lesern personalisiert, zugeschnitten auf die jeweils eigenen Bedürfnisse und Erwartungen. Der Computer nimmt alle diese älteren Techniken des Lesens in sich auf, erweitert sie und integriert die etablierten Formate in die digitalen Datenströme. Das verändert vieles, auch den Menschen. Der aber bleibt an seinen Hunger nach Geschichten und die Leiblichkeit seiner Welterfahrung zurückgebunden. Lesen wird also wachsen, komplexer werden und den Lesern viel abverlangen, aber nicht so, dass wir es nicht mehr als Lesen erkennen könnten, auch wenn die uns vertrauten gedruckten Bücher nur eine Form der Bücher sein werden und Diskussionen, ob Computerspiele denn Kunst seien uns bald so historisch erscheinen werden wie die Debatten im 18. Jahrhundert, ob dem Roman ein ästhetischer Wert zuzusprechen sei.

Wenn zu viele Faktoren im Spiel sind, um plausible Voraussagen machen zu können, dann ist es ratsam, unterschiedliche Szenarien aufzuzeigen, was in den nächsten Jahren in Sachen Lesen im digitalen Zeitalter geschehen dürfte. Es gibt wohl nicht die eine Prognose und sie kann es auch nicht geben, denn die Entwicklungen hängen an vielen Entscheidungen zugleich, die jeden Tag in der Welt getroffen werden. Viele der Faktoren, die die Entwicklung in den nächsten Jahren bestimmen werden, kennen wir noch nicht oder hören gerade erst von ihnen, so dass es spekulativ bleiben muss, welchen Stellenwert zum Beispiel autonome Drohnen haben werden. Verlässliche Folgerungen können kaum gezogen werden. Um daher Übersicht zu gewinnen und die Mutmaßungen über die Zukunft besser zu plausibilisieren, lassen sich meines Erachtens in etwa drei Szenarien unterscheiden, ein eher dunkles, dystopisches, ein helles, optimistisches und ein sehr gemischtes, graues Szenario.

Ein erstes, dunkles Szenario geht von einer dramatischen digitalen Modernisierung im zweiten Maschinenzeitalter aus, wie sie in verstörenden Technikthrillern wie *Blackout* von Marc Elsberg, dem Bestseller *The Circle* von Dave Eggers, in der britischen *Black Mirror*-Serie von Charlie Brooker und schon viel früher in Comics wie der *X-Men*-Reihe imaginiert werden. Hier revolutioniert eine Gig-Economy-Elite das Leben radikal und verliert den Kontakt zur sozialen Wirklichkeit der Menschen außerhalb der Internetfirmen. Undurchsichtige Regime und Hacker bestimmen in solchen Zukunftsszenarien die kommende Wirklichkeit. Die neuen Industrien entwickeln Roboter und Avatare, die immer mehr Menschen und deren Arbeit überflüssig machen, den Reichtum dabei immer ungleicher verteilen. Die Daten werden nicht geteilt, sondern für sich behalten, um mit ihnen die jeweils nächste, unerhörte Entwicklung anzutreiben, an der aber nur wenige Menschen partizipieren werden. Eine digitale Proletarisierung der Welt wäre die Folge. Das ist keine dunkle Träumerei, sondern ein sehr wohl mögliches Szenario nicht weit von der Wirklichkeit weg, wie jüngst auch das Weltwirtschaftsforum argumentiert hat.[27] Die digitale Revolution droht ihre Kinder zu fressen.

Schon 2004 hat der Kurzfilm *Google EPIC* einen Megakonzern imaginiert, der aus dem Zusammenschluss von Google,

Amazon und damals MSN entstehen könnte, eine undurchdringliche Matrix aus Mikroregimen, die als ein globaler Internetgigant die Welt regiert und in jede Pore des Alltags eindringt. Vieles ist anders gekommen, MSN ist kein globaler Player mehr, andere große Player wie Alibaba oder Baido sind dazu gekommen und dennoch nimmt das Ubiquitous Computing, das allgegenwärtige Rechnen, immer schneller unsere Wirklichkeit ein, wenn jedes Handy in einer Stadt zur Feinstaubmessung verwendet wird oder wie im BinCam-Projekt Menschen dadurch zu umweltbewusstem Verhalten erzogen werden, dass der Müllereimer jedes Mal ein Bild sendet, wenn wieder etwas in den Eimer geworfen wurde. Das klingt zunächst nützlich und erklärt auch zum Teil, warum viele von sich aus bei ähnlichen Massendatenerhebungen mitmachen. Aber dahinter steht eine Sozialphysik, die sich von früheren Taylorisierungen der Arbeit darin unterscheidet, dass Arbeitnehmer die Regulierung als gestiegene Arbeitszufriedenheit wahrnehmen und nicht unbedingt als Ausbeutung und Ausforschen. Erst wenn der Roboter sie arbeitslos gemacht hat, sieht die digitale Zukunft nicht mehr smart aus. In einem negativen Szenario ist die freundlich anmutende Taylorisierung Teil einer Leistungs- und Sozialüberwachung. Das soziale Ranking in der Volksrepublik China gibt uns schon heute mehr als nur einen Vorgeschmack dieser kompletten sozialen Kontrolle. Jeder Kauf wird hier bewertet, wie er zum Ideal eines Untertanen der kommunistischen Partei des Landes passt. Wer sich mit wem trifft, wer seine Eltern vernachlässigt oder sich mit Oppositionellen austauscht, wird digital kontrolliert und bewertet und gegebenenfalls abgewertet, wenn nicht schlimmer. Schon sind in der Volksrepublik China Personalausweis und Alipay-ID bzw. WeChat-ID direkt miteinander verknüpft und erlauben dem Staat immer genauere Abfragen über das Verhalten seiner Untertanen. Hinzugefügt wird derzeit die Autonummer, sogar die Motorgestellnummer und andere immer feiner granularisierte Daten. QR-Codes auf jedem Produkt enthalten viel mehr Informationen als die Barcodes und werden für die totale Überwachung genutzt. Drei Zahlen geben dann sichtbar für jeden Bürger an, wie man sich in die ideale, kommunistische Gesellschaft einfügt, so hat sich der Architekt des sozialen Bewertens, Lazarus Liu, das ausgedacht und der Partei damit ein Herrschaftsinstrument an die Hand gegeben, das sich George Orwell nicht hatte ausdenken können.[28] Kredit bekommt nur, wer eine ausreichend hohe Nummer hat und Flugzeuge darf auch nur der nutzen, der über einem bestimmten Wert liegt. Meine Arbeitsstelle und der Platz für meine Kinder in der Schule hängt an diesem digitalen Überwachungsranking.

Die schöne Sonnenstadt der Zukunft, die alles Leben so klug zu regeln weiß, macht ihre Bewohner überflüssig. Alles ist bestens reguliert, nur der Mensch stört. In diesem Szenario sind uns die Maschinen immer schon einen Schritt voraus. Hinter den Maschinen aber stehen Interessen. Missbrauch ist von vielen Seiten so leicht möglich. Die milliardenschweren Anteile, die Vermögensverwaltungsfirmen wie BlackRock oder Vanguard sowohl an Apple wie an Google oder Microsoft schon heute besitzen, lässt längst fraglich erscheinen, ob die Internetgiganten wirklich in einem solchen Konkurrenzverhältnis stehen, wie sie suggerieren, und nicht ein Megakonzern längst Realität ist. Die intelligente Firma, Stadt oder Staat mag subjektiv lebenswerter erscheinen, die sie lenkenden Interessen sind jedoch nur schwer zu erkennen und dem Missbrauch sind Tür und Tor geöffnet. Schon jetzt kann man aus nur einer einstündigen Beobachtung des Surfverhaltens erste Rückschlüsse auf die Persönlichkeitsmerkmale eines Computernutzers ziehen.[29] Interessen von Arbeitnehmern gelten in Unternehmen der Gig-Wirtschaft wie Uber oder Homejoy weniger als in anderen Industriezweigen.[30] Schon vor mehr als fünfzehn Jahren urteilte der amerikanische Politologe und Obama-Berater Cass Sunstein kritisch über das personalisierte Internet, dass es jeden in der Selbstgefälligkeit des eigenen Vorurteils festhalte und eine weitsichtigere Politik kaum mehr möglich mache.[31] Es gehört nicht große sozialpolitische Phantasie dazu, um sich auszumalen, intelligente Lösungen und krude Interessen könnten Mikroregime hervorbringen, die ihre Macht gar nicht direkt zeigen und doch jeden Teil unserer Wirklichkeit regieren, eine höchst unerfreuliche Aussicht.

Diese Mikroregime gehören notwendigerweise großen Firmen oder Staaten, denn nur sie sind in der Lage, das aufwendige Deep Learning anhand von sehr großen Datenmengen weiterzuentwickeln, auf dem die zukünftigen selbstlernenden Systeme aufsetzen werden. Das aber bedroht Fairness, Demokratie und eine offene Marktwirtschaft, wie etwa die Wallstreet-Mathematikerin Cathy O'Neil fürchtet.[32] Sie sagt, dass mit den großen Datenmengen nur wenige arbeiten können, schon einfach deshalb, weil die Rechenkapazitäten so immens sind, dass nur wenige Institutionen über die Datenmengen und Rechenleistung verfügen, um aus Big Data Muster auslesen zu können. Wenn mit jedem Tag Billionen von Daten gewonnen werden, und seien es ‚nur' Bewegungsdaten aller Einwohner aufgrund von Handy-Geodaten, dann sind jetzt schon nur wenige Einrichtungen in der Lage, solche Daten auszuwerten und für sich zu nutzen. Die Datenmenge wird noch zunehmen, wenn wir soziale Roboter in unserem Alltag aufnehmen, mit ihnen wahrscheinlich auch emotional eng zusammenleben werden. Die so gewonnenen Daten sagen dann mit jedem Tag mehr über uns aus und ermöglichen eine immer dichtere Durchregulierung von Gesellschaft und Wirtschaft. Firmen wie Palantir Technologies durchkämmen schon jetzt immense Datenbestände, um illegale Einwanderer in den USA aufzuspüren, andere wie Investigate Case Management erstellen Persönlichkeitsprofile, die Daten aus Schulbildung, Karriere und Familie mit Daten der Polizei abgleichen.[33] Sie nennen sich nicht zufällig nach dem sehenden Stein Palantír aus Tolkiens *Herr der Ring*, was ohne jede Distanz den Machtanspruch seines Mitgründers Peter Thiel, dem Technologie-Berater Donald Trumps, herausstellt. Das sind nur die bekannten Fälle in offenen Gesellschaften. Wie es in geschlossenen Gesellschaften aussieht, kann man nur ahnen. Datenregime könnten unser intimes Leben bestimmen und das mit einer Präzision, die sich selbst Science-Fiction-Autoren kaum ausdenken konnten. Sozialwissenschaftler wie Harald Welzer sprechen daher von einer smarten Diktatur, zu der sich unsere Gesellschaft entwickeln würde.[34] Erste Polizeiroboter werden derzeit in China erprobt, die mit Elektroschockwaffen mögliche Subjekte der polizeilichen Aufmerksamkeit gleich selbst zu Boden strecken können.[35] Ihre Verwandten kontrollieren bereits die ersten Parkplätze in Kalifornien. Wenn dann die Roboter unter sich selbstständig Neues zu lernen anfangen, wird aus dem digitalen Versprechen eine bedrängende Zukunft.

Wie verstörend die Überwachung der Gesellschaft ist, der sie sich selbst aussetzt, zeigt der rasante Erfolg der App FindFace überdeutlich. In nur zwei Monaten nach seiner Einführung hat die App in Russland mehr als eine halbe Million Nutzer gefunden. Diese App ermöglicht es, anhand nur eines Fotos jemand anderen zu identifizieren. Dazu genügt es, mit dem Handy ein Bild von jemand beliebigen in der Menge zu machen. Die Software gleich das Bild dann über einen sehr ausgeklügelten Erkennungsalgorithmus mit Bildern in den sozialen Netzwerken ab, in Russland mit dem dort populären VK. com-Netzwerk. In kurzer Zeit erhält man auf seiner App alle Angaben, die jemand über sich in sozialen Netzwerken preisgegeben hat. Von aufdringlichen Flirtversuchen zwischen Unbekannten, Überwachung von Spielkasinos bis zur Polizei haben in Russland mehrere Millionen Suchanfragen in wenigen Wochen den Unterschied zwischen Öffentlichkeit und Privatheit kollabieren lassen. Gesichter sind hier Big Data, wenn Millionen Suchanfragen mit mehr als eine Milliarde Fotos in Trillionen von Vergleichen in Sekunden abgeglichen werden.[36]

In diesem negativen Szenario, das jede Kulturkritik ohne Mühe in den dunkelsten Farben weiter auszumalen verstünde, ist Lesen nicht mehr das Medium der offenen Gesellschaft, sondern dient ihrer Versäulung. Jeder liest die Texte, die nur die jeweils schon gefundene Weltsicht bestätigen. Algorithmen schlagen vor „Wer das liest, liest auch das", und dies besagt dann nur, dass ein im Grunde ähnliches Buch genannt wird, das noch einmal bestätigt, was man gerade gelesen hat. Die Überblendung von Realitäten durch Verfahren der Virtualisierung fügt keine Differenz und keine neuen Möglichkeiten der Wirklichkeit bei, sondern intensiviert nur das Bestehende und das schon Bekannte. Natürlich variieren die Leseschichten so geschickt das Gleiche der Meinungen, dass die Varianz wie eine andere Meinung aussieht. Aber es ist nur dieselbe Meinung anders dargestellt. Persönlich werden sich die Leser frei fühlen, doch gewählt haben sie nicht selbst. Sie mögen Neues gelernt haben, anderen Erfahrungen gemacht haben, und doch bemerken sie die Ähnlichkeit des immer Gleichen nicht.

In einer solchen Welt smarter Mikroregime sind Bücher nicht verboten, wie es in älteren Schreckensbildern die bedrängende Erfahrung nicht zuletzt der Diktaturen des 20. Jahrhunderts war, man denke an Ray Bradburys Roman *Fahrenheit 451* aus dem Jahr 1953. Im Gegenteil sind ungeahnt viele Bücher erhältlich. Aber wie in den Diktaturen des 21. Jahrhunderts regulieren die Staaten oder Firmen das Internet nicht spürbar. Jeder hat Zugang. Nur bei genauem Hinsehen bemerkt man, dass das Lesen nicht frei ist. Chinas Baidu-Internetwelt ist dafür ein bedrückendes Beispiel. Dort lässt die Zensur nur die staatlich gewollten Bücher durch; Kontroversen werden soweit wie möglich schon im Vorfeld smart aussortiert. *Fahrenheit 451* in der Volksrepublik China bedeutet, dass nur ein kleiner Teil der Meinungen tatsächlich zensiert wird, nämlich alle die Meinungen, die zu einer kollektiven Mobilisierung führen könnten, dem Trauma der kommunistischen Partei. Der größte Teil der Zensur jedoch erfolgt durch eine gezielte Beeinflussung der öffentlichen Meinung, indem abweichenden Meinungen nicht widersprochen werden, sondern durch die Verbreitung ablenkender Meinungen über die Erfolge der Regierung, die heroische eigene (Partei-)Geschichte und die Symbole des Regimes, jede andere Meinung ins Leere laufen lässt. 2017 ist das Projekt „Die große Mauer" angelaufen, das Wikipedia durch eine staatliche gelenkte Enzyklopädie ersetzen soll.

Was die Menschen wissen dürfen, schreibt ihnen der Staat ganz wörtlich durch Zehntausende seiner Angestellten vor. Das Ergebnis ist die größte Unterdrückungsmaschine andersdenkender Meinungen in der Geschichte der Menschheit, wie erstmals 2014 der Politikwissenschaftler Gary King aufgedeckt hat.[37] Sie ist so klug optimiert, dass sie für die Menschen kaum wahrzunehmen ist. Von der Unabhängigkeit des Internets, die 1996 der Musiker und Bürgerrechtler John Perry Barlow auf dem World Economic Forum ausgerufen hat, droht immer weniger übrig zu bleiben. Die Fragmentierung des Internets betreiben Unternehmen und Regierungen. Die globale Ungleichheit könnte so bald schon größer werden als alle Ungerechtigkeiten, die wir kannten, warnt Charles Songhurst, einer der strategischen Köpfe bei Microsoft und Google.[38] Vom Versprechen der Vervielfachung der Lesewelten bleibt hier wenig übrig, so bunt und neu alles auch aussieht. Wir lesen am Ende nur das immer selbe Buch. Das ist *Fahrenheit 451* im Jahr 2019.

Man braucht nicht viel kulturpessimistische Phantasie, um sich vorzustellen, wie sich im digitalen Zeitalter die lange umkämpfte Verknüpfung von Freiheit und Buch auflöst. Selbst bei dem doch eigentlich privaten Akt des Lesens werde ich getrackt. Apple hat 2016 Emotient gekauft, ein Unternehmen, das sich auf die automatisierte Erkennung von Emotionen spezialisiert hat, um ähnlich wie Google mit seiner „emotion sensering platform" Apps zu entwickeln, die unserem emotionalen Auf und Ab beim Lesen wie bei so ziemlich allen anderen Tätigkeiten folgen und daraus allerlei Schlussfolgerungen über uns und unsere Vorlieben ziehen können. Welche genau das sind, das wissen bestenfalls Fachleute. Anbieter erkennen dann nicht nur, welches Buch ich heruntergeladen habe, sondern auch wie sich während des Lesens mein Puls und meine Hautleitfähigkeit verändert haben, um daraus auf meine emotionale Zufriedenheit zu schließen. Man kann schlicht messen, wie belohnend der Kauf welches Buchs und die Lektüre welches Romans für diese Leserin und jenen Leser ist. Und Buch ist hier nur eine Sammelbezeichnung für sehr viele unterschiedliche

Weisen des Lesens. ‚Affective Computing' ist das Stichwort, das umschreibt, wie nach Alter, Geschlecht oder ethnischer Herkunft Zuschauer oder Leser durch Maschinen geradezu in ihrem Seelenleben verstanden werden können. Aus dem Gebrauch von Like-Klicks auf Facebook kann man schon mit fast 95-prozentiger Sicherheit auf die Hautfarbe rückschließen, mit 80-prozentiger Sicherheit die sexuelle Orientierung (mindestens bei Männern) einschätzen und noch zu 65 Prozent, ob jemand Drogen nimmt. Nicht untersucht ist bislang, mit welcher Wahrscheinlichkeit man durch Like-Klicks auf Bücher dann auch auf das Sozialprofil des Lesers schließen kann. Die Wahrscheinlichkeit dürfte sehr hoch liegen. Damit kann eben immer auch entschieden werden, welche andere Geschichte und Meinung zum Leser durchgelassen werden und welche nicht. Wenn Maschinen uns verstehen lernen, dann auch dadurch, dass sie beobachten, welche Geschichten für uns bedeutsam sind. Lesen, das einmal mit Freiheit gleichzusetzen war, wird in diesem Szenario in sein Gegenteil verkehrt. Es ist der Schlüssel, mit dem die Maschinen uns verstehen und zu beherrschen lernen könnten.

Wir können uns Briefe schreiben oder miteinander skypen. In dem negativen Szenario bleibt die bange Frage, ob unsere Herzensergießungen nicht doch von jemandem mitgelesen werden, der nicht unbedingt unser Freund ist. In einem solchen Szenario, in dem die immersive Nähe zum Buch durch neue Techniken der maschinenverstärkten Wirklichkeitserfahrung eine nie gekannte Intensität erreicht, würden immer weniger Menschen dem Gelesenen trauen. Das Buch ist nicht mehr mein Freund, weil da jemand anders hinter dem Buch ist, den ich nicht greifen und nicht benennen kann, dessen Ziele ich nur ahne. Es sind keine guten Menschen und keine Freunde.

Wahrscheinlich, dass sich in einem solchen Szenario unsere Vorstellungen von Texten und Büchern ändern würden, und so etwas wie das Vertrauen, ja die Kulturtechnik des Schreibens und Lesen dadurch abgeschwächt werden könnte, eine Folge der digitalen Wissensordnung, die schon vor einigen Jahren der Buchhistoriker Adriaan van der Weel skizziert hat.[39] Van der Weel ist freilich zu sehr Buchhistoriker, um einfach zu glauben, dass eine hochtechnisierte Gesellschaft ohne Texte und die damit verbundenen Fähigkeiten des Schreibens und Lesens auskommen könnte. Selbst dieses negative Szenario stößt an seine Grenzen, so sehr uns Kulturkritik und Filmindustrie das dunkle Lied von der Abschaffung des freien Lesens singen und wir es gerne glauben. Aber das sollte uns nicht blind dafür machen, dass noch die unfreiesten Regime auf Offenheit angewiesen bleiben, ohne die gerade die digitalen Innovationen nicht möglich sind. Ungeachtet dieser Grenzen selbst für Diktaturen verdeutlicht das hier umrissene negative Szenario die drohende Auflösung einer der Grundformeln offener Gesellschaften: die Gleichsetzung von Buch und individueller Freiheit. In Geschichten einzutauchen, ist ein Akt der Freiheit. Ob dieser Zusammenhang zwischen Buch und Freiheit bestehen bleibt, wird, ja muss Gegenstand der vielleicht wichtigsten Debatten unserer Gesellschaft sein.

Das negative Szenario hat eine hohe suggestive Kraft und bestimmt die öffentlichen Debatten. Weniger suggestiv ist ein umgekehrtes, positives Szenario. Aber auch ein solches Szenario durchzudenken, lohnt, weil es unsere Vorstellungskraft schärft, in welcher Lese- und Bücherwelt wir leben wollen. Ein positives Szenario geht von der Ermöglichung der Freiheit durch die digitale Welt aus. Das ist keine nur theoretische Idee, sondern auch schon praktisch erprobt. Bitcoins kennt man als neue, nur digitale Währung, ein auf Internetprotokollen beruhendes Zahlungssystem, das wiederum auf dem Zusammenschluss dezentral verteilter Computer und einer dezentral verwalteten Datenbank aller Transaktionen beruht. Diese Währung hat keinen Staat und keine Zentralbank, kann auch nicht ausgezahlt werden und unterliegt keinen anderen Beschränkungen als denen der kryptographischen Techniken, die erst die Bitcoins ermöglichen. Ausgehend von dem Bitcoin-Prinzip der Datenblockketten als Beglaubigungssystem

hat eine Graswurzelbewegung begonnen, eine Bitnation aufzubauen. Das ist nicht weniger als eine Weltnation jenseits der
Nationalstaaten, in denen alle Rechtsbeziehungen und wirt-
schaftlichen Tätigkeiten in einer Blockchain-Architektur von
allen Bürgern einsehbar abgespeichert sind. Wer einen Vertrag
abschließen oder einen Grundbucheintrag vornehmen will,
kann dies über eine App tun, ganz gleich, wo sie oder er auf
der Welt gerade lebt. „Bitnation interessiert nicht, wo du her-
kommst, wo du lebst oder welchen Pass du hast. Jeder hat das
Recht darauf, hochklassige, wettbewerbsfähige Staatsleistungen
in Anspruch zu nehmen", heißt es programmatisch auf der
Website bitnation.co. Wer heiraten will oder Geburtsurkunden
ausgestellt braucht, kann dies hier tun. Erste Staaten wie Estland haben begonnen, die in Bitnation gemeldeten E-Residents
zu notarisieren. Die Gründerin Susanne Tarkowski Tempelhof
kommt nicht zufällig aus Schweden, wo schon heute viele
Rechts- und Verwaltungsakte digital für jedermann offen liegen müssen.

Im Blick hat Tempelhof aber die Mehrheit der Weltbevölkerung, die nicht auf einen Rechtsstaat wie in Schweden zählen
kann, der Korruption ausgeliefert oder auf der Flucht ist. Jeder
Rechtsakt ist für diese Menschen eine Demütigung, wenn er
überhaupt gelingt. Staatsleistungen sind daher für so viele
Menschen nur Einschüchterungen. Das alles will Bitnation ändern und damit die Freiheit des Einzelnen ermöglichen. Im
Digitalen sind die Menschen zu einem Weltbürgertum vereint,
das jeden als gleichberechtigten Teilnehmer an Prozessen des
Rechts und der Verwaltung auffasst. Das mag man für Träumerei halten und man muss auch kein versierter Jurist sein, um zu
sehen, dass die letztlich ausschlaggebende Jurisdiktion bisher
zumindest nur durch einen Staat erfolgen kann. Nur wenn ein
Staat wie Estland eine Bitnation-Eheurkunde anerkennt, ist sie
rechtsgültig. Eine dezentralisierte Weltregierung gibt es dann
doch nicht, zumindest vorerst nicht. Staaten sind weiterhin
notwendig, sagen die Juristen.[40] Das würde Susanne Tarkowski
Tempelhof wohl auch nicht bestreiten. Ihr Anliegen geht je-

doch entschieden weiter: Eine Gesellschaft ohne Rücksichten auf Grenzen und die Zufälligkeiten des Geburtsorts ist im digitalen Zeitalter möglich, die jedem Zugang zum Recht erlaubt, schreibt sie in ihrem Buch von 2014 *The Googlement. A Do-It-Yourself Guide to Starting Your Own Nation (and Changing the World)*. Die Legitimität liegt hier im Verfahren, nicht in Wahlen oder in der Macht. Die verbindliche Anerkennung von Entscheidungen soll in dezentralen Institutionen stattfinden, die von jedem einsehbare wären. Die Blockchain-Technik ist das transparente Verfahren für das offene Weltbürgertum, das jedem prinzipiell jede Rolle offenhält. Hier ist das Digitale der Grund der Ermöglichung einer anderen staatlichen Ordnung, so steil ein solches Vorhaben auch angelegt sein mag. Von einer neuen Gemeinschaftlichkeit, der Partizipation der vielen und der geteilten Güter sprechen denn auch Theoretiker der digitalen Kultur wie Felix Stalder oder Clay Shirky mit Recht und nicht zuletzt gegen den kulturkritischen Mainstream.[41] Bitnation ist ein Beispiel für ein helles, ein utopisches Maschinenzeitalter der digitalen Allmende.

Ein Ansatz wie der von Bitnation mutet utopisch an und soll es auch sein. Aber auch Akteure wie die Weltbank gehen davon aus, dass in den nächsten Jahren zumindest Teile der gesellschaftlichen Prozesse in transparenten Dokumentenketten jedem zur Einsicht offenliegen werden, rechtsförmige Verkettungen, die nur in einer digitalen Weltstruktur möglich sind. Mit sogenannten ‚Smart Contracts' werden schon gegenwärtig auf Musik-Plattformen wie Ujo oder Aurovine alle Akteure, die an der Produktion eines neuen Songs beteiligt sind, gelistet und an den Verkäufen über das Internet beteiligt. Zudem speichert die Blockchain auch die Rechte derjenigen, die als Käufer Rechte an einer Musikdatei erworben haben. Jeder der Beteiligten vom Songwriter, den Musikern über die Toningenieure bis zum Käufer erhält eine exakte Kopie aus der verteilten Datenbank und kann so die rechtlichen und finanziellen Transaktionen einsehen. Uns vertraute Institutionen wie die Musikbranche, die Banken und Grundbuchämter könnten dann anders aussehen, – wie anders, das diskutieren Ökonomen, Politikwissenschaftler und Aktivisten gegenwärtig und blicken dabei auf jene Effekte, die schon jetzt neue digitale Formate und soziale Medien auf die Glaubwürdigkeit und Macht von Institutionen haben.[42] Der traurige Misserfolg des arabischen Frühlings hat jedoch viele zu dem Schluss verleitet, dass die dort sich in sozialen Medien frei organisierenden Proteste kaum eine Bedeutung haben, nicht anders als die Protestbewegungen vor der Fußball-Weltmeisterschaft in Brasilien oder die Aufstände in der Türkei. Alles nur ‚Clicktivism‘ oder ‚Slacktivism‘, ein Aufstand mit der Computermaus, sagt man dann. Die Utopien sind nicht ernst zu nehmen. Sie haben keine Chance.

Einmal mehr lohnt es sich genauer nachzusehen, ob das so stimmt. Untersucht wurden in einer umfangreichen Studie 25 Millionen Bilder aus aller Welt und in mehr als 34 Sprachen, die 2013 auf Flickr hochgeladen wurden und mit Wörtern wie ‚Protest‘ getaggt worden waren. Dabei zeigte sich ein Zusammenhang zwischen der Zahl der als Protestbilder deklarierten Fotos und einer gesteigerten Aufmerksamkeit der internationalen Medien für die Proteste in der jeweiligen Region.[43] Schon das bloße Hochladen von Bildern mit dem Label ‚Protest‘ ist als kollektive Handlung dann doch ein politischer Akt in einer Gesellschaft, die ihr Zusammenfinden nicht nur entlang etablierter Institutionen aushandelt, sondern in den fluiden Medien immer wieder neu organisiert. Protest wird gehört und von der Weltgemeinschaft eher geteilt, wenn soziale Medien dabei sind. Gerade in Gesellschaften, die alles andere als offen sind, sind diese Akte daher das Gegenteil einer Uniformierung. Beispiele für solche Proteste durch soziale Medien gibt es viele. Jugendliche hatten im Iran ein kleines Video auf YouTube hochgeladen, das sie tanzend und singend zu Pharrell Williams’ *Happy*-Song zeigt. Dafür wurden sie zu 91 Peitschenhieben verurteilt. Dass sie durch die Peitsche nicht umgebracht wurden, verdanken sie nicht zuletzt dem millionenfachen Interesse an ihrem Video, ein schwacher Schutz, aber doch ein

Schutz, der auch den saudischen Blocker Raif Muhammad Badawi bislang vor dem Tod durch Peitschenhiebe rettet und die Protestierende in Hongkong vor Massenerschiessungen. In solche Aktionen sind das Schreiben, das Tanzen und die Freiheit ganz unmittelbar verbunden und nicht ohne die digitale Weltöffentlichkeit möglich. Freiheit und digitale Welt gehören zusammen, das ist das Versprechen der digitalen Utopie. Die offene Gesellschaft ist zugleich eine digitale Gesellschaft.

2011 benannte das amerikanische *Time Magazine* den Ägypter Wael Ghonim als einen der hundert einflussreichsten Persönlichkeiten der Welt.[44] Das muss verwundern, denn genau genommen hat Ghonim 2010 nur eine Facebook-Seite unter dem Titel „Wir alle sind Chalid Sa'id" aufgesetzt, mit der er an den von der ägyptischen Polizei auf offener Straße totgeschlagenen Blogger Chalid Muhammad Sa'id erinnern wollte. Nur hat Ghonims Seite die Jugend und dann nicht nur die Jungen in den nordafrikanischen Ländern wachgerüttelt und eine bis dahin unvorstellbare Bewegung losgetreten, die wir bald ‚Arabischen Frühling' genannt haben. Ghonim ist für diese Facebook-Seite auf die Straße gegangen, zusammengeschlagen und gefoltert worden. Heute fühlt er sich von den alten Mächten besiegt und doch treibt ihn keine andere Frage so sehr um, als die, wie soziale Medien gesellschaftlichen Wandel bewirken können. Was Ghonim interessiert, das ist die Suche nach einem Weg, wie soziale Medien gegen die Hassreden und staatlich organisierte Trolle in einen Ort vernünftiger Argumente verwandelt werden können. Nur zu gut weiß er, dass in den sozialen Medien einseitige und aggressive Stellungnahmen mehr Aufmerksamkeit finden als abwägende, eine Erfahrung, die auch Microsoft mit ihrem Versuch des mit künstlicher Intelligenz ausgestatteten Chat-Bots *Tay* gemacht hat. In nur elf Stunden hat das lernende System aus Twitter vor allem den rassistischen Hass gelernt bzw. lernen müssen und wurde dann abgeschaltet. Ganze Wahlkämpfe sind etwa in Mittel- und Südamerika durch gekaufte Bots massiv verzerrt worden, und wohl nicht nur dort.[45] Das Internet ist eben nicht die Wirklichkeit und nur dann befreiend, wenn es selbst ein freier Ort des Meinungsaustausches ist, sagt Ghonim aus bitterer Erfahrung. Und so baut Wael Ghonim mit Freunden eine erste Plattform auf, um vernünftigen Argumenten einen Ort zu geben.[46] Andere wie der Soziologe Philip N. Howard plädieren angesichts von Twitter-Kriegen der Roboter für den Bau von demokratischen Twitter-Bots.[47] Die Erwartungen, die Ghonim und seine Freunde hegen, sind bescheiden. Sie wissen, dass sie schon einmal von den alten Mächten in aller Brutalität besiegt worden sind. Aber vielleicht ist gerade jemand wie Wael Ghonim einer der wichtigen Köpfe unserer Zeit, weil er verstanden hat, wie Öffentlichkeit und Medien in digitalen Zeiten zusammenhängen und wie viel zu tun bleibt. Das *Time Magazine* lag mit seiner Wahl richtig.

Diesen dramatischen wie bitteren Beispielen könnten viele andere hinzugefügt werden. Sie alle unterstreichen nur, warum Freiheit, Lesen, Schreiben und auch Tanzen der Sache nach digital zusammengehören.

Beispiele dieser und ähnlicher Art lassen sich leicht vermehren, die alle einen kaum abzuschätzenden Einfluss auf unser Leben haben dürften. So erstellt Facebook gerade eine hochauflösende, auf künstlicher Intelligenz beruhende Karte der Bevölkerungsverteilung von mehr als 20 Ländern. Das Vorhaben soll nicht nur Facebook nutzen, besser abzuschätzen, wie bisher nicht erschlossene Weltteile besser an das Internet und damit an Facebook angeschlossen werden können. Es soll auch helfen, Städteplanung zu verbessern, Epidemien und ihre Ausbreitung genauer vorhersagen zu können oder Krisenherde früher zu lokalisieren – alles höchst vernünftige Ziele. Die Auflösung der Karten erreicht bei Facebooks Connectivity Labs nicht die sonst üblichen ein paar hundert Quadratkilometer der Karten, sondern hat eine Seitenlänge von 50 Zentimetern, an denen studiert werden kann, was sich in einer Stadt wie Naivasha im Südosten Kenias verändert.[48] Andere Entwicklungen wie in den Descartes Labs schließen an dieses Projekt von Facebook an und entwickeln automatisierte Mechanismen, um aus hochauflösenden Bildern und Petabytes an Daten Informationen über die Veränderungen der sozialen Welt oder der Umwelt in Echtzeit zu gewinnen. Andere Projekte wie das Icarus-Vorhaben von Martin Wikelski planen Millionen kleiner Sensoren an Zugvögel oder Fischschwärme zu heften, die deren Verhalten in der Natur messen und Daten zum Wetter, zur Landnutzung oder zu den Wasser- und Luftschadstoffen sammeln. Das International Cooperation for Animal Research Using Space-Projekt ist so etwas wie die Vermessung des Weltorganismus und nicht nur Wissenschaftler wie der Ornithologe Wikelski erhoffen sich von dieser Biotelemetrie einen besseren Umgang mit unserer gefährdeten Umwelt.[49] Daten an den richtigen Stellen zu erheben und sie systemisch miteinander zu verknüpfen, wird unsere Vorstellungen von Natur, unserem Körper und wohl auch unserer Wirklichkeit verändern.

Auf diese und ähnliche Weise können Computer sehr wohl eine Gesellschaft klüger machen und es ihr ermöglichen, viel genauer als bisher zum Beispiel aus Suchbegriffen, die in Google am Tag von Wahlen eingegeben werden, zu ermitteln, welche Konsequenzen verschiedene Systeme der Wählerregistrierungen für den Wahlausgang haben.[50] Es steht zu erwarten, dass computerbasierte Sozialwissenschaften in den nächsten Jahren gesellschaftliche und politische Prozesse verbessern. Fachleute wie der Sozialwissenschaftler und Informatiker Alex Pentland sprechen bereits vom ‚Reality Mining‘ und haben hohe Erwartungen in die Sozialphysik der Zukunft.[51] Gesellschaft kann, so Pentland, gescheiter gestaltet und organisiert werden. Urbanisierung und lebenswerte Umwelt müssen sich nicht ausschließen. Das alles wird wohl auch uns als Person betreffen. Vielleicht wird es bald schon üblich sein, sich so etwas wie ein virtuelles Selbst zuzulegen, Avatare genannt. Damit gemeint ist ein virtuelles Selbst, das uns als reale Personen vielfach gleicht, aber an einigen Stellen ein besseres Selbst vor Augen stellt. Wie erste Untersuchungen dazu andeuten, sind solche Avatare dazu geeignet, unser persönliches Verhalten zu verbessern, etwa mehr Sport zu treiben oder uns gesünder zu ernähren.[52] Das ist natürlich keine neue Einsicht, sondern hat schon älteren Morallehren viele Auflagen beschert, wenn auch deren Avatare andere waren, etwa das vorbildliche Leben der Heiligen.

Anders als in einem negativen, erregt es in einem positiven Szenario erst einmal Neugier, wenn Computer die Welt verbessern helfen und dafür auch große Versuchsanordnungen umgesetzt werden. Von der westlichen Welt wenig beachtet, läuft gegenwärtig in der Volksrepublik China der vielleicht größte Test zur Interaktion zwischen Mensch und Maschine. Es geht um die Frage, ob Computer und Menschen so etwas wie Freunde sein können. Unter dem Namen Xiaoice[53] hat Microsoft einen Chatbot ins Netz gestellt, der jeden Tag auf Fragen antwortet, selbst schreibt und seine Gedanken äußert, wenn diese Metapher vom Selbst hier erlaubt sein mag. Schicke ich Xiaoice ein Bild meines verstauchten Fußes, dann fragt der Bot nach, ob die Verletzung schmerzhaft sei. Habe ich Fragen, wo ein angesagtes Lokal bei mir in der Nähe zu finden sei, so hilft mir meine kleine Freundin Xiaoice weiter. Ist meine Beziehung gerade zerbrochen, fragt das Deep Learning-System, ob ich schon darüber hinweggekommen sei. Xiaoice kann sich über so ziemlich jedes Thema unterhalten, was für die Ingenieure von Microsoft wie Yongdang Wang heißt,[54] dass sich der Chatbot über wechselnde Themen fast wie ein Mensch unterhalten kann. Und die wissen natürlich auf viele Fragen keine Antwort oder kennen sich schlicht nicht aus. Xiaoice macht das nach, wenn sie – ja, sie ist wie alle Assistenzsysteme zumindest in der ersten Auflage weiblich – ihre Unkenntnis zu verbergen sucht, sich schämt oder auch wütend wird. Nehmen die Menschen einen solchen Chatbot an? Die Antwort könnte kaum deutlicher ausfallen. Für Millionen Chinesen ist Xiaoice jeden Tag eine enge Gesprächspartnerin und ein Viertel von ihnen soll die kleine Chatbotin sogar lieben. Microsoft lernt daraus, wann sich Kommunikation menschlich warm anfühlt und wie überhaupt der Computer zu einer selbstverständlichen Umwelt für Menschen werden kann. Das Ziel von Microsoft ist nicht bescheiden, sondern ist schlicht, die Menschen durch das Zusammenleben mit den intelligenten Systemen glücklicher zu machen und die eigene Firma reicher.

Der Bau einer menschenfreundlichen künstlichen Intelligenz ist bei Microsoft wie bei vielen großen und kleinen Firmen die Aufgabe der nächsten Jahre. Unverstellt wird die Lösung der Aufgabe als Teil einer Verbesserung der Gesellschaft gesehen. Künstliche Agenten lernen anhand von Geschichten und mit Hilfe von Reinforcement Learning-Verfahren Grundlinien des Verhaltens, die man auch Moral nennen könnte, etwa wie man die Medizin für einen kranken Menschen besorgt: Durch Stehlen oder durch Kauf in der Apotheke?[55] Das Erkennen von Gesichtern, das Lesen und angemessene Reagieren auf gezeigte oder geäußerte Emotionen und ähnliche Soft Intelligence bestimmt die Entwicklung künstlicher Systeme gegenwärtig mehr als es die Diskussionen um künstliche Intelligenz erkennen lassen. Es geht dabei um eine emotional reiche und verstärkte Intelligenz, bei der Maschinen ganz selbstverständlicher Teil unserer Umwelt werden, mit denen wir ohne nachzudenken interagieren, ohne dafür Computer anzuschalten oder Passwörter einzugeben. Dazu müssen Computer wie Menschen mit uns sprechen. Menschen stellen sich normalerweise schon im Sprachrhythmus, Wortwahl, Satzbau, Körperhaltung und Gesten auf ihr jeweiliges Gegenüber ein. ,Alignment‘, also etwa ,Ausrichtung‘, nennt man in der Fachsprache der sozialen Robotik diese humane Interaktionsweise, ohne die intelligente Systeme nicht Teil unserer zukünftigen Welt würden. Google nutzt mit Bedacht auch knapp dreitausend Liebesromane, um die Konversationsfähigkeit seiner künstlichen Intelligenzsysteme zu verbessern. Computergestützte intelligente Systeme gewinnen damit, so hofft man, an Persönlichkeit und antworten natürlicher, verstehen ein wichtiges Thema menschlicher Kommunikation besser und werden bald auch automatisiert Mails beantworten können.[56] In Schulklassenräumen werden sehr wahrscheinlich schon solche oder ähnliche Roboter den Lernprozess verstärken helfen, ebenso in Werkstätten oder Büros. Astronauten fliegen bereits mit smarten Assistenten wie der künstlichen Intelligenz Cimon durchs All. Und der kümmert sich auch um das leibliche und seelische Wohl seines menschlichen Gegenübers. Intelligente Maschinen werden Teil der sozialen Umwelt von Menschen.

Virtuell bearbeiten wir schon in naher Zukunft einen beliebigen Gegenstand gemeinsam und sind dabei in Wirklichkeit zugleich räumlich verteilt. Mit anderen, die in Wirklichkeit weit weg sind, können wir in Echtzeit interagieren, eine Holoportation,[57] die auf den ersten Blick aussieht, als wäre das ,Beamen' nun endlich Wirklichkeit geworden. Ist es aber nicht, denn die Gesetze der Physik gelten unverändert. Aber sonst ist bei der Holoportation vieles anders. Die Grenzen des Raums spielen in der virtuellen 3D-Welt nur eine nachgeordnete Rolle. Mehr noch kann ich die virtuelle Szenerie, in der ich mit anderen interagiert habe, aufzeichnen und meine Erinnerungen dann wie in einem Museum sammeln. Meine Erinnerungen sind auf diese Weise wie in einer Art Denkarium verwahrt, das ich regelrecht begehen kann wie Harry Potter die Erinnerungen Dumbledores. Ich sehe vielleicht schon bald, wie ich vor fünf Jahren mit meinen Freunden zusammen die Sixtinische Kapelle angesehen oder auch vor dem Fernseher eine Tüte Chips gegessen habe, denn meine Erinnerung steht in voller Lebensgröße vor mir. Mit einer Handbewegung kann ich den 3D-Erinnerungsfilm verkleinern und vor mir auf dem Tisch abspielen lassen. Das dürfte unser Gedächtnis verändern und die Geschichten, die wir teilen, in einer nie gekannten Lebhaftigkeit vor unsere Augen stellen. Mein Gedächtnis ist dann ganz selbstverständlich auch computergestützt, wie es früher durch Tagebuchaufzeichnungen oder Dia-Kästen verstärkt worden ist. Die derzeit noch etwas befremdliche Anrede von digitalen Umwelten wie „Hi, Alexa" oder „Hi, Cortona" wird bald schon so individualisiert sein, dass mein vertrauter Freund eben ein Computer ist, und zwar in genau dem Sinne, in dem für Goethes Werther das Buch sein Freund ist, derjenige, der einen auch in seinen geheimen Gedanken versteht.

In einem positiven Szenario ermöglicht all dies eine Explosion der Geschichten, neuer Formen und Gattungen und anderer Institutionen, in denen wir das tun, was wir heute noch Lesen und Schreiben nennen. Es wird Teil dieser digital verstärkten Realität sein. Vielleicht haben das die skandinavischen Bibliotheken schon verstanden, die am Konzept einer Art von Bürgeruniversität orientiert sind, die sich nicht als Bildungshort und Gedächtnistempel verstehen (darf), sondern 3D-Drucker und Reparatur-Cafés zugleich sind, Tonstudios und allerlei sonstige Bürgerservices anbieten. Wo alles im Netz ist, braucht es die Bibliothek in ihrer herkömmlichen Form nicht. Ihre Reservoirfunktion, wie man bibliothekstechnisch sagt, beginnt überflüssig zu werden, behaupten selbst Leute wie der Leiter der Bibliothek der ETH Zürich, Rafael Ball.[58] Manche Bibliotheken Dänemarks haben gar keine Bücher mehr und doch werden hier Geschichten geteilt. *Dokk1*, die wohl größte öffentliche Bibliothek Skandinaviens im dänischen Aarhus, sortiert alle Bücher aus, die nicht innerhalb der letzten zwei Jahre ausgeliehen wurden. Bibliotheken sind hier ganz selbstverständlich mit der digitalen Welt verschränkt und niemand interessiert sich noch für den Gegensatz von Bildung und technischer Zivilisation. Sehr wohl aber interessiert es in diesem positiven Szenario, dass die Bibliothek ein Ort der Freiheit ist und auch diejenigen in Freiheit setzt, die der kommunalen und staatlichen Unterstützung bedürfen. Die Engstellung von Buch und Freiheit wird neu interpretiert. Wie das gelingen kann, das machen solche Bibliotheken wie in Aarhus vor.

Im Gegensatz zu einem negativen Szenario, in dem die Digitalisierung der Gesellschaft gerade den für die Neuzeit so wichtigen Zusammenhang von Freiheit und Lesen untergräbt, ist in einem positiven Szenario die Befreiung immer auch eine Befreiung der Texte. Und das können auch oder gerade die Texte der Wissenschaften sein. Unter Sci_Hub finden sich ca. 50 Millionen wissenschaftliche Veröffentlichungen, die illegal von den Servern der ganz wenigen weltweit agierenden Wissenschaftsverlage heruntergenommen wurden und jeden Tag kopiert werden. Von Akustik bis Zymologie fehlt hier kaum eines der Themenfelder der Wissenschaft. Doch sind die Artikel in dieser Schattenbibliothek nicht hinter einer Bezahlschrank von gut ausgedachten Preisen nur für reiche Länder und reiche Universitäten zugänglich, sondern auch für alle diejenigen, die an ärmeren Universitäten arbeiten. Wo sonst 2 000 bis 35 000 Dollar im Jahr für ein Abonnement bezahlt werden muss, ist dieses Wissen in der Schattenbibliothek frei. Naheliegend, dass dies den großen Unternehmen Elsevier, Taylor & Francis, Springer und Wiley nicht gefällt, die Gewinnraten von über 30 Prozent gewohnt sind und in den letzten zwanzig Jahren doppelt so hohe Preissteigerungen durchsetzen konnten als sie selbst im Gesundheitssystem möglich waren. Ihnen gegenüber steht eine kasachische Studentin der Neurowissenschaften namens Alexandra Elbakyan. Die ist der computerschlaue Kopf hinter der Guerilla-Taktik von Sci_Hub, das Wissen der Welt für die Welt zu befreien – um nicht weniger geht es hier. Denn tatsächlich sind nur ganz wenige Bibliotheken in der Lage, den Hauptanteil der wichtigsten Fachzeitschriften vorzuhalten. Schon in reichen Ländern wie der Schweiz oder Deutschland kann das nur eine kleine Zahl der Bibliotheken tun und in vielen Ländern der Erde können das nur wenige. Der Graben, der reiche und arme Länder teilt, ist auch ein Graben der wissenschaftlichen Information, der über das Wohl der Nationen mitentscheidet. Elbakyan hat selbst als Doktorandin in Almaty erlebt, den teuren Zugang zu wissenschaftlichen Artikeln nicht bekommen zu können, weil ihr Land dafür zu arm ist. Während nun das Oligopol der Wissenschaftsverlage Alexandra Elbakyan wegen millionenfachen Diebstahls verklagt hat, argumentiert sie in einem Brief aus ihrem Versteck, dass die Verlage ihren Autoren und Gutachtern der Zeitschriften nichts bezahlen, aber ihnen dennoch am Ende horrende Rechnungen stellen würden.[59] „On my website, any person can read as many papers as they want for free, and sending donations is their free will. Why Elsevier cannot work like this, I wonder?", rechtfertigt sie die Piratisierung des

Wissens. Und hunderttausend Downloads jeden Tag stimmen dem implizit zu und verstärken damit zugleich das Anwachsen der Schattenbibliothek. Die Zeitschrift *Nature* hat 2016 Elbakyan unter die zehn Menschen aus den Wissenschaften gewählt, deren Arbeit von gesamtgesellschaftlicher Bedeutung ist.[60] Das war eine Entscheidung, die an Deutlichkeit nichts zu wünschen übriglässt.

Dieser Akt, der den Besitzern des Wissens nur Piraterie ist, ist den anderen hochsymbolisch mit der Freiheit im digitalen Zeitalter verbunden. Das wird erst ganz deutlich, wenn man weiß, dass Elbakyans Kampf um die Freiheit des Weltwissens nicht der erste solcher Auseinandersetzungen ist. Der Computerprogrammierer und Open Access-Aktivist Aaron Swartz hatte sich 2013 erhängt, nachdem ihn die Anklage wegen illegalen Herunterladens von Millionen akademischen Zeitschriftenartikeln über einen MIT-Server mit 35 Jahren Haft und einer Million Dollar Strafe vor Gericht gestellt hatte.[61] Swartz, der an Depressionen litt, beging am 11. Januar 2013 Selbstmord und wurde zur Ikone all derjenigen, für die Internet und Freiheit zusammengehören. Seine Sätze „Information is power. But like all power, there are those who want to keep it for themselves", stehen auf den T-Shirts und Stickern der Computerwelt. Auf der Trauerfeier für Swartz am 15. Januar 2013 sprachen niemand anderes als der Erfinder des World Wide Webs Tim Berners-Lee und Lawrence Lessing, der Begründer der Creative Commons. Symbolischer können Freiheit und Internet kaum verknüpft werden. Elbakyan geht in den Spuren dieser digitalen Freiheit. Sie hat sich wie Snowden ausgerechnet in Russland versteckt – wie bitter, dass es heute so erscheint, als würde ausgerechnet von dort die Freiheit verteidigt werden. Die Geschichte mit noch offenem Ausgang, auch was Alexandra Elbakyan selbst betrifft, stellt ins grelle Licht, warum gerade in einem positiven Szenario Freiheit und Buch zusammengehören, hier das wissenschaftliche Wissen und die Weltöffentlichkeit. Revolutionäres Pathos liegt auf den Servern der Schattenbibliotheken.

Mutmaßungen über eine positive Zukunft der digitalen Welt würden wohl noch auf eine andere Entwicklung verweisen. Da sind die Entstehung immer neuer Gattungen und Genres innerhalb der Literatur, auch sehr kleiner, so genannter Mikrogenres. Auch das gehört zur Freiheit, immer andere Formen des Schreibens erfinden zu können. Von diesen Mikrogenres gibt es unglaublich viele und Amazon klassifiziert Bücher schon in Zehntausende von Subgenres, darunter auch solche Nischen-Genres wie „Amish Quilting Mystery", also Kriminalgeschichte, die in der Amish-Community in den USA spielen. Netflix und andere tun ähnliches. Sie indizieren damit das wilde Wachsen immer neuer, wenn auch nicht ganz anderer Ideen, wie Geschichten ausgestaltet sein können. Hyperspezialisierte Eigengattungen gehören natürlich zur populären Kultur dazu und sind nicht an sich schon neu. Vielmehr unterscheidet sich darin gerade die populäre Literatur von der in wenige Großgattungen unterteilten Hochkultur. Tatsächlich sind die Grenzen zwischen Hochkultur und populärer Kultur oft genug fließend. Man denke nur an die Mode vor mehr als zweihundert Jahren, gemalte und mit Gedichten versehene Bänder zu tauschen und Schnupftabakdosen als empfindsames Symbol zu verschenken, wie es 1768 durch Lawrence Sternes Erfolgsbuch *A Sentimental Journey* unter empfindsamen Seelen der Zeit üblich wurde. Ob das nun Hochkultur oder populäre Kultur war, kann man lange diskutieren. Seit Sterne und Rousseau jedenfalls, seit dem Beginn des modernen Lesens, gibt es keine Grenze für die Erfindung eines neuen Genres, mag die Zahl der Leser dieser unteren der Untergattungen dann auch noch so klein sein. Die Formen der Selbstbeobachtung in der Moderne sind vielfältig.

Jeden Tag andere Genres und Gattungen zu erfinden, dieses David Bowie-Prinzip der populären Kultur, bestimmt jetzt schon das Schreiben und Lesen mehr als es in den Feuilletons sichtbar ist. Die Genres wachsen nicht nur in den Kellern der Fanfiction jeden Tag in alle möglichen Richtungen, sondern haben in Kleinst-Verlagen und in spezialisierten Portalen ihren

Platz. Sie heißen minimore.de oder taberna kritika, rough-books, lyrikkritik oder nicht ganz zufällig auch freiraum und bieten eben Raum für experimentelle Ausdrucksformen, viel Freude an allerlei Formen der Nonsense-Literatur, wenn Spammails zerschnitten und zu neuen Gedichten zusammengefügt werden. Avantgardismus darf Programm sein, Aleatorik gehört zum Spaß am unerwarteten Ausdruck dazu. Das Wort „flarf" umschreibt die neodadaistische Absetzung von jeder Form von Qualität und Sinn in der Literatur. Andere Portale sind weniger avantgardistisch, sondern nutzen das Internet, um sich gegenseitig Literatur zu erläutern, so auf Lit.genius.com. Literatur, damit sind hier die großen Bücher des Kanons ebenso gemeint wie aktuelle Neuerscheinungen. Sie alle sind auf solchen Foren wie Lit.genius vereint. Andere wieder adaptieren bekannte Romane von Jane Austen oder den Welterfolg der kanadischen Autorin Lucy Maud Montgomery. Deren Kinderbuchserie *Anne of Green Gables* (1908–1920) wird auf Tumblr oder Twitter noch einmal mit selbstgedrehten Videos und erfundenen Twitter-Nachrichten erzählt. Die alten Geschichten um Elizabeth Bennet oder Anne Shirley werden in einem anderen Medium als dem Buch erneut in Szene gesetzt. Dafür wird geschrieben, gefilmt und alles im Internet zusammengeführt. Das lesen und schauen dann Tausende, wenn so getan wird, als würden sich in den selbstgedrehten Videoblogs auf YouTube und auf mehreren Twitter-Konten Lizzy und Mr. Darcy gerade erst heute kennenlernen.[62] Es kümmert immer noch, ob sie sich nun kriegen oder nicht, gerade dann, wenn wir den Ausgang der Geschichte schon kennen. Das war bei den griechischen Tragödien auch nicht anders. Darum werden die guten Geschichten immer neu erzählt und das nirgends so leichthändig wie im Internet. Lesen und Schreiben ist Teil der modernen Mixed Reality.

Das alles hat schon der bloßen Zahl wegen eine Dimension, die verändert was Buch und Lesen heißt. Bücher können die Form von Handys haben und YouTube kann der Ort für aufwendige Klassiker-Kommentare sein. Twitter und YouTube erzählen die alte Geschichte noch einmal und Tausenden von Followern kommt die Romanze ganz neu vor. Das mag sich der etablierte Literaturbetrieb so nicht erträumt haben, aber das kümmert diejenigen nicht, die solche Vlogs schreiben, Flash Poetry lesen, Indie Videogames schreiben oder was sonst gerade heute jemandem eingefallen ist.

Neue Verlage entstehen, wie Visual Editions, die sich mit dem Google Creative Lab zusammengetan haben, um Bücher zu machen, die man nicht drucken kann. Hier geht es um Editionen, die zum Beispiel Google Street View nutzen, um eine Liebesgeschichte zu erzählen. Das Buch mit dem Titel *Entrances and Exits*[63] von Reif Larsen, einem amerikanischen Filmemacher und Autor, ist ein solches, nicht mehr druckbares Buch. Es spielt zwischen realen Orten und kaum spürbaren Übergängen in die fiktionale Geschichte. Gelesen werden kann es nur auf Smartphones, denn es setzt Funktion von Google Street View voraus. Larsen hatte schon mit der *Karte meiner Träume (The Selected Works of T. S. Spivet)* 2009 einen ungewöhnlichen Roman geschrieben, dessen Handlung umfangreiche Illustrationen, Karten und Diagramme so nutzt, dass sie ein tragender Teil der Geschichte sind. Dieses Werk konnte noch aufwendig gedruckt werden. Sein jüngstes Buch setzt dieses Prinzip auf ungewöhnliche Weise fort und ist ein Beispiel für anderes Erzählen, das sich nicht mehr an die Grenzen der Buchdeckel hält. Freilich ist es immer noch eine Geschichte, die seine Leser fesseln will und seine Geschichte folgt sehr wohl alten Mustern des Erzählens. Denn Larsens Buch ist wie das weitere Programm des Play for Visual Editions-Verlags ausdrücklich darauf angelegt, den Leser am Handy für mehr als eine Stunde am Tag zu bannen. Immersives Lesen ist hier bei Larsen und seinem Verlag beabsichtigt. Das gilt noch mehr für so komplizierte Geschichten, wie die von Iain Pears, dessen *Arcadia*-Roman mit seinen zehn, weitgehend getrennten Handlungsebenen eine besondere App erfordert, um überhaupt verstanden werden zu können.[64] Neue Formen und Formate entstehen hier in der Freiheit des Digitalen, auch wenn alle diese Geschichten am Ende nur eins wollen: Leser für sich gewinnen. Und das tun sie, indem sie alte Geschichten neu erzählen, wie die Literatur es wohl schon immer getan hat.

Es ist eine geradezu unerträgliche Leichtigkeit, mit der sich in einem positiven Szenario eine romantische Revolution der Leseverhältnisse einstellt. Autoren schreiben dicht an ihren Lesern, Leser werden selbst Autoren und wechseln ihre Rollen. Mikro-Verlage unterstützen sie dabei, wenn nicht die Autoren selbst ihre Verleger sind. Etablierte Verlage mischen sich ein. Die Einheit von Autor, Verlag und Leser kann gar nicht höher gedacht werden. Die Übergänge haben wenig von den Stufen der Hierarchie des alten Literaturbetriebs. Nie war das Buch ein engerer Freund, der mich versteht, dem ich mich anvertraue. Meine Freiheit ist die, jedes noch so verrückte Buch umsetzen zu können – wie, das liegt an meiner Kreativität. Freunde zum Teilen des Buchs sind dann auf Wasliestdu, Whatchareadin, Büchertreff, Leserunden.de oder Büchereule und vielen anderen Formaten schon da; sie sind wie ich, wie meine Bücher. Meine Lebensgeschichte mag im Feuilleton vielleicht niemanden interessieren, auf *Archive of Our Own* oder *Livejournal* jedoch finde ich vertraute Seelen. Wer das als Laienliteratur verachtet, hat nicht verstanden, was Literatur so vielen bedeutet. Ganze Organisation wie die wunderbare *The Reader* Organisation in Liverpool bildet solche Lesegemeinschaften real, wo man durch Gedichte und Romane ins Gespräch über das eigene Leben kommt, was moralisch denn richtig sei, was Freiheit bedeutet, wie man Reue zeigen oder ein guter Ehemann sein kann.[65]

Viele schreiben selbst über ihr Leben und geben ihm damit oft eine Würde, die sonst keinen Raum erhalten hat. Zum immersiven Lesen der Gegenwart gehört auch das selbstvergessene Schreiben, gerade das Schreiben über sich selbst. Die Zahl der Creative Writing-Kurse steigt von Jahr zu Jahr und viele sagen, dass sich dadurch die Literatur mehr verändert habe als durch alle Literaturkritik. Das ist schwer zu messen. Aber es deutet in dieselbe Richtung einer unerhört dichten Landschaft der

Schreiber und Selbstverleger, neuempfindsamen Leser und kreativen Autoren. Unser Begriff von Kreativität hat sich damit wohl schon länger verändert. Man kann Schreiben lernen, von guten Büchern, mehr oder minder gescheiten Kursen, oft sehr uniform im Ergebnis, wie man zugeben muss. Damit sind freilich nur die traditionellen Schreibweisen in den Blick genommen. Wie viele sich im Drehen von Spielfilmen üben und dafür keinen Aufwand scheuen, wie viele das Computergame *Assasin's Creed* als Modell für ihren Abenteuerromans wählen, bleibt dabei noch ganz unberücksichtigt. Was die gerade erste entstehenden virtuellen Welten für die Art und Weise bedeuten, wie wir Geschichten erleben werden, weiß keiner zu sagen. Aber jeder versteht, was es für eine Gesellschaft heißt, wenn der Schauspieler Benedict Cumberbatch, als Darsteller des Sherlock Holmes ein Weltstar, im Londoner National Theatre den Hamlet spielt, und das live in mehr als 700 Kinos der Welt übertragen wird. Es ist dieses Ineinander von Renaissance-Theater, Detektivromanen des 19. Jahrhunderts, Serienkultur und Kino im 21. Jahrhundert, was das Geschichten-Teilen im digitalen Zeitalter ausmacht.

Daneben gibt es viele kleine Formate, zumal Formate des Digital Storytelling, wie sie im Kalifornien der 90er-Jahre des 20. Jahrhunderts erfunden worden sind. Hier hatte man schon vor einem Vierteljahrhundert gelernt, kurze erzählende Texte zu schreiben, mit Bildern zu versehen oder Stimmen dazu aufzunehmen und dann alles über das Internet zu teilen. Genau diesen Weg hat übrigens auch der Roman *Ich hasse dieses Internet* von Jarett Kobeks begangen und wurde durch das Internet zum Welterfolg, der dann auch Anschluss an den etablierten Literaturbetrieb gefunden hat. Persönliche Geschichten und vollkommen stilisierte Formate sind hier gleichermaßen zu finden und haben die Kultur demokratisiert.[66] Die kleinen Formen sind oft neu genug, um Aufmerksamkeit zu wecken, die großen sind es manchmal auch, alles eine Freisetzung von Kreativität gerade dann auch, wenn im Kern alte Geschichten neu erzählt, gelesen und betrachtet werden. Lesen bewegt die Welt gerade in digitalen Zeiten mehr denn je.

Beispiele dieser und ähnlicher Art für ein positives Szenario lassen sich ebenso leicht verlängern wie für ein negatives. Sie illustrieren die Leichtigkeit, mit der computerassistierte Systeme Teil unseres Lese-Alltags in aller Welt werden und es vielfach längst schon sind. Wir lesen und lernen, teilen Geschichten und schreiben neue und dazwischen ist mal größer, mal kleiner ein Computer oder schon Netzwerke an Computern geschaltet. Wir bemerken sie mal und vergessen sie noch viel öfter. Ihr Versprechen, die menschlichen Fähigkeiten zu erweitern, Individualität zum Ausdruck zu bringen und überhaupt Freiheit und Buch, in welchem Format auch immer, intensiver als je zuvor zu verknüpfen, begeistert so viele.

Und doch leben wir wohl weder in einem negativen noch in einem positiven Szenario, weder in der dystopischen Schließung der Gesellschaft im Zeichen einer smarten Diktatur des Digitalen noch in den Zeiten der Befreiung aus den Einsargungen der geschlossenen, vordigitalen Gesellschaft. Wahrscheinlicher ist eher ein drittes Szenario, ein Neben- und Gegeneinander von digitaler Modernisierung und Bewahrung der analogen Welt, von intrinsischen Widersprüchen auch dieser Modernisierung, die den einen die Datendiktatur, den anderen die Demokratisierung, und doch wohl beides zugleich ist. Um nur ein paar der vielleicht auffälligsten Widersprüche dieser Modernisierung zu nennen: Das Silicon Valley ist nicht der Garten Eden, wenn es auch schier unglaubliche Dinge erfindet, die wir fast alle zu unserem Alltag machen und noch machen werden. Vielmehr steht einer schier unfassbaren Kreativität von Menschen aus allen Teilen der Erde eine geradezu tabuisierte Welt der Billiglöhner gegenüber, die kaum eine Chance haben, sich die superkluge Welt zu eigen zu machen und daher im besten Fall nicht mehr als Konsumenten bleiben.

Drastisch wird der Gegensatz zwischen der glänzenden Welt der Techies und ihren schmutzigen Hinterhöfen sichtbar an der Arbeit von Tausenden von Menschen auf den Philippinen. In der Stadt Bacoor, südlich von Manila, sitzen jeden Tag und viele Stunden Telearbeiterinnen und -arbeiter, die für

wenig Geld nichts anderes tun als grausame Hinrichtungs-
videos aus dem Internet zu tilgen, brutale Pornografie aus
dem Netz zu nehmen, rücksichtslose rassistische Kommentare
zu löschen oder bedrückende Aufnahmen von Unfällen in
Russland aus den sozialen Medien herunterzunehmen. ,Con-
tent moderation' ist der offizielle Titel einer extrem belastenden Arbeit für geschätzt hunderttausend Menschen, die das
Internet für Facebook oder Twitter tagaus, tagein putzen, eine
Arbeit, die erst der vieldiskutierte Artikel von Adrian Chen im
Magazin *Wired* 2014 öffentlich gemacht hat.[67] Mit dieser Arbeit am Schmutz der Weltgesellschaft ist freilich nur einer der
Hinterhöfe der digitalen Modernisierung benannt, in den wohl
kaum jemand von uns gerne schaut.

Ein anderes Beispiel sind die Hackerangriffe in Permanenz
auf Krankenhäuser, Stromnetze oder politische Institutionen,
aber auch auf zufällig attackierte Einzelpersonen. Sie werden
nicht aufhören. Keine Verschlüsselung und erst recht kein
Passwort wird die Gesellschaft vor solchen Attacken bewahren
können. Sie zwingen damit alle Neuerungen auf kleinere
Maßstäbe.

Anders gesagt, passen lernende Systeme und Vertrauen, intelligente Algorithmik und Privatheit nicht zusammen. Auch
wenn Menschen sehr unterschiedlich mit diesem Gegensatz
umgehen, in manchen Ländern wie zum Beispiel den Niederlanden ein größeres Vertrauen in das offene Teilen von Daten
besteht als etwa in Deutschland, bleibt das Grundproblem un-
gelöst, wie sich Privatheit und Datensammeln zueinander verhalten. In diesem wahrscheinlichsten der drei Szenarien liegt
die digitale Modernisierung daher nicht genau in der Mitte
zwischen Diktatur und Demokratie, sondern irgendwo dazwischen und das auch jeden Tag etwas anders. Viele reden von
der Filterblase und vermuten, jeder Nutzer bekomme etwa auf
Facebook etwas anderes zu sehen, vorsortiert von undurch-
sichtigen Algorithmen. Das verschärfe die Trennung der politischen Lager. Solche Algorithmen gibt es, aber wie sie sich
tatsächlich auf die Meinungsvielfalt auswirken, ist nicht so ein-

deutig zu entscheiden, wie es die gängigen Diskussionen um die sogenannte Filterblase nahelegen. Die wenigen bisher vorliegenden Untersuchungen zeigen einen nur sehr mäßigen Einfluss von Algorithmen auf die Vielfalt der Meinungen.[68] Die meisten Nutzer gehen direkt zu den von ihnen bevorzugten Nachrichtenseiten und nicht über Facebook oder andere soziale Netzwerke. Sie verhalten sich wie Zeitungsleser, die zumeist nur eine Zeitung abonniert haben. Nur wenige haben die *taz* und *Die Welt* zugleich abonniert. Das gilt auch im digitalen Zeitalter weiterhin, aber auch der Zusammenhang, dass diejenigen, die auf sozialen Netzwerken aktiv sind, eher mit Meinungen von der anderen Seite des politischen Spektrums in Berührung kommen als diejenigen, die soziale Netzwerke nicht oder nur wenig nutzen.[69] Die sie nutzen, sind die politisch Aktiven und Interessierten. Facebooks Algorithmen lassen zudem die meisten der nicht zum eigenen politischen Weltbild passenden Inhalte passieren. Nur etwa acht Prozent der Artikel, die nicht zur eigenen politischen Überzeugung passen, werden eher linksliberal eingestellten Nutzern in den USA vorenthalten, eher konservativen Nutzern sogar nur etwa fünf Prozent anders ausgerichteter Artikel, sagen die wenigen, belastbaren Studien zu dieser Debatte.[70] Die populären Vorstellungen von den Folgen der digitalen Modernisierung treffen also keineswegs zu, aber sie sind auch nicht ganz falsch. Die Unsicherheit ist verständlich. Edward Snowden hat mit guten Gründen betont, dass das Weiterreichen von eigentlich vertraulichen Informationen zu einem Akt der Selbstbehauptung werden kann, wenn Regierungen die Menschenwürde auf die Größe von Zielobjekten reduzieren.[71] Was heißt in solchen und ähnlichen Fällen öffentlich und was vertraulich, fragt nicht nur Edward Snowden. Wo endet die Legalität? Kein Jurist und kein Rechtsphilosoph zeigt ihm bisher eine tragfähige Lösung auf. Die Antworten darauf werden jede Woche anders verhandelt. Das macht nicht eben gelassen, und kulturkritische Klagen wie utopische Visionen versprechen Eindeutigkeiten, die nicht zu bekommen sind.

Viel ist schon jetzt davon die Rede, dass Computer, Software und Algorithmen die Steuerung der Gesellschaft übernehmen würden und uns gar Roboter eines Tages regieren könnten. Jüngst hat der Tesla-Tycoon Elon Musk eine Open Artificial Intelligence gefordert, um der wachsenden Monopolisierung der künstlichen Intelligenz-Forschung durch Google zu begegnen. Das zeigt an, wie ernst auch jemand wie Elon Musk die digitale Revolution nimmt. Warum es eher unwahrscheinlich ist, dass eine Regierung aus Robotern die Macht übernimmt, hat komplexe Gründe. Der Hauptgrund liegt darin, dass alle künstliche Intelligenz eine interne Grenze hat, von der noch niemand sagen konnte, ob und wenn ja, wie sie denn zu überwinden wäre. Kein noch so intelligentes System weiß, was es nicht weiß. Alles Deep Learning vermag sich nicht wie jeder Mensch selbst zu beobachten und die Grenzen eigener Erkenntnis und Erkenntnisfähigkeit zu erfassen. Diese Kenntnis ist aber entscheidend für fast jedes Verstehen und Verhalten von uns Menschen. Meine Einschätzung, ob ich einen Sachverhalt verstanden habe, enthält immer auch das Wissen darüber, was ich nicht weiß oder wo ich unsicher bin, ganz gleich ob ich es mit der Pflege von alten Menschen zu tun habe oder ein Flugzeug konstruiere oder über einen zugefrorenen See laufe. Ohne Prinzipien, die Menschen vorgeben, werden diese und viele andere Situationen durch die intelligenten Systeme nicht verstanden werden können, eben weil Roboter solche Probleme nicht von sich aus erkennen können, sondern von Trainingsdaten abhängig bleiben. Sie wissen nicht, dass sie nicht wissen, dass hier ein Problem vorliegen könnte und können aus ihren Verteilungsstatistiken zwar in großen Datenbergen Muster finden, aber nicht Kontexte heranziehen, die ihnen sagen, was sie nicht gefunden haben.[72] Moralische Maschinen sind sie nur durch die Menschen, sonst eben nur Maschinen.[73] Intelligenz ist keine einfache Dimension, keine aufsteigender Leiter von einfach bis superkomplex, wie sie in der Künstlichen Intelligenz-Forschung gerne konzeptualisiert wird. Ob die intelligenten Maschinen je darüber hinauswachsen und eine generelle, nicht mehr domänenspezifische Intelligenz entwickeln können, aus rohen Daten für Krebsforschung oder Finanzsysteme lernen oder das menschliche Verhalten nachahmen können, mit dem wir durch Körperhaltung und Satzmelodie auf unser jeweiliges Gegenüber eingehen, das alles ist umstritten.

Trotz dieser grundsätzlichen Schwierigkeit investiert Google in Projekte wie DeepMind[74] viel Geld und arbeitet in Zürich und im Silicon Valley mit tausenden sehr klugen Leuten. Das Versprechen solcher und ähnlicher Projekte um Artificial General Intelligence ist groß und besagt, es könne eine künstliche, an fast jede Situation durch Lernen angepasste Maschinenintelligenz geben. Philosophen wie Nick Bostrom warnen deshalb vor einer Wissensexplosion, die mit solchen Projekten einhergehe und die bald schon niemand mehr steuern könne. Wir sind vielleicht nur Kinder, die mit einer Bombe spielen, sagt Bostrom.[75] Das alles und noch viel mehr, was wir uns so wenig ausdenken können wie das Internet, wird uns in den nächsten Jahren erheblich beschäftigen, denn die Zukunft macht uns nicht den Gefallen, eindeutig dystopische oder utopische Szenarien Wirklichkeit werden zu lassen. Wir sind es, die über die Szenarien mitentscheiden und nicht nur davon ziemlich überfordert sind. Schon unsere Rollen in der digitalen Modernisierung gleichen einander nicht. Während die einen bereits schier unglaublich neue Ideen, Konzepte und Techniken für unsere nächste digitale Wirklichkeit entwerfen, sind viele andere nicht viel mehr als Datenpunkte und haben schon Schwierigkeiten, ihre Handys halbwegs datenschutzrechtlich umsichtig zu nutzen. Wir entscheiden jeden Augenblick durch unser Verhalten, wie die digitale Gesellschaft aussieht und aussehen wird. Schon diese Verantwortung überfordert den Einzelnen. Die Zivilisierung eines so hochadaptiven Mediums, das sich an keine Staatsgrenzen hält, ist schwierig, aber unsere Aufgabe.

Zu der sehr gemischten Bilanz gehört auch die jüngste Entwicklung in den Streaming-Diensten. Statt auf Algorithmen zu setzen, die die Songs sortieren und den Nutzern anbieten, setzen viele Internet-Firmen wie Spotify wieder auf von Menschen kuratierte Listen der besten Songs. Von den bei Spotify verfügbaren etwa 30 Millionen Songs sind 20 Prozent niemals heruntergeladen worden. Spotify hat daher nicht nur massiv in die Verbesserung der Kategorisierung der Musikstücke investiert, sondern auch in die Anwerbung von Musikexperten für alle möglichen Musikstile, um ihren Kunden Orientierung zu geben. Nicht anders entwickelt sich die Bücherwelt. Amazon hat Goodreads gekauft, weil auf dieser Website persönlich erstellte Leseempfehlungen zu finden sind, genau das, was viele Leser suchen. Websites wie Canopy.co nutzen die Daten von Amazon und holen aus der schier unendlichen Masse der Dinge die lohnenden heraus. Auch hier sind es Designer, die das Besondere in der Masse heraussuchen, kein Algorithmus. Die digitale Modernisierung läuft also nicht einsinnig auf immer mehr Algorithmen hinaus. Im Gegenteil ist es wohl die Verknüpfung von menschlichen Handlungen und smarten Maschinen die unsere Mixed Reality bestimmen und bestimmen werden. Auch hier gilt, dass die digitale die analoge Welt nicht auflöst, sondern mit einschließt und das in den verschiedenen Bereichen der Kultur je unterschiedlich.

Die digitale Zukunft wird also kein einfacher Mittelwert zwischen Utopie und Dystopie sein, sondern Ausschläge in diese und jene Richtung aufweisen, die widersprüchlich und nicht selten unvernünftig ausfallen. Das gilt auch für die Zukunft des Lesens. Es spricht derzeit viel für die Vermutung, dass weder das Buch noch das Lesen verschwinden werden. Wie ich hier wiederholt zu belegen versucht hat, ist von einer wachsenden Zahl der Bücher auszugehen, von mehr Genres, mehr Medien, die auch mehr Leser brauchen, die in dieser digitalen Welt des Lesens navigieren können. Die 250 bis 300 deutschsprachigen Neuerscheinungen pro Tag brauchen Leser. Und die Romane werden nicht kürzer werden, sondern eher in ihrem Umfang wachsen wie Georg R. R. Martins Fantasysaga *A Song of Ice and Fire* beziehungsweise die HBO-Serie *Game of Thrones*. Mit ihren derzeit fünf Bänden oder acht Staffeln ist dies eine Geschichte, die ihren Lesern und Zuschauern epische Lese- und Zuschauerzeiten abverlangt. Oder Eoin Colfers acht-bändige *Artemis Fowl*-Serie wäre zu nennen, die als Jugend-buch, als Graphic Novel und jetzt als Film vor allem eins ver-langt: sehr viel Zeit für das Lesen. Buchhandelsketten wie Waterstone vergrößern gerade wieder ihre Stellfläche für Buch-regale als Verkaufsfläche. Ausmalbücher für Erwachsene stüt-zen derzeit den Buchmarkt. Das wird noch öfter so hin und her gehen. Diese Lesewelt eine Buchkultur zu nennen, ist vielleicht ein Anachronismus, aber nicht weil die Bücher verschwinden, sondern weil die Leser gar keine Mühe haben, ihre Geschichten in allen Formaten zu finden und zu lesen, von denen das klas-sische Buch nur noch eines unter vielen anderen ist. Das ge-hört zum vermischten Stand des digitalen Zeitalters.

Anders als es die Rede von der schwindenden Aufmerk-samkeit für längere Artikel und Bücher uns weismachen will, werden auf den mobilen Endgeräten lange und komplexe Ar-tikel gelesen. Auch das gehört zum vermischten Befund des Lesens im digitalen Zeitalter. Die jüngste Studien des Pew Re-search Center, der ersten Adresse für Leseforschung in den USA, belegt gerade wieder, dass längere journalistische For-mate, ‚The long read‘, ihren festen Platz in der mobilen Lese-welt gefunden haben.[76] Ausgewertet wurden für diese Studie mehr als hundert Millionen anonymisierten Interaktionen zwi-schen Handys und Zehntausenden von verschiedenen journa-listischen Artikeln im September 2015. Welche längeren Arti-kel genauer studiert werden, das ist abhängig vom Thema des Artikels, davon, ob jemand die Seite schon kennt und dort öfter zu Gast ist und natürlich von der Tageszeit. Morgens und abends wird länger gelesen, wie schon immer. Auch deutet sich an, dass man auf digitalen Endgeräten eher auf konkrete Details konzentriert, bei gedruckten Büchern dagegen eher in-terpretierend vom einzelnen Inhalt abstrahierend liest, viel-leicht nur eine Gewohnheit, die sich noch ändert. Aber es wird gelesen und es wird konzentriert gelesen.

Zugleich sind schon heute in Google Books, in der Meta-
bibliothek Europeana und in zahllosen digitalen Ausgaben
ganze Kontinente bislang schwer erreichbarer Bücher und kul-
tureller Dokumente in einer Weise zugänglich, die noch vor
kurzem kaum vorstellbar war. Wer sich für die Gedichte der
Emily Dickinson interessiert, kann Liebhaberausgaben lesen
und Details ihrer Manuskripte im Emily Dickinson Archive
studieren. Das ist alles nur ein paar Klicks voneinander entfernt und gilt ebenso wie für Dickinson wie für die original-
sprachliche Ausgabe des finnischen Nationalepos *Kalevala*
oder für das *Teika-bon*-Manuskript des mittelalterlichen Romans um den Prinzen Genji, von dem es dann noch eine schier
endlose Zahl von Adaptionen als Manga, Anime und Fernsehserie gibt. Der Abstand zwischen diesen Büchern und allen
anderen Formaten wird noch mehr schwinden. Alles kann
Buch werden und zurück. Auch das mag unsere digitale Lesekultur dann von der gedruckten unterscheiden, dieses Fließen
einer unglaublichen Zahl und Vielfalt der Bücher, auch und
gerade der einmal gedruckten, die nur einen Mausklick entfernt sind und sich wie von selbst mit allen möglichen Formaten verbinden.[77] Die Navigation ist da nicht einfach, muss lange erlernt werden, um behänd zwischen den Formaten
wechseln können. Das ist die Anforderung an die neuen Leser
des digitalen Zeitalters. Nennen wir sie provisorisch die ‚neuen
Alexandriner‘, nach der Bibliothek, die vor knapp zweitausend
Jahren alles Lesenswertes an einem Ort versammelt hat.

Vermutet werden kann, dass die unsere vertraute (Buch-)
Kultur sich dahingehend verändern wird, dass sie ganze Län-
dereien alter und ferner Bücher verknüpft. Wenn die automatisierte Übersetzung bald soweit ist, dass ein japanischer Roman
des Mittelalters in wenigen Sekunden ins Deutsche übersetzt
werden kann, dann kommt es zu ganz anderen Aushandlungen
über das, was unsere Kultur ausmachen soll. Die Landkarte
unserer Kultur wird schneller als bislang bekannt in Bewegung
kommen, die Kontinente werden sich schneller als zuvor verschieben und zugleich wird der Bedarf wachsen, festes Ufer zu

haben. 2015 sind mehr als eine Million englische Neuerscheinungen publiziert worden. Von solchen Lesekontinenten wusste keine Zeit vor der unseren. Lesen im digitalen Zeitalter ist also in einer nie gekannten Breite und Tiefe möglich. Die ‚neuen Alexandriner‘ haben viel zu tun.

Das alles irritiert die etablierte Literaturkritik nicht eigentlich, vielmehr beklagt sie wie gewohnt und wortreich ihre abnehmende Bedeutung, füllt damit nicht nur immer neue literaturkritische Zeitschriften, sondern auch Fernsehformate in wachsender Zahl. Die Literaturbeilagen der Zeitungen wachsen und kein Rückgang der belletristischen Besprechungen ist zu verzeichnen, so sehr er auch behauptet wird. Längere Rezensionen sind unverändert beliebt, wie eine kleine Studie am Beispiel der Süddeutschen Zeitung gezeigt hat.[78] Noch viel mehr Rezensionswesen, ausgedehnte und unbekannte Lesekontinente und ein schmaler Kanon der Klassiker, das alles gehört zu den Gleichzeitigkeiten des vermeintlich Ungleichzeitigen. Verlage werden sich Zeit kaufen, um ihre Geschäftsmodelle umzustellen und werden nicht nur in Deutschland gute Traditionen wie die Buchpreisbindung noch lange verteidigen können. Harte Kopierschutzverfahren für Bücher werden langsam aufgeweicht werden. Noch länger wird es freilich dauern, bis man ein elektronisches Buch ebenso leicht mit anderen teilen kann wie ein gedrucktes. Dass noch in Einheiten fester Endgeräte gedacht und das rechtlich den Rahmen setzt, ist ebenso überflüssig wie es beharrlich kultiviert wird. Wir werden noch lange bestimmte Filme nur dann sehen dürfen, wenn sich unser Computer an dieser und nicht jener geographischen Stelle befindet, es sei denn, wir sind klug genug, unseren tatsächlichen Standort zu verschleiern. Videofilmer müssen immer noch für jedes Musikstück, das sie zur Unterlegung ihrer Filme nutzen, die Rechte abfragen, obwohl selbst die größte Musikfirma der Welt, Universal Music Group, nicht in der Lage wäre, die tatsächlichen Anfragen von Millionen Filmautoren abzuarbeiten. Die Konzentration auf drei Firmen – das sind Universal Music Group, Warner Music Group und Sony Music Entertainment –

die sich mehr als 70 Prozent des Weltmarkts für Musik aufteilen, sind bislang nur an den Kartellbehörden gescheitert,
um ihre Marktmacht weiter auszubauen. Das steht dem flie-
genden Wechsel zwischen den Medien, den Autoren und Lesern, den Autorenlesern ärgerlich im Wege. Viele Anwälte werden daran noch ihr schlechtes Geld verdienen. Im alten
Alexandria hatte man alle Schriften eines neu eingelaufenen
Schiffes beschlagnahmt und abgeschrieben, wenn diese noch
nicht in der Bibliothek vorhanden waren. Das Schiff bekam
dann die Abschrift zurück, das Original blieb im Alexandria,
so geht die Fama. Vielleicht braucht es solche und ähnliche
Methoden, um die Weltbibliothek der Gegenwart zu errichten,
die dann in jedermanns Tasche passt. Aber noch ist selbst Google an dieser Aufgabe der Schaffung einer Weltbibliothek bislang gescheitert.[79]

Wahrscheinlich werden sich schon bald wie im Musik-
markt so auch auf dem Buchmarkt streaming-ähnliche Model-
le durchsetzen, die es erlauben werden, den Lesestoff für die
nächsten Wochen so einfach auszuwählen und zu bezahlen
wie das mit Filmen und Musik schon möglich ist. Weil das
technisch und logistisch alles aufwendig ist, wird die Oligopol-
bildung auch im Verlagsmarkt die kleinen und mittleren Verlage bedrohen und sich die Verdichtung auch im Buchhandel
fortsetzen. Nur die großen schaffen es, selbst Serverfarmen auf-
zustellen und die digitalen Ausgabeformate ansteuern zu können. Es sei denn, es gelingt der Aufbau einer so flexiblen digitalen Infrastruktur, dass sich jeder Espresso Book Shop in das
Netz der Leser und Autoren einhängen könnte. Davon sind wir
derzeit noch ein gutes Stück entfernt.

Die Welt der schönen Literatur wird manche neuen Formen ausprobieren, schon weil sich Stile und Figuren mit der
Gesellschaft wandeln. Neue Helden, besonders Heldinnen rücken nach vorne, Frauenfiguren wie in Margaret Atwoods dys-
topischem *Report der Magd* nicht anders als die Schrottsamm-
lerin Rey in einem der jüngeren der *Star Wars*-Filme. Comic-
Helden werden oder sind schon länger nachdenklich und

durchlaufen eine Bildungsgeschichte wie einst Wilhelm Meister. Avantgardistische Romane, die sich nicht einmal mehr drucken lassen, kommen hinzu. Aber an der Dominanz des Romans und der Fortentwicklung vieler längst etablierter Erzählmuster wird das wenig ändern. Gedichte laden immer noch zu Selbstreflexion ein und Dramen versuchen ihr Publikum zurückzugewinnen, das sie irgendwo zwischen den Nachkriegsjahren und dem Ende des 20. Jahrhunderts verloren haben, nachdem sie so lange eine diskursbestimmende Macht waren. Das Spiel mit neuen Formen wird nicht einer ganz anderen Literatur Bahn brechen. Die Geschichten ändern sich nur langsam. Die ein oder andere neue Figur kommt dazu, getrennte Gattungen werden zu neuen vermischt. Geändert hat sich schon länger, dass Gewalt- und Sex-Darstellungen expliziter geworden sind. Das hat das Internet nicht erst erfunden, sondern ist ein schon viel längerer literaturhistorischer Prozess, der an Skandalgeschichten um Henry Millers *Wendekreis des Steinbocks* von 1939 oder dem Aufstieg der Kriminalliteratur und Thriller festgemacht werden kann. Freilich könnte das Internet diesen Prozess noch einmal antreiben, denn wir wissen aus Untersuchungen über den sich wandelnden Musikstil, dass Songs schneller Aufmerksamkeit auf sich lenken müssen und etwa langsame Einleitungen von Liedern signifikant kürzer werden.[80] Die Ökonomie der Aufmerksamkeit zwingt Musiker und Autoren dazu, das Interesse auf ihre Werke innerhalb kurzer Zeit zu lenken. Sich die Stirn bei einer Lesung aufzuritzen, wie Rainald Goetz 1983 vor laufender Kamera während einer Lesung beim Klagenfurter Ingeborg-Bachmann-Preises getan hat, reicht da nicht. Die digitale Aufmerksamkeitsökonomie hat weit mehr Konkurrenten um das eigene Werk als noch 1983. Die Welt ist schon lange nicht mehr so schön sortiert wie noch in den Zeiten des Ingeborg-Bachmann-Wettbewerbs oder gar der Sitzungen der Gruppe 47. Auch die Buchwelt ist popindustriell organisiert. Entsprechend versuchen die Texte die Aufmerksamkeit auf sich zu lenken. Gewalt und Sex sind da probate Mittel. Derzeit stehen Untersuchungen zum Einfluss der Aufmerksamkeitsökonomie auf die Literatur noch aus. Meine Hypothese dazu wäre jedenfalls, dass die Verknappung der Zeit für ein hochkonzentriertes und aufmerksames Tun auch vor der Lesewelt nicht Halt gemacht hat und die Konkurrenz um diese Ressource zunimmt.

Dennoch kann man vermuten, dass die Literatur damit keine ganz andere geworden ist, die man ihren Lesern erst erklären müsste, auch wenn es die ein oder anderen avantgardistischen Formen auch gibt. Eher muss man zu dem Schluss kommen, dass die explosionsartig angewachsene Zahl der Autoren und Bücher, Gattungen und Genres, der Reichtum, mit dem Literatur geteilt wird und sich neue Leser finden, mit einem Konservativismus der Formen einhergeht. Wo sich fast alles ändert, bleibt gerade die belletristische Literatur gleich, egal ob sie als gedruckter Jane Austen-Roman gelesen oder auf Twitter neu erzählt wird. Die Erzählformen sind einander verblüffend ähnlich und werden das auch noch lange bleiben, es sei denn die 3D-Simulationen erreichen einen solchen Grad der Handhabbarkeit, dass selbst das Geschichtenerzählen ein anderes werden könnte. Aber hier müssen wir wohl noch auf die Zukunft warten, die nächsten drei bis fünf Jahre also.

Wenn das alles so in etwa zutrifft, dann wundert es auch nicht, dass die digitale Revolution so unmerklich in den Literaturbetrieb einwandert und keine große Notiz von ihr genommen wird. Wer zählt schon den Anstieg der vielen neuen Autorinnen und Autoren, wenn deren Bücher gar nicht die Aufmerksamkeit des etablierten Betriebs finden und in keiner Buchhandelsstatistik auftauchen. Und doch sind sie da, ihre vielen Texte, ihre anderen Formate und ihre ähnlichen Formen. Autorschaft ist nicht mehr der bildungsheroische Ausnahmefall; Statuen braucht man ihnen nicht mehr zu errichten und wird es wohl auch nicht tun. Die kleine Gruppe, die sich unter dem Titel Gruppe 47 den Literaturmarkt der Bundesrepublik nach dem Krieg aufgeteilt hat, ist schon länger Geschichte und prägt doch noch in vielen ihrer Ausläufer den Literaturbetrieb hierzulande. Ihr gelingt es immer noch die öffentlichen Debatten zu bestimmen und ein Urheberrecht hochzuhalten, dass solche Prinzipien wie das Leseplatz-Prinzip durchsetzt, das uns vorschreibt, bestimmte Inhalte nur an diesem Computer in dieser Bibliothek lesen zu dürfen. Im Zeitalter des Internets ist das liebenswürdig altmodisch den einen, den anderen ein Ärgernis. Aber notwendig – wie vielleicht einst – ist das alles nicht mehr. Literaturhäuser sind Orte für die Hochliteratur, aber erst seit jüngerem auch Schreibwerkstätten für die neuen Autorenleser-Kritiker-Verleger. Veranstaltungen zu den partizipativen Lese- und Schreibformen muss man immer noch suchen. Wir dürfen wohl noch viel Kulturkritik von den etablierten Vertretern des Literaturbetriebs zu lesen bekommen, die uns erklären, warum es gerade ihrer bedarf, damit Autoren, Bücher und Leser zusammenfinden. Das ist nicht ganz falsch und eben Teil des Betriebs, der gut läuft, aber immer mehr zu einem Sektor einer längst vielfältigen Welt der Literatur geworden ist. Kuratoren für Leseempfehlungen gibt es auf Goodreads ebenso wie in der FAZ, bei Amazon wie bei der NZZ. Algorithmen werden die menschlichen Kuratoren nicht ersetzen. Beides läuft schon jetzt ineinander.[81] Viele wissen darum, aber es zu ignorieren, fördert derzeit noch den eigenen Status. Tatsächlich ist Autorleserschaft schon der Normalfall geworden wie einst Italienreisen von der Kavalierstour zum Urlaub für jedermann geworden sind. Die Literatur braucht keinen Sockel mehr, um gelesen und geschrieben zu werden. Einige werden diese Entwicklung der Dekanonisierung eine Demokratisierung des Literaturbetriebs nennen und haben damit nicht ganz Unrecht. Über Literatur mag man vielleicht nicht abstimmen können, aber an ihr besser teilhaben zu können, das ist wohl möglich. Das ist der neue Alexandrinismus.

Die digitale Ökonomie, einst gescholten, nichts zur Kunst beitragen zu können als vielleicht ein paar avantgardistische Experimente, hat nicht zufällig in den letzten Jahren unzählige kreative Karrieren entstehen lassen, weil es nicht viel kostet, ein Tonstudio für seine eigene Musik digital zu betreiben, einen

Film zu machen und eben auch ein Buch zu schreiben. Das amerikanische Arbeitsamt meldet denn auch, dass die Zahl der Beschäftigten in der kreativen Industrie moderat gegenüber den 90er-Jahren gestiegen sei, und dass die Lohnanstiege hier höher seien als in vielen anderen Berufszweigen. Noch stärker sei die Zahl der unabhängigen Künstler und Autoren gewachsen, konstatiert der Ökonomische Zensus für die Vereinigten Staaten.[82] Noch nie standen Künstlern so viele Formate, soviel Sendezeit, soviel Leserschaft zur Verfügung. Die Musik für *Breaking Bad* geschrieben zu haben, kann einen Komponisten reich machen und die Fachfrau für Dialoge zur Millionärin. Nie war es so einfach, sich mit einem kleinen Gerät in diese Welt einzubringen. Um Künstler zu sein, muss man nicht mehr in unbeheizten Dachwohnungen über eiskalte Händchen Arien singen. Das Potential für die Künste ist gewachsen und es wird noch mehr wachsen, wenn uns Roboter das Schreiben langweiliger Geschäftsberichte und nervender E-Mails abnehmen. Sehr viel mehr Autoren, noch mehr Bücher in allen möglichen Formaten und so viele Leser, das charakterisiert das Lesen im alexandrinischen Zeitalter. Die kulturelle Vergesellschaftung, die irgendwann im 19. Jahrhundert begonnen hat, sie ist längst noch nicht zu Ende. Im digitalen Alexandrien kommen jeden Tag neue Schiffe an.

8. Die digitale Verbürgerlichung des Lesens

Die digitale Revolution ist so einfach wie das Naseputzen. Wir haben einst gelernt, wie Revolutionen auszusehen haben und suchen jetzt die Barrikaden, den Rauch der Kämpfe und die ideologischen Formeln für die Legitimation neuer Verhältnisse. Wenig davon ist zu sehen und kaum etwas davon ist zu hören. Die Revolution in der Sache des Lesens kommt mit solcher Leichtigkeit daher, weil das Digitale die eigentümliche Fähigkeit hat, die ihm vorausgehenden Formen in sich aufzunehmen und weiterzuführen. Die alten Geschichten werden in neuer Fassung, aber doch kaum verändert noch einmal erzählt. Auch die Bücher gibt es noch, die Autoren, Verlage, Buchhandlungen und die Leser, als hätte sich nichts geändert. Aber Bücher, ihre Leser und ihre Autoren sind nun in digitalen Formaten zusammengeschaltet und darum andere geworden. Das sieht man dem einzelnen Buch nicht an. Das Lesen erfolgt immer noch mit Augen, Herz und Verstand. Die Geschichten, die wir teilen, entsprechen daher unverändert vertrauten Mustern. Auch die Zöpfe der Kulturkritik können immer noch weiter geflochten werden. Nichts scheint sich geändert zu haben und doch fast alles.

Die Veränderungen, die in der Internetwelt mit so unscheinbaren Codewörtern wie ‚Shift‘ bezeichnet werden, betreffen die leichtfüßige Revolutionierung der Verhältnisse, mit denen wir uns als digitale Gesellschaft beobachten. Man kann von dieser Revolution der Leseverhältnisse verschiedene Varianten erzählen. Die gängigsten sind die vom Ende des Buchs und des Lesens. In den vorausgehenden Kapiteln habe ich gerade nicht dieses dunkle Lied vom Ende gesungen, sondern ein helleres von der Zukunft des Lesens. Die zuversichtliche Bewertung des Lesens in der digitalen Gesellschaft hat viele Argumente für sich, die in der aufgeregten Diskussion nur zu oft verloren gehen und die ich hier zusammengetragen habe, letztlich in der Absicht, den Debatten eine andere Richtung zu geben.

Aber noch aus einem anderen Grund lohnt es sich, nicht nur vom Unbehagen in der digitalen Kultur zu reden, sondern von den Chancen der Kultur im digitalen Zeitalter: Wer die helle Seite der digitalen Transformation sieht, der glaubt eher daran, die Zukunft von Buch und Lesen verändern zu können. Es ist eine einfache psychologische Tatsache, dass die Neigung, negativen Nachrichten mehr Glauben zu schenken als positiven, uns vom Zutrauen in unsere eigene Handlungsmächtigkeit abhält. Wer glaubt, der Hunger in der Welt werde wegen einer ungebremst ansteigenden Weltbevölkerung immer weiterwachsen, wird kaum ermutigt sein, etwas dagegen zu tun. Wer dagegen weiß, dass sich in den letzten zwei Jahrzehnten die Zahl der in extremer Armut lebenden Menschen mehr als halbiert hat und die Weltbevölkerung bereits auf dem Weg ist, wieder zu schrumpfen, fühlt sich bestärkt, etwas gegen den Hunger zu unternehmen. So ist es auch in Sachen Digitalisierung. Während die Soziologie noch darüber nachsinnt, ob denn der Einzelne noch in einer Weltgesellschaft Handlungsmacht besitze, haben so unterschiedliche Leute wie der Amazon-Gründer Jeff Bezos oder der Gründer von Wattpad Allen Lau so etwas wie eine Weltgesellschaft der Leser hergestellt, wenn auch nicht immer nach Regeln, die uns gefallen. Andere wie etwa Evan Williams haben algorithmische Konzepte für Blogs entwickelt, Podcast erfunden und eine Zeitlang Twitter geleitet. 2012 hat Williams *Medium* gegründet, die Plattform für intelligenten Sozial-Journalismus, die etwa der ehemalige amerikanische Präsident Barack Obama nutzt, Black Lives Matter-Aktivisten oder auch professionelle Autoren und Laien verwenden. Auch wenn den scheuen Evan Williams nur wenige kennen, die Welt hat er für Millionen verändert. Mit seinen digitalen Erfindungen erschreiben Millionen Menschen eine andere Gesellschaft. Sie sind zu Akteuren geworden. Kein Zufall, dass diktatorische Staaten *Medium where words matter* abzuschalten versuchen. Williams ist dabei nur einer der Köpfe, die die digitale Gesellschaft voranbringen und das so selbstverständlich, als könne es nicht anders sein. Andere wie der Computerspezialist Moxie Marlinspike entwickeln die Verschlüsselungs-Software Signal weiter, um dort alle Nachrichten für Außenstehende so gut wie unlesbar zu machen. Williams und Marlinspike sind getrieben von der Sorge um die Unabhängigkeit des Netzes und sie wissen um die Verletzlichkeit einer offen lesenden und schreibenden Weltgesellschaft. Ihren Datenmodellen und Algorithmen ist diese Sorge ganz wörtlich eingeschrieben. Ihre Arbeit an der digitalen Gesellschaft illustriert, wieviel möglich ist, wenn man die digitale Gesellschaft als zu gestaltende Aufgabe begreift.

Beide sind sie mit ihren Konzepten und Ideen so erfolgreich, weil moderne Gesellschaften mehr auf die Selbstbeobachtung angewiesen sind als frühere Gesellschaften. Twitter, Medium oder Signal passen sich so rasant als Selbstbeobachtungsmaschinen in unsere digitale Gesellschaft ein. Erst das Ineinander von technischem Einfallsreichtum und gesellschaftlichem Modernisierungsbedarf macht die digitale Revolution zu einer so selbstverständlichen Sache. Manche Theoretiker sprechen daher auch von einer ,post-digitalen' Gesellschaft, weil es zu dieser digitalen Gesellschaft kein Außen gibt, keine nicht-digitale Gesellschaft.[1] Alles wird digital und das mit grösster Selbstverständlichkeit.

Man kann also die Geschichte vom Ende von Buch und Lesen umgekehrt als Geschichte vom Anfang des neuen Lesens neuer Bücher erzählen. Moderne Gesellschaften haben mehr Leser und mehr Formen des Lesens als alle früheren Gesellschaften. Lesen stirbt weder aus noch verschwinden die Bücher. Die digitale Transformation verwandelt vielmehr jedes

Buch in eine Datei und jeden Leserkommentar in Daten. Wer schreibt, schreibt zunächst kein Buch, sondern eine Datei. Die kann ungemein leicht geteilt werden, in andere Formate transformiert oder mit anderen Medien verknüpft und in die ganze Welt versendet werden. Die Datei ist nicht mehr an ihren Träger, das Buch, gebunden. Sie kann vervielfältigt in Foren für Fanfiction geteilt, besprochen und umgeschrieben oder in einem Selbstverlag für 99 Cent zum Download angeboten werden. Die Datei kann auf einem Blog Leser in ganz anderen Regionen der Welt finden als je gedacht. Manche Leser werden ihren Autoren wie Musikfans folgen, andere kritische Ideen entwickeln und weiterverbreiten, andere nutzen die Geschichten zur Vorlage für das eigene Schreiben, wieder andere werden die Geschichte in ein anderes Genre übersetzen – eine Explosion an Kreativität. Viele aber werden nur lesen, immersiv lesen und sich von der Geschichte tragen lassen. Immersive Verbürgerlichung kann man das nennen, jener Grundvorgang seit dem 19. Jahrhundert, in dessen Verlauf sich die bürgerliche, offene und nicht mehr ständisch verregelte Gesellschaft ganz wesentlich durch das Lesen konstituiert hat. Moderne Gesellschaften brauchen die Selbstbeobachtung des Lesens. Wir wissen, wer wir als Gesellschaft wie als Individuum sind, gerade auch durch das Lesen. Und das gilt unverändert für das digitale Zeitalter. Verändert hat sich hingegen, dass nicht mehr das Buch, sondern die vielen Erscheinungsformen dessen, was man Buch genannt hat, die moderne Vergesellschaftung vorantreibt. Für die gegenteilige These, wie sie etwa der Medientheoretiker Marshall McLuhan vertreten hat, dass die neuen Medien die Individualisierung der Lebensverläufe auflösen und eine Retribalisierung der Gesellschaft zur Folge haben würde,[2] gibt es meines Erachtens keine sozialwissenschaftlichen Belege. Das Buch als digitale Datei hat die notwendige Freiheit, fast alles werden zu können und treibt die immersive Verbürgerlichung der Gesellschaft weiter voran. Die Bedingungen dafür sind günstig, der Hunger nach Geschichten ist geblieben, das moderne, selbstvergessene Lesen ist gewachsen und die Formate, die Bücher annehmen können, sind mehr geworden. Wir können mehr denn je Leser sein.

Dass damit die Chancen für eine Verbürgerlichung auch der Digitalisierung selbst nicht so schlecht stehen, wie es vielen erscheint, liegt an der Eigenart der Digitalisierung, ihrer Leichtfüßigkeit, unsere Leseverhältnisse umbauen zu können, indem sie die bisherigen Medien integriert. Das sehen wir zumeist deshalb nicht, weil Debatten um Leseverfall und Fake-News mehr kulturkritischen Staub aufwirbeln und es so scheint, als ginge es um einen Verdrängungswettbewerb zwischen etablierten und neuen Medien. Aber Bücher sterben nicht, nur weil nicht mehr alle auf Papier gedruckt sind, und die etablierten Zeitungen und Rundfunkanstalten sind immer noch die wichtigste Informationsquelle in fast allen Ländern, wenn auch nicht für alle gesellschaftlichen Gruppen. Aber das waren sie auch nie. Heute sind sie alle auch im Internet präsent und dort vielfach erfolgreich, wenn auch nicht alle. Der Digital News Report des in London ansässigen Reuters Institute verweisen wiederholt darauf, dass herkömmliche Medien eine stärkere Wirkung auf die Meinungsbildung der Menschen haben als im Internet gestreute Fake-News, und gerade dann, wenn sie auch als Podcasts und in anderen Formaten lesbar und hörbar sind.[3] Wie überschätzt die Wirkung von Fake-News sind, kann dabei gar nicht genug wiederholt werden, wie das Beispiel der Midterm-Wahlen 2018 in den USA gezeigt hat. Dort hatte nur ein sehr kleiner Teil von US-Wählern tatsächlich Kontakt zu Fake-News-Seiten, die von ganz wenigen Supersharern lanciert werden, wie die dazu bislang umfassendste Untersuchung gezeigt hat.[4] Wer also lange im Nachrichten-Geschäft ist und über die Jahre nicht allzu viel falsch gemacht hat, dem wird weiterhin vertraut, wenn auch mit teilweise erheblichen nationalen Unterschieden, die nichts mit der Digitalisierung, aber viel mit der politischen Ordnung der Gesellschaft zu tun haben. Eine der wichtigsten Quellen für Falschmeldung in den USA ist schließlich derzeit das Weiße Haus selbst.

Eine hellere Geschichte von Buch und Lesen zu erzählen, hat auch ein historisches Argument auf seiner Seite. Die Vervielfältigung der Medien und ihrer Formate und die Erleichterung des Zugangs zu Informationen hängt eng mit der Entstehung offener Gesellschaften zusammen. Keine Amerikanische und keine Französische Revolution ohne Vervielfältigung der medialen Möglichkeiten, so kann man die buchgeschichtliche Forschung Robert Darntons und anderer zusammenfassen.[5] Die moderne Gesellschaft ist über die Bücher und Zeitungen, über die Kaffeehäuser und Briefnetzwerke, die Schulen und Universitäten, die Erfindungen und Erkenntnisfortschritte erkämpft worden. Das hat immer mit dem Teilen von Informationen, Wissen und Ideen zu tun, auch wenn keine dieser Revolutionen über Nacht kam, auch nicht die industriellen Revolutionen. Wenn es heute im großen Lesesaal Internet keine so festen Bücherregale und Zeitungskioske mehr gibt, die man nur abzulaufen hätte, um das richtige Buch zu finden und die qualitätsvolle Zeitung aufzuschlagen, und Bücher oder Nachrichten dort alle möglichen Formen annehmen können, dann ist das erst einmal eine sehr gute Nachricht, wenn sie auch mit einem erhöhten Orientierungsbedarf einher geht. Unübersichtlichkeit ist für moderne Gesellschaften unvermeidlich, ihre Vielfalt und Widersprüchlichkeit ist dabei aber schwierig auszuhalten. Wenn sich jeder und das jederzeit zu Wort melden kann, sieht die digitale Gesellschaft von jedem ihrer Teile immer etwas anders aus. Gleichförmig wie vormoderne Gesellschaft, in denen oben und unten, richtig und falsch von überall gesehen etwas sehr Ähnliches meint, sind moderne Gesellschaften gerade nicht. Die Vervielfältigung des Lesens trägt daher zur Komplexitätssteigerung von Gesellschaften bei. Erfahrungen des Orientierungsverlusts machen daher viele und entwickeln kulturkritische Ordnungsphantasien, die die Gesellschaft wieder überschaubar machen sollen. Das gute Buch, zentrale Instanzen der Literaturkritik und kultivierte Verlage sollen das Lesen ordnen und nur die richtigen zu Wort kommen lassen, so dass die Gesellschaft für alle möglichst gleich aussieht. Aber das sind Phantasien, denen nach-zuhängen sich nicht lohnt, jedenfalls dann nicht, wenn man die Modernität von Gesellschaft gestalten will.

Modernität auszuhalten, die vielen Bücher und weniger zentrale geregelten Wege ihrer Entstehung, die verschiedenen Weisen des Lesens vom selbstvergessene Lesen über das in-formationsorientierte-instrumentelle Lesen, das ästhetisch-ex-pressive Lesen bis hin zum religiös-philosophisch nachdenk-lichen Lesen, das ist die Herausforderung an uns. Begrenzt ist dabei nur unsere Zeit und damit unsere Aufmerksamkeit. Zu-sammengenommen ist das alles irritierend vielstimmig und verlangt uns die Fähigkeit ab, zwischen den verschiedenen Weisen des Lesens hin und her wechseln zu können, dabei die Übersicht nicht zu verlieren und zu wissen, was und wem wir unsere immer begrenzte Aufmerksamkeit schenken.

Damit das gelingt, gibt es Regeln. Solche Regeln des ge-lingenden Lesens sind nicht ganz neu. Es ist vor allem die schlichte Regel des Maßhaltens. Das klingt zunächst sehr ein-fach. Maßvoll mit den Stunden vor dem Bildschirm umzuge-hen, gleich ob vor dem Computer oder dem Fernseher, erhöht die Lebenszufriedenheit. Schon nur etwas Lebensklugheit sagt einem, dass man sich nicht ständig sozial aufregen sollte, zu-mal vor dem Schlafengehen. Smartphones dafür zu verwenden, ist unklug wie es schon unklug war, den Abend mit einem belastenden Telefonat zu beenden oder mit einem persönlich nahegehenden Brief. Das alles hat wenig mit Smartphones zu tun, viel mit simpler Lebensweisheit. Die bislang umfang-reichste Studie über den Zusammenhang von Lebenszufrieden-heit und Mediennutzung mit mehr als 120 000 jugendlichen Teilnehmern zeigt, dass ein moderater Umgang mit den Zeiten vor dem Bildschirm die Lebenszufriedenheit erhöht.[6] Bild-schirmzeit ist nicht für alle gleich. Binge-Watching oder LAN-Parties können auch einmal Freude machen, nur eben nicht auf Dauer. Das alles galt auch schon für das Lesen von Bü-chern. Auch damals konnte es wunderbar sein, wenn man selbstvergessen die Tage mit Lesen verstreichen lassen konnte.

Auf Dauer ist das dann aber keine erstrebenswerte Lebensform. Moderat und dem jeweiligen Zwecke angemessen mit Büchern und Bildschirmen umzugehen, ist also unverändert anzuraten.

Ich habe versucht zu zeigen, wie irreführend die Gemeinplätze vom Schwinden des Buchs und des Lesens sind und dass die Jugend weder verkommt noch verdummt. Sie liest und schreibt sehr wohl und das in einer Zahl und Vielfältigkeit, für die sie frühere Jahrhunderte beneidet hätten. Die Veränderungen, die das Lesen in einer digitalen Gesellschaft mit sich bringt, sind gleichwohl nicht zu übersehen und können etwas zugespitzt so zusammengefasst werden: Green statt Grass, Netzbetrieb statt Literaturbetrieb, statt Buchstabenlesen Eintreten in die Geschichten. Um es etwas ausführlicher zu erläutern: Die digitale Revolution entmachtet zum einen die Großautoren, denn sie stellt Formate bereit, die es jedermann erlauben, mehr oder minder gute Geschichten zu erzählen und dafür Leser zu gewinnen. Schon die Zahl der digitalen Geschichtenerzähler ist so groß, dass es die kleine Schar der Großautoren noch im Feuilleton, nicht aber mehr unbedingt in der Wahrnehmung der Leser gibt. Das ist kein ganz neuer Prozess. Man kann ich ihn schon im 19. Jahrhundert beobachten, als viele angefangen haben Novellen zu schreiben und Gedichte zu verfassen. Sie waren auch damals schon den etablierten Instanzen des Kulturbetriebs keiner Beachtung wert. Umfang und Geschwindigkeit dieser Ästhetisierung unserer Lebenswelt aber wird zunehmen, damit die Heterogenität und Unübersichtlichkeit auch der Lesewelten. Diese Veränderung schließt die Herausbildung eines Starkults mit ein. Die popindustrielle Verwertung einer Dichterin wie Rupi Kaur gehört zu dieser Demokratisierung des Lesens dazu, denn unsere angeborene Neigung, die Mitmenschen nach ihren unterschiedlichen Fähigkeiten zu taxieren und dem irgendwie Besonderen erhöhte Aufmerksamkeit zu schenken, wird nicht verschwinden. Aber unsere Aufmerksamkeit gilt nicht mehr allein den Deutern des seltenen Sinns, nicht zuerst Günter Grass, sondern

John Green, weil er die vielen digitalen Sprachen spricht und zwischen den Erzählweisen der digitalen Welt wechseln kann. Sein Publikum besteht aus vielen Publika, von denen das des Literaturbetriebs nur eines ist. Die besten Geschichten erzählen nicht mehr zwingend die etablieren Schriftsteller, sondern schon heute die John Greens und David Simons. Simon ist der Autor der über sechs Jahre lang erzählten Serie *The Wire*. Allein dieser Umstand verknüpft das Buch mit Freiheit. Mit Buch meine ich das Buch im digitalen Ökosystem. Erst in dieser digitalen Ökologie finden sich Autoren, Bücher und Leser vergleichsweise frei und irritierend unvorhersehbar zusammen.

Das führt zu einer zweiten Transformation im digitalen Zeitalter zurück, dem Umstand, dass digitale Daten anders als andere Güter getauscht werden können. Sie werden nicht weniger, wenn sie geteilt werden. Die Videoblogs von John Green werden nicht durch Millionen seiner Zuschauer abgenutzt. Es muss nichts nachgedruckt werden, wenn ein Kindle-Autor siebenstellige Leserzahlen erreicht. Keine Leserbriefe müssen aussortiert werden, wenn die Kommentare über neue Kapitel in Fanfiction-Foren sehr viele werden. Daten gehen, wenn man einmal von dem enormen Strombedarf absieht, leichthändig hin und her. Eine digitale Allmende ist möglich, und wird auf so unterschiedlichen Foren wie Wattpad oder Instapoesie schon praktiziert. Eine Netzwerkgesellschaft ist kein Ding der Unmöglichkeit, auch in Sachen Lesen. Es spricht daher meines Erachtens viel dafür, dass der Literaturbetrieb, wie wir ihn kennen, nur ein Teil eines sehr viel größeren und flacheren Netzbetriebs sein wird und wohl schon vielfach längst ist. Kein Zufall, dass Wattpad-Gründer Allen Lau in seinem Masterplan 2016 angekündigt hat, einen Verlag Wattpad Books zu gründen, den ersten Verlag, den die Lesewelt nicht mehr nur auf die Entscheidung von Lektoren, sondern auf die „Story DNA Machine Learning Technology" gründen wird.[7] Die datengetriebene Unterstützung der Verlagsentscheidungen sind die logische Konsequenz der immer dichteren Verfugung von Schreiben, Veröffentlichen und Lesen, die unübersichtlich komplex zueinander finden müssen. Wenn zwischen den Medien so leicht gewechselt wird, wie zu erwarten steht, dann gibt es keinen Grund, warum nur das Buch die beste Geschichte erzählen kann und nur im Feuilleton die sachkundigste Besprechung stehen soll. Es gibt ganze Kontinente anderer Lesewelten und auch dort leben Leser.

Vielleicht aber ist Lesen nicht ganz die richtige Bezeichnung für das, was wir da tun. Und damit bin ich bei meinem dritten Punkt. Wir werden wohl schneller als bisher zwischen den Medienformaten wechseln und uns mit unseren Büchern unterhalten, sie mit unseren eigenen Geschichten verweben und weitererzählen. Wie, dafür gibt es längst genug Formen und Formate, neue kommen jeden Tag hinzu. Schon jetzt braucht es keine außerordentliche technische Kunstfertigkeit, um damit zu beginnen, eine Geschichte zu lesen und sie weiter zu schreiben. Sehr viele tun das jeden Tag und bringen dabei ihre eigene Geschichte mehr oder minder mit ein. Vielleicht aber will ich nur mit meinen Hauptfiguren über deren oder meine Sorgen und Hoffnungen reden. Dann kann ich auch das tun. Vielleicht sind wir auch kurz davor, in Geschichten geradezu wörtlich eintreten zu können, sozusagen eine Immersion hoch zwei. Das hat man sich wie eine Holoportation in die erfundenen Welten vorzustellen, etwa so wie Harry Potter beim Gang durch das Denkarium. Die Grenze zwischen erfundenen und realen Welten wird deshalb nicht eingerissen werden. Sie ist für uns viel zu wichtig. Entgegen der Klagen im Jargon der analogen Eigentlichkeit wird das immersive Lesen daher zunehmen, schon weil es für jeden Geschichtenhungrigen so faszinierende Möglichkeiten gibt, Geschichten in Szene zu setzen und sich in ihnen zu verlieren. Geschichten können, müssen aber nicht allein in Buchstaben gedruckt sein, um uns für sie zu gewinnen. Wahrscheinlicher ist, dass die verschiedenen Formate der Buchstaben, der Bilder und der Filme ineinander so leicht zu übersetzen sein werden, weil sie alle Teil einer digitalen Kette sind. Die Revolution in Lesedingen geschieht in dem selbstverständlichen Wechsel zwischen den vielen Formaten und Lesestrategien in einer zur Weltgesellschaft angewachsenen digitalen Umwelt. Gute Leser zeichnen sich dadurch aus, besonders behänd zwischen den Modi des Lesens wechseln zu können und dabei noch mehr Geschichten aufzunehmen und fortzuschreiben als Generationen zuvor.

Im neuen Alexandria hängt viel an der gesellschaftlichen Verhandlung über die Regulierung von Computer und Internet, genauer an der Regulierung, wie die digitale Lesewelt die analoge integriert. Tritt man einen Moment von den verfahrenen Diskussionen der Gegenwart zurück und blickt auf die Geschichte von Buch und Lesen im 19. und 20. Jahrhundert, dann wird schnell deutlich, dass damals Buch und Freiheit nur darum Verbündete geworden sind, weil die Akteure und Institutionen der Druckwelt deren Industrialisierung für die Herausbildung einer nicht mehr feudalen, eben bürgerlichen Gesellschaft genutzt haben. Sie waren ihre Propagandisten. Heute treten sie zu oft als Bedenkenträger auf, nicht als die Architekten des Lesens im digitalen Zeitalter. Damals haben die Baedeker und Brockhaus, dann auch die Rowohlts und Fischers gegen den Mainstream die anderen Bücher und neuen Schreibweisen zu günstigen Preisen in neuen Druckformaten herausgebracht und ihr Wirken sehr bewusst in den Dienst der Verbürgerlichung der Gesellschaft gestellt und ihr Geschäftsmodell darauf gegründet. Die feudalen Strukturen der Lesewelt des 18. Jahrhunderts haben sie in ihre industrielle Welt aufgehoben. Schon damals gab es nicht wenige Verlierer aus der alten Welt. Der Staat hatte der industriellen Druckkultur einen Rechtsrahmen gegeben und damit zugleich ein Widerlager gefunden, was man damals bürgerliche Gesellschaft zu nennen begonnen hat. Der Vergleich drängt sich auf, dass auch gegenwärtig die Digitalisierung nur dann mit der Freiheit zusammengeht, wenn sie Teil der fortgesetzten Verbürgerlichung wird, die im 18. Jahrhundert begonnen hat. Wenn meine These stimmt, dass das immersive Lesen heute die moderne Selbstverständigung noch mehr anleitet als jemals zuvor und sich dafür mehr Ausdrucksformen suchen wird als jemals zuvor, dann hängt viel an der Verbürgerlichung und Ästhetisierung der Lebenswelt, an der Frage also, ob die digitalen Lesewelten die bürgerliche Gesellschaft befördern oder zu ihrer Fragmentierung beitragen werden.

Verbürgerlichung, das hieße die rechtliche Einhegung der datenbesitzenden Oligopole voranzubringen, es hieße Routinen, Konventionen und Habitus, was sich gehört, auch im Internet zu etablieren, meint vor allem einander im Umgang mit den Leseformaten und -strategien zu bilden. Verbürgerlichung hieße dabei auch, dass durch die Regulierungen das Lesen in einer immer urbaneren Gesellschaft zu einem Mittel der sozialen Integration würde. Was die Kaffeehäuser dem 18. Jahrhundert waren, die Familienblätter dem 19. Jahrhundert und die Radio- und Fernsehstationen dem 20. Jahrhundert, das muss das Internet dem 21. Jahrhundert erst noch werden: der Ort für die individuelle wie die gesellschaftliche Selbstverständigung. In den Bibliotheken rund um den Hafen des neuen Alexandrias werden jeden Tag so viele neue Geschichten ab- und weitergeschrieben, dass die Regulierung durch den etablierten Literaturbetrieb nicht ausreicht, um aus den immer neuen Selbstbeobachtungen der Gesellschaft auch den Kit für eben diese Gesellschaft zu machen. Denn das Internet ist kein selbstregulierender Organismus, sondern von unzähligen Interessen in sehr verschiedenen Richtungen zugleich gelenkt. Noch ist nicht immer ausreichend zu erkennen, dass die etablierten Instanzen der analogen Welt und die Player der digitalen Welt zusammengefunden hätten, um der Vielfalt des Lesens gerecht zu werden. Verbürgerlichung aber hieße, dass bei aller Heterogenität und Individualisierung des Lesens die Gemeinsamkeit im Hunger nach Geschichten erkannt und erfahren wird. Erst wenn wir bei aller Verschiedenheit unserer Leseerfahrungen erkennen können, dass wir eine ähnliche Leidenschaft für Geschichten teilen, trägt das Lesen zur Verbürgerlichung unserer Gesellschaft bei.

Im gegenwärtigen, alexandrinischen Zeitalter werden mehr Geschichten gelesen denn je, und sie werden intensiver gelesen und dichter miteinander geteilt als jemals zuvor. Das ist als Ergebnis vielleicht bescheiden und will auch nur so schlicht festgehalten sein. Es entspricht ganz dem, was die Moderne ausmacht. Erst seit Rousseau und Goethe glauben wir, ohne Geschichten nicht auskommen zu können, um zu wissen, wer wir sind. Geschichten haben die Menschen natürlich schon länger miteinander geteilt. Aber das Erzählen am Lagerfeuer dient der Gruppe mehr als dem einzelnen. Zum Freund, der gerade nur mich versteht, ist das Buch erst spät in der Geschichte des Menschen geworden. Der Hunger nach Geschichten im Zeitalter Homers mag ähnlich sein wie unserer heute. Aber die Individualisierung des Lesens und damit das Lernen, dass es soviel mehr Perspektiven auf die Welt gibt als nur die meinige, das hat erst die moderne Gesellschaft kultiviert. Die digitale Gesellschaft sollte es fortsetzen.

Die Zukunft hat den Nachteil, notorisch ungewiss zu sein, und so sind alle Vermutungen, was das digitale Zeitalter noch für uns bereithält, mehr als vorläufig. Deutlich sollte geworden sein, dass die digitale Gesellschaft notwendig eine lesende Gesellschaft ist. Ob aus ihrer Dynamik einmal ein ganz anderes Lesen erwachsen könnte, wissen wir nicht, weil wir uns schon jetzt anstrengen müssen zu überlegen, wie die Welt eigentlich vor zehn Jahren ausgesehen hat. Vielleicht geht gerade das Zeitalter des Buchs, wie wir es kannten, zu Ende. Aber das des Lesens beginnt erst.

Anmerkungen

1. Vom Unbehagen in der digitalen Welt

[1] Nicholas Carr, Is Google Making Us Stupid? What the Internet Is Doing to Our Brains. In: *The Atlantic* (1.7.2008), http://www.theatlantic.com/magazine/archive/2008/07/is-google-making-us-stupid/306868/ (letzter Zugriff 22.5.2019); vgl. auch Nicholas Carr, *Wer bin ich, wenn ich online bin ... und was macht mein Gehirn solange? Wie das Internet unser Denken verändert.* Aus dem amerikanischen Englisch von Henning Dedekind. München 2011.
[2] Anita Singh, E-books Are Damaging Society. In: *The Telegraph* (29.1.2012), http://www.telegraph.co.uk/culture/hay-festival/9047981/Jonathan-Franzen-e-books-are-damaging-society.html (letzter Zugriff 22.5.2019).
[3] Georg Bollenbeck, *Bildung und Kultur. Glanz und Elend eines deutschen Deutungsmusters.* Frankfurt/M. 1994.

2. Der Hunger nach Geschichten

[1] Wilhelm Hofmann / Kathleen D. Vohs / Roy F. Baumeister, What People Desire, Feel Conflicted About, and Try to Resist in Everyday Life. In: *Psychological Science* 23,6 (2012), 582–588. DOI: https://doi.org/10.1177%2F0956797612437426 (beschränkter Zugriff).
[2] Vgl. Richard Falk, Overdosing on ‚Breaking Bad'. In: *Al Jazeera* (24.1.2013), http://www.aljazeera.com/indepth/opinion/2013/01/201312313215201302.html (letzter Zugriff 22.5.2019).
[3] Vgl. Ernst Halter (Hg.), *Heidi – Karriere einer Figur.* Zürich 2001.
[4] YouTube, Statistiken, http://www.youtube.com/yt/press/de/statistics.html (letzter Zugriff 22.5.2019).
[5] Tweets pro Sekunde, https://2011.twitter.com/de/tps.html (letzter Zugriff 22.5.2019).

[6] Gary Hayes, *personalizemedia. A weblog,* http://www.personalize media.com/garys-social-media-count/ (letzter Zugriff 22.5.2019).

[7] John Browning / Spencer Reiss, *Encyclopedia of the New Economy.* New York 1998, zitiert nach Peter J. van Baalen / Lars T. Moratis, *Management Education in the Network Economy.* Boston 2001, 12.

[8] So die Zahlen des Bundesverbandes der deutschen Games-Branche (GAME), https://www.game.de/marktdaten/#Zahlen%20und%20Fakten (letzter Zugriff 22.5.2019).

[9] Neil Postman, *The Disappearance of Childhood.* New York 1982 [deutsch 1983 und dann vielfach wieder aufgelegt].

[10] Johann Wilhelm Bartholomäus Rußwurm, Prognostikon über das Kirchengehen. In: *Mecklenburgisches Journal* (August 1805), 81–127, hier 91, zitiert nach Holger Dainat, *Abaellino, Rinaldini und Konsorten. Zur Geschichte der Räuberromane in Deutschland.* Tübingen 1996, 93.

[11] Thomas Pany, Studierende mit alarmierenden Lese- und Schreibschwächen. In: *Heise online* (24.7.2012), http://www.heise.de/tp/blogs/6/152450 (letzter Zugriff 22.5.2019).

[12] John Seely Brown / Paul Duguid, *The Social Life of Information.* Cambridge/Mass. 2000.

[13] Zur Übersicht liest man besser etwa Jim Macnamara, *The 21st Century Media (R)evolution: Emergent Communication Practices.* New York 2010.

3. Eine kurze Geschichte der Lesekritik

[1] Vgl. Gerhard Lauer, Am Ende das Buch. Lesen im digitalen Zeitalter. In: *Jahrbuch der Akademie der Wissenschaften zu Göttingen* 25 (2012), 138–160.

[2] Platon, *Phaidros* 275a. In: ders., *Sämtliche Werke.* Bd. 4. Hg. von Walter F. Otto, Ernesto Grassi und Gert Plamböck. Übersetzung: Friedrich Schleiermacher. Hamburg 1958, 55.

[3] Valentin Ickelsamer, *Die rechte Weis aufs kürtzist lesen zu lernen. Ain Teütsche Grammatica.* Erfurt 1527, Vorrede (A2r), Nachdruck hg. von Karl Pohl. Stuttgart 1971 (Übersetzung ins Neuhochdeutsche G. L.).

[4] Christian Wolff, *Vernünftige Gedancken von dem gesellschaftlichen Leben der Menschen insonderheit dem gemeinen Wesen.* Frankfurt, Leipzig ⁴1736 (Neudruck 1975), §§ 192 ff..

[5] Johann Gottlieb Fichte, Die Grundzüge des gegenwärtigen Zeitalters [1805]. In: ders., *Sämtliche Werke*. Bd. 7: *Zur Politik, Moral und Philosophie der Geschichte*. Hg. von I. H. Fichte. Berlin 1845/46 (Nachdruck 1971), 89.

[6] Katja Mellmann, *Emotionalisierung – Von der Nebenstundenpoesie zum Buch als Freund. Eine emotionspsychologische Analyse der Literatur der Aufklärungsepoche*. Paderborn 2006.

[7] Jürgen Habermas, *Strukturwandel der Öffentlichkeit. Untersuchungen zu einer Kategorie der bürgerlichen Gesellschaft*. Darmstadt ⁵1971, 60–69.

[8] Zitiert nach Robert Darnton, *Das große Katzenmassaker. Streifzüge durch die französische Kultur vor der Revolution*. München 1989, 269.

[9] Jürgen Habermas, *Strukturwandel der Öffentlichkeit. Untersuchungen zu einer Kategorie der bürgerlichen Gesellschaft*. Darmstadt ⁵1971, 60–69.

[10] Johann Wolfgang Goethe, Die Leiden des jungen Werthers. In: ders., *Sämtliche Werke nach Epochen seines Schaffens*. Hg. von Gerhard Sauder. München 1987, 197.

[11] Art. „Die Lesesucht". In: Joachim Heinrich Campe, *Wörterbuch der deutschen Sprache*. Dritter Theil L – R. Braunschweig 1809, 107.

[12] Friedrich Burchard Beneken, *Weltklugheit und Lebensgenuß; oder praktische Beyträge zur Philosophie des Lebens*. 3 Bde. Hannover 1788; vgl. auch Dominik König, Lesesucht und Lesewut. In: Herbert G. Göpfert (Hg.), *Buch und Leser. Vorträge des ersten Jahrestreffens des Wolfenbütteler Arbeitskreises für Geschichte des Buchwesens* (13. und 14. Mai 1976). Hamburg 1977, 89–112.

[13] Z. B. Joseph Weizenbaum, *Computer Power and Human Reason. From Judgement to Calculation*. San Francisco 1976.

[14] Kathrin Passig, Standardsituationen der Technologiekritik. In: *Merkur* 727 (2009), 114–150, dann erweitert als Buch unter demselben Titel 2013 bei Suhrkamp erschienen. In ihrer Spur gehen dann andere Bücher, so etwa Valentin Groebner, *Wissenschaftssprache digital. Die Zukunft von gestern*. Konstanz 2014.

[15] Hermann L. Koester, *Geschichte der deutschen Jugendliteratur in Monographien*. II. Teil. Hamburg 1908, 136 f.

[16] Manfred Spitzer, *Digitale Demenz. Wie wir uns und unsere Kinder um den Verstand bringen*. München 2012. Das Buch liegt natürlich auch digital als E-Book vor.

[17] Joseph August Lux, Über den Einfluß des Kinos auf Literatur und Buchhandel. In: Anton Kaes (Hg.), *Kino-Debatte. Texte zum Verhältnis von Literatur und Film 1909–1929*. München 1978, 93.

[18] Erich Osterheld, Wie die deutschen Dramatiker Barbaren wurden. In: Anton Kaes (Hg.), *Kino-Debatte. Texte zum Verhältnis von Literatur und Film 1909–1929*. München 1978, 99.

[19] Katja Mellmann, Emotionalität und Verhalten. Eine literaturpsychologische Kritik des Werther-Mythos. In: *Mitteilungen des Deutschen Germanistenverbandes* 54 (2007), 328–344.

4. Über die medialen Aufpulverungen des Lebens

[1] Theodor Lessing, Untergang des Buches. In: *Prager Tagblatt 37*, 232 (1.10.1932), 1.

[2] Alice Kohli, Die Renaissance der Lesestuben. In: *Neue Züricher Zeitung* (1.9.2014), https://www.nzz.ch/schweiz/die-renaissance-der-lesestuben-1.18374648 (letzter Zugriff 22.5.2019).

[3] Vgl. den jährlichen Bericht des Deutschen Bibliotheksverbands, www.bibliotheksverband.de/dbv/publikationen/bericht-zur-lage-der-bibliotheken.html (letzter Zugriff 22.5.2019).

[4] Bundesamt für Statistik, *Kulturverhalten in der Schweiz. Eine vertiefende Analyse – Erhebung 2008*, Neuchâtel 2011, https://www.bfs.admin.ch/bfsstatic/dam/assets/347672/master (letzter Zugriff 22.5.2019); Rudolf Mumenthaler, Bibliotheken und digitaler Wandel – einige Fakten. In: ders., *Homepage und Blog zu Bibliotheksthemen* (15.2.2016), https://ruedimumenthaler.ch/2016/02/15/bibliotheken-und-digitaler-wandel-einige-fakten/ (letzter Zugriff 22.5.2019).

[5] Z.B. Frank Huysmans, De openbare bibliotheek in Nederland en de veranderende leescultuur sinds 1975. In: *Jaarboek voor Nederlandse boekgeschiedenis 14* (2007), 179–192; Adriaan van der Weel, Convergence and its discontents: From a book culture to a reading culture. In: *Logos 20,1–4* (2009), 148–154. DOI: https://doi.org/10.1163/095796509X12777334632546 (beschränkter Zugang).

[6] Deena Skolnick / Paul Bloom, What does Batman think about SpongeBob? Children's understanding of the fantasy/fantasy distinction. In: *Cognition 101,1* (2006), B9–B18. DOI: https://doi.org/10.1016/j.cognition.2005.10.001 (beschränkter Zugang).

[7] James Flynn, *Are we getting smarter? Rising IQ in the Twenty-First Century*. Cambridge 2012.

[8] Jakob Pietschnig / Martin Voracek, One Century of Global IQ Gains: A Formal Meta-Analysis of the Flynn Effect (1909–2013). In: *Perspectives on Psychological Science* 10,3 (2015), 282–306. DOI: https://doi.org/10.1177/1745691615577701 (beschränkter Zugang).

[9] Helmut Remschmidt (Hg.), *Tötungs- und Gewaltdelikte junger Menschen. Ursachen, Begutachtung, Prognose.* Heidelberg 2012, 14–28.

[10] Statistisches Bundesamt, *Lange Reihen zur Strafverfolgungsstatistik. II.2 Verurteilte nach ausgewählten Straftaten, Geschlecht und Altersgruppen (Deutschland).* Wiesbaden 2016, https://www.destatis.de/DE/Themen/Staat/Justiz-Rechtspflege/Publikationen/Downloads-Strafverfolgung-Strafvollzug/strafverfolgungsstatistik-deutschland-pdf-5243104.pdf?__blob=publicationFile&v=4 (letzter Zugriff: 22.5.2019).

[11] Vgl. die 16. und 17. Shell Jugendstudie 2010 und 2017, https://www.shell.de/ueber-uns/die-shell-jugendstudie.html (letzter Zugriff 22.5.2019).

[12] David Finkelhor / Anne Shattuck / Heather A. Turner / Sherry L. Hamby, Trends in Children's Exposure to Violence, 2003 to 2011. In: *JAMA Pediatrics* 168,6 (2014), 540–546; Craig Anderson et al., Media Violence and Other Aggression Risk Factors in Seven Nations. In: *Personality and Social Psychology Bulletin* 43,7 (2017), 986–998. DOI: https://doi.org/10.1177/0146167217703064 (beschränkter Zugang).

[13] Giulia M. Dotti Sani / Judith Treas, Education Gradients in Parents' Child-Care Time Across Countries, 1965–2012. In: *Journal of Marriage and Family* 78,4 (2016), 1083–1096. DOI: https://doi.org/10.1111/jomf.12305 (beschränkter Zugang).

[14] Gert M. Hald et al., Does Viewing Explain Doing? Assessing the Association Between Sexually Explicit Materials Use and Sexual Behaviors in a Large Sample of Dutch Adolescents and Young Adults. In: *The Journal of Sexual Medicine* 10,12 (2013), 2986–2995. DOI: https://doi.org/10.1080/19317611.2013.823900 (letzter Zugriff: 22.5.2019).

[15] Melissa S. Kearney / Phillip B. Levine, Early Childhood Education by MOOC: Lessons from *Sesame Street*. *NBER Working Paper* 21229 (Juni 2015).

[16] Ezekiel J. Emanuel, Online Education MOOCs taken by Educated Few. In: *Nature* 503,342 (2013), 342–342. DOI: https://doi.org/10.1038/503342a (letzter Zugriff 22.5.2019).

[17] Vgl. Deutscher Bühnenverein (Hg.), *Theaterstatistik 2013/14*, Köln 2015.

[18] Institut für Museumsforschung (Hg.), *Statistische Gesamterhebung an den Museen der Bundesrepublik Deutschland für das Jahr 2015*, Heft 70 (2016), 7.

[19] Pressemitteilung zur 16. Shell Jugendstudie, https://jugend.ekir.de/Bilderintern/20100922_zusammenfassung_shellstudie2010.pdf (letzter Zugriff 22. 5. 2019).

[20] Nick Yee, Gender Differences in Gaming Motivations Align with Stereotypes, but Small Compared to Age Differences. In: *Quantic Foundry* (28. 8. 2015), http://quanticfoundry.com/2015/08/28/gender-differences-in-gaming/ (letzter Zugriff 22. 5. 2019).

[21] *Das Internet ist keine Männerdomäne mehr,* https://www.pressebox.de/pressemitteilung/bitkom-bundesverband-informationswirtschaft-telekommunikation-und-neue-medien-ev/Das-Internet-ist-keine-Maennerdomaene-mehr/boxid/418472 (letzter Zugriff 22. 5. 2019).

[22] Paul A. Kirschner / Pedro De Bruyckere, The Myths of the Digital Native and the Multitasker. In: *Teaching and Teacher Education* 67 (2017), 135–142. DOI: https://doi.org/10.1016/j.tate.2017.06.001 (beschränkter Zugang).

[23] *„Jung und vernetzt – Kinder und Jugendliche in der digitalen Gesellschaft“,* Umfrage im Auftrag der Bitkom 2014, https://www.bitkom.org/Bitkom/Publikationen/Jung-und-vernetzt-Kinder-und-Jugendliche-in-der-digitalen-Gesellschaft.html (letzter Zugriff 22. 5. 2019).

[24] Michael Glüer / Arnold Lohaus, *Online versus offline Freundschaften – Unterschiede in der Qualität und Funktion von Freundschaftsbeziehungen bei Kindern der fünften bis zehnten Schulklasse in sozialen online Netzwerken.* Vortrag auf dem 49. Kongress der deutschen Gesellschaft für Psychologie. Bochum 2014; vgl. auch Michael Glüer, Digitaler Medienkonsum. In: Arnold Lohaus (Hg.), *Entwicklungspsychologie des Jugendalters.* Berlin, Heidelberg 2018, 197–222.

[25] Daniel Miller, *Der Trost der Dinge. 15 Porträts aus dem London von heute.* Frankfurt/M. 2010; Elisabetta Costa et al., *How the World Changed Social Media.* London 2016; vgl. auch Daniel Miller, *Why we post.* Social Media through the eyes of the world, http://www.ucl.ac.uk/why-we-post/discoveries (letzter Zugriff 22. 5. 2019).

[26] German Neubaum / Nicole C. Krämer, My Friends Right Next to Me. A Laboratory Investigation on Predictors and Consequences

Experiencing Social Closeness on Social Networking Sites. In: *Cyberpsychology, Behaviour, and Social Networking* 18, 8 (2015), 443–449. DOI: https://doi.org/10.1089/cyber.2014.0613 (beschränkter Zugang).

[27] Vgl. Glüer / Lohaus (2014).

[28] Danah Boyd, *It's Complicated. The Social Lives of Networked Teens.* New Haven 2014.

[29] Jan-Hinrik Schmidt, Persönliche Öffentlichkeiten im Social Web. In: *Ästhetik und Kommunikation* 42, 154/155 (2012), 79–83.

[30] Z.B. Martine Oglethorpe, *Parenting in a Digital World. Stop fighting, start connecting.* E-Book 2015.

[31] Jean M. Twenge, *iGen. The 10 Trends Shaping Today's Young People – and the Nation.* New York 2017.

[32] Anonymus, Defeating Despair. Suicide is declining almost everywhere. In: *The Economist* (24. November 2018).

[33] Eric Klinenberg, *Going Solo. The Extraordinary Rise and Surprise Appeal of Living Alone.* New York 2012.

[34] Jan Eckhard, Abnehmende Bindungsquoten in Deutschland. Ausmaß und Bedeutung eines historischen Trends. In: *Kölner Zeitschrift für Soziologie und Sozialpsychologie* 67,1 (2015), 27–55.

[35] Jessica Einspänner-Pflock, *Privatheit im Netz. Konstruktions- und Gestaltungsstrategien von Online-Privatheit bei Jugendlichen.* Wiesbaden 2017.

[36] Christian Rudder, *Dataclysm. Who We Are (When We think No One's Looking).* New York 2014 [Deutsch *Inside Big Data. Unsere Daten zeigen, wer wir wirklich sind.* Aus dem Englischen von Kathleen Mallet. München 2016].

[37] Vgl. den Bericht des Deutschen Zentrums für Altersfragen 2014, Simonson, Julia / Vogel, Claudia / Tesch-Römer, Clemens (Hg.), *Freiwilliges Engagement in Deutschland. Der Deutsche Freiwilligensurvey 2014.* Berlin 2017; Markus Freitag / Anita Manatschal / Kathrin Ackermann / Maya Ackermann, *Freiwilligen-Monitor Schweiz 2016.* Zürich 2016.

[38] Karina J. Linnell / Serge Caparos / Jan W. de Fockert / Jules Davidoff, Urbanization Decreases Attentional Engagement. In: *Journal of Experimental Psychology: Human Perception and Performance* 39,5 (2013), 1232–1247. DOI: http://dx.doi.org/10.1037/a0031139 (beschränkter Zugriff).

[39] Jonah Berger, Arousal Increases Social Transmission of Information. In: *Psychological Science* 22,7 (2011), 891–893. DOI: https://doi.org/10.1177/0956797611413294 (beschränkter Zugriff).

[40] Sue Johnson, How Gadgets Ruin Relationships and Corrupt Our Emotions. In: *Wired* (14.2.2014), http://www.wired.com/2014/02/gadgets-ruin-relationships-connection-illusion-one/ (letzter Zugriff 22.5.2019).

[41] Morten Tromholt / Marie Lundby / Kjartan Andsbjerg / Meik Wiking, *The Facebook-Experiment. Does Social Media Affects Our Lives?* Report of the Happiness Research Institute 2015. Kopenhagen 2015, https://docs.wixstatic.com/ugd/928487_680fc12644c8428eb728cde7d61b13e7.pdf (letzter Zugriff 22.5.2019).

[42] Vgl. z.B. die Berichte und Studien der Drogenbeauftragten der Bundesregierung zu Computerspielen und Internetsucht, https://www.drogenbeauftragte.de/studien-und-publikationen/studien.html (letzter Zugriff 22.5.2019); Return. Fachstelle für Mediensucht, http://www.return-mediensucht.de (letzter Zugriff 22.5.2019); im europäischen Vergleich die Studie Artemis Tsitsika et al., Internet Use and Internet Addictive Behaviour Among European Adolescents. A cross-sectional study in seven European countries. In: *Cyberpsychology, Behavior, and Social Networking* 17,8 (2014), 528–535. DOI: http://doi.org/10.1089/cyber.2013.0382 (letzter Zugriff 22.5.2019).

[43] Sue Johnson, How Gadgets Ruin Relationships and Corrupt Our Emotions. In: *Wired* (14.2.2014), http://www.wired.com/2014/02/gadgets-ruin-relationships-connection-illusion-one/ (letzter Zugriff 22.5.2019).

[44] Adriana Manago / Tamara Taylor / Patricia Greenfield, Me and my 400 friends. The Anatomy of College Students' Facebook Networks, their Communication Patterns, and Well-being. In: *Developmental Psychology* 48,2 (2012), 369–380. DOI: https://doi.org/10.1037/a0026338 (letzter Zugriff 22.5.2019).

[45] Mitja D. Back et al., Facebook Profiles Reflect Actual Personality, Not Self-Idealization. In: *Psychological Science* 21 (2010), 372–374. DOI: https://doi.org/10.1177/0956797609360756 (beschränkter Zugang).

[46] Tara C. Marshall / Katharina Lefringhausen / Nelli Ferenczi, The Big Five, self-esteem, and narcissism as predictors of the topics people write about in Facebook status updates. In: *Personality and Individual Differences* 85 (2015), 35–40. DOI: https://doi.org/10.1016/j.paid.2015.04.039 (letzter Zugriff 22.5.2019).

[47] Clive Gamble / John Gowlett / Robin Dunbar, *Thinking Big. How the Evolution of Social Life Shaped the Human Mind.* London 2014.

[48] Bis zu siebeneinhalb Stunden konstatieren andere Berichte, vgl. V. J. Rideout / U. G. Foehr / D. F. Robert, *Generation M2: Media in the lives of 8–18 year-olds. A Kaisers Family Foundation Study* Menlo Park 2010, http://kff.org/other/event/generation-m2-media-in-the-lives-of/ (letzter Zugriff 22.5.2019).

[49] Yalda T. Uhls et al., Five days at outdoor education camp without screens improves preteen skills with nonverbal emotion cues. In: *Computers in Human Behaviour* 39 (2014), 387–392. DOI: https.//doi.org/10.1016/j.chb.2014.05.036 (letzter Zugriff 22.5.2019).

[50] Tatiana A. Vlahovic / Sam Roberts / Robin Dunbar, Effects of Duration and Laughter on Subjective Happiness Within Different Modes of Communication. In: *Journal of Computer-Mediated Communication* 17,4 (2012), 436–450. DOI: https://doi.org/10.1111/j.1083-6101.2012.01584.x (letzter Zugriff 22.5.2019).

[51] Sandra L. Hofferth, Home Media and Children's Achievement and Behavior. In: *Child Development* 81,5 (2010), 1598–1619. DOI: https://dx.doi.org/10.1111%2Fj.1467-8624.2010.01494.x (beschränkter Zugang).

[52] Jason J. Jones et al., Inferring Tie Strength from Online Directed Behavior. In: *PLoS ONE* 8,1 (2013), e52168. DOI: https://doi.org/10.1371/journal.pone.0052168 (letzter Zugriff 22.5.2019).

[53] Nathan Jurgenson, Fear of Screens. In: *The New Inquiry* (25.1.2016), http://thenewinquiry.com/essays/fear-of-screens/ (letzter Zugriff 22.5.2019).

[54] Betsy Sparrow / Jenny Liu / Daniel M. Wegner, Google Effects on Memory. Cognitive Consequences of Having Information at Our Fingertips. In: *Science* 333,6043 (2011), 776–778. DOI: https://doi.org/10.1126/science.1207745 (beschränkter Zugang).

[55] Benjamin C. Storm / Sean M. Stone, Saving-Enhanced Memory. The Benefits of Saving on the Learning and Remembering of New Information. In: *Psychological Science* 26,2 (2015), 182–188. DOI: http://dx.doi.org/10.1177/0956797614559285 (beschränkter Zugang).

[56] Ursula Oberst / Elisa Wegmann / Benjamin Stodt / Matthias Brand / Andrés Chamarro, Negative Consequences from Heavy Social Networking in Adolescents: The Mediating Role of Fear of Missing Out. In: *Journal of Adolescence* 55 (2017), 51–60. DOI: https://doi.org/10.1016/j.adolescence.2016.12.008 (beschränkter Zugang).

[57] Trina Hinkley et al., Early Childhood Electronic Media Use as a Predictor of Poorer Well-being. In: *JAMA Pediatrics* 168,5 (2014), 485–492. DOI: https://doi.org/10.1001/jamapediatrics.2014.94 (letz-

ter Zugriff 22.5.2019); Stacey S. Tiberio et al., *Parental Monitoring of Children's Media Consumption. The Long-term Influences on Body Mass Index in Children.* In: *JAMA Pediatrics* 168,5 (2014), 414–421. DOI: https://dx.doi.org/10.1001/jamapediatrics.2013.5483 (letzter Zugriff 22.5.2019).

[58] American Academy of Pediatrics, Media Use by Children Younger Than 2 Years. In: *Pediatrics* 128,5 (2011), 1040–1045. DOI: https://doi.org/10.1542/peds.2011-1753 (letzter Zugriff 22.5.2019).

[59] M. D. R. Evans / Jonathan Kelley / Joanna Sikora / Donald J. Treiman, Family Scholarly Culture and Educational Success: Books and Schooling in 27 nations. In: *Research in Social Stratification and Mobility* 28,2 (2010), 171–197. DOI: https://doi.org/10.1016/j.rssm.20 10.01.002 (beschränkter Zugang).

[60] Fiona M. Brooks et al., Video Gaming in Adolescence: Factors Associated with Leisure Time Use. In: *Journal of Youth Studies* 19,1 (2015), 1–19. DOI: https://doi.org/10.1080/13676261.2015.1048200 (beschränkter Zugang).

[61] Johanna E. Rosenqvist / Pekka Lahti-Nuuttila / James Holdnack / Sally L. Kemp / Marja Laasonen, Relationship of TV watching, computer use, and reading to children's neurocognitive functions. In: *Journal of Applied Developmental Psychology* 46 (2016), 11–21. DOI: https://doi.org/10.1016/j.appdev.2016.04.006 (beschränkter Zugang).

[62] Isabel Willemse / Gregor Waller / Lilian Suter / Sarah Genner / Daniel Süss, JAMESfocus. Onlineverhalten: unproblematisch – risikohaft – problematisch, Zürich 2017, http://www.zhaw.ch/psychologie/jamesfocus (letzter Zugriff 22.5.2019). Zu etwas geringen Zahlen für die Prävalenz der Internetabhängigkeit kommt der Bericht von Hans-Jürgen Rumpf et al. (Hg.), *Memorandum Internetbezogene Störungen der Deutschen Gesellschaft für Suchtforschung und Suchttherapie* (o. J.), http://www.dg-sucht.de/fileadmin/user_upload/pdf/stellungnahmen/Memorandum_Internetbezogene_Störungen_der_DG_Sucht.pdf (letzter Zugriff 22.5.2019).

[63] Pressemitteilung der Drogenbeauftragten der Bundesregierung, *Ergebnisse der BLIKK Studie 2017 vorgestellt*, 2017, http://www.drogenbeauftragte.de/presse/pressekontakt-und-mitteilungen/2017/2017-2-quartal/ergebnisse-der-blikk-studie-2017-vorgestellt.html (letzter Zugriff 22.5.2019).

[64] Andrew K. Przybylski / Netta Weinstein, A Large-Scale Text of the Goldilocks Hypothesis. Quantifying the Relations Between Digital-Screen Use and the Mental Well-Being of Adolescents. In: *Psycho-*

logical Science 28,2 (2017), 204–215. DOI: https://doi.org/10.1177/0 956797616678438 (beschränkter Zugang).

[65] Christa-Maria Ridder / Irina Turecek, Medienzeitbudgets und Tagesablaufverhalten. In: *Media Perspektiven* 12 (2011), 570–582.

[66] Markus Appel / Constanze Schreiner, Digitale Demenz? Mythen und wissenschaftliche Befundlage zur Auswirkung von Internetnutzung. In: *Psychologische Rundschau* 65,1 (2014), 1–10. DOI: https:// doi.org/10.1026/0033-3042/a000186 (beschränkter Zugang).

[67] American Academy of Pediatrics, *Joint Statement on the Impact of Entertainment Violence on Children.* In: *Pediatrics* 108,5 (2001). https://pediatrics.aappublications.org/content/108/5/1222 (letzter Zugriff 22.5.2019).

[68] Scott Cunningham / Benjamin Engelstätter / Michael R. Ward, Understanding the Effects of Violent Video Games on Violent Crime. In: *ZEW – Centre for European Economic Research, Discussion Paper* No. 11–042. DOI: https://dx.doi.org/10.2139/ssrn.1886419 (letzter Zugriff 22.5.2019).

[69] Simone Kühn / Dimitrij T. Kugler / Katharina Schmalen / Markus Weichenberger / Charlotte Witt / Jürgen Gallinat, Does Playing Violent Video Games Causes Aggression? A Longitudinal Intervention Study. In: *Molecular Psychiatry* (2018). DOI: https://doi.org/10. 1038/s41380-018-0031-7 (letzter Zugriff 22.5.2019).

[70] Ross E. O'Hara et al., Greater Exposure to Sexual Content in Popular Movies Predicts Earlier Sexual Debut and Increased Sexual Risk Taking. In: *Psychological Science* 23,9 (2012), 984–993. DOI: https://doi.org/10.1177/0956797611435529 (beschränkter Zugang).

[71] Vgl. z.B. den Bericht von Hans-Jürgen Rumpf et al., *Prävalenz der Internetabhängigkeit.* Greifswald, Lübeck 2011, http://www.fach portalsucht-nrw.de/tl_files/images/pages/PDFs/PINTA-Bericht-End fassung_280611.pdf (letzter Zugriff 22.5.2019); Stefan Stieger / Christoph Burger/ Manuel Bohn / Martin Voracek, Who Commits Virtual Identity Suicide? Differences in Privacy Concerns, Internet Addiction, and Personality between Facebook Users and Quitters. In: *Cyberpsychology, Behavior, and Social Networking* 16,9 (2013), 629–634. DOI: https://doi.org/10.1089/cyber.2012.0323 (letzter Zugriff 22.5.2019).

[72] Michela Del Vicario et al., The Spreading of Misinformation online. In: *Proceedings of the National Academy of Sciences of the United States of America* 113,3 (2016), 554–559. DOI: https://doi.org/10. 1073/pnas.1517441113 (letzter Zugriff 22.5.2019).

[73] Bert te Wildt, *Digital Junkies. Internetabhängigkeit und ihre Folgen für uns und unsere Kinder.* München 2015.

[74] Adriana Manago / Tamara Taylor / Patricia Greenfield, Me and my 400 friends. The anatomy of college students' Facebook networks, their communication patterns, and well-being. In: *Developmental Psychology* 48,2 (2012), 369–380. DOI: https://doi.org/10.103 7/a0026338 (letzter Zugriff 22.5.2019).

[75] Seth Flaxman / Sharad Goel / Justin Rao, Filter Bubbles, Echo Chambers, and Online News Consumption. In: *Public Opinion Quarterly* 80 (2016), 298–320. DOI: https://doi.org/10.1093/poq/ nfw006 (beschränkter Zugang).

[76] Mitja D. Back et al., Facebook Profiles Reflect Actual Personality, Not Self-Idealization. In: *Psychological Science* 21 (2010), 372–374. DOI: https://doi.org/10.1177/0956797609360756 (beschränkter Zugang).

[77] Barbara Perry / Patrick Olsson, Cyberhate: The Globalization of Hate. In: *Information and Communications Technology Law* 18,2 (2009), 185–199. DOI: https://doi.org/10.1080/13600830902814984 (beschränkter Zugang).

[78] Thomas V. Pollet / Sam G. B. Roberts / Robin Dunbar, Use of Social Network Sites and Instant Messaging Does Not Lead to Increased Offline Social Network Size, or to Emotionally Closer Relationships with Offline Network Members. In: *Cyberpsychology, Behavior, and Social Networking* 14,4 (2011), 253–258. DOI: https:// doi.org/10.1089/cyber.2010.0161 (beschränkter Zugang).

[79] Craig Anderson / Douglas Gentile / Katherine Buckley, *Violent video game effects on children and adolescents. Theory, research, and public policy.* Oxford 2007.

[80] Marc Sestir / Melanie Green, You are who you watch: Identification and transportation effects on temporary self-concept. In: *Social Influence* 5,4 (2010), 272–288. DOI: https://doi.org/10.1080/1553 4510.2010.490672 (letzter Zugriff 22.5.2019); Markus Appel, A story about a stupid person can make you act stupid (or smart): Behavioral assimilation (and contrast) as narrative impact. In: *Media Psychology* 14,2 (2011), 144–167. DOI: https://doi.org/10.1080/15213269.2011. 573461 (beschränkter Zugang); Shira Gabriel / Ariana F. Young, Becoming a vampire without being bitten: The narrative collective-assimilation hypothesis. In: *Psychological Science* 22, 8 (2011), 990– 994. DOI: https://doi.org/10.1177/0956797611415541 (beschränkter Zugang).

[81] Daniel Bormann / Tobias Greitemeyer, Immersed in Virtual Worlds and Minds Effects of In-Game Storytelling on Immersion, Need Satisfaction, and Affective Theory of Mind. In: *Social Psychological and Personality Science* 6,6 (2015), 646–652. DOI: https://doi.org/10.1177/1948550615578177 (beschränkter Zugang).

[82] Martin Gropp, Im Land der Zocker und Daddler. In: *Frankfurter Allgemeine Zeitung* (12.8.2014), http://www.faz.net/aktuell/wirtschaft/unternehmen/gamescom-im-land-der-zocker-und-daddler-13092644.html (letzter Zugriff 22.5.2019).

[83] Harold Schechter, *Savage Pastimes. A Cultural History of Violent Entertainment.* New York 2005. Ob man so weit wie Schechter gehen muss und von einer generellen Abnahme der Gewalt reden kann, ist freilich diskussionswürdig.

[84] Alain Lieury et al., Video Games vs. Reading and School/Cognitive Performances. A Study on 2700 Middle School Teenagers. In: *Educational Psychology* 36,9 (2014), 1–36. DOI: https://doi.org/10.1080/01443410.2014.923556 (beschränkter Zugang).

[85] Tobias Greitemeyer / Silvia Osswald / Markus Brauer, Playing Prosocial Video Games Increases Empathy and Decreases Schadenfreude. In: *Emotion* 10,6 (2010), 796–802. DOI: https://doi.org/10.1037/a0020194 (letzter Zugriff 22.5.2019).

[86] Vikranth R. Bejjanki et al., Action Video Game Play Facilitates the Development of Perceptual Templates. In: *Proceedings of the National Academy of Sciences of the United States of America* 111,47 (2014), 16961–16966. DOI: https://doi.org/10.1073/pnas.1417056111 (letzter Zugriff 22.5.2019); Marc Palaus / Elena Marron / Raquel Viejo-Sobera / Diego Redolar-Ripoll, Neural Basis of Video Gaming. A Systematic Review. In: *Frontiers in Human Neuroscience* 11 (2017), DOI: https://doi.org/10.3389/fnhum.2017.00248 (letzter Zugriff 22.5.2019).

[87] John A. Velez / Tobias Greitemeyer / Jodi L. Whitaker / David R. Ewoldsen / Brad J. Bushman, Violent Video Games and Reciprocity: The Attenuating Effects of Cooperative Game Play on Subsequent Aggression. In: *Communication Research* 29 (2014), 1–21. DOI: https://doi.org/10.1177/0093650214552519 (beschränkter Zugang).

[88] Esther Köhler, *Computerspiele und Gewalt. Eine psychologische Entwarnung.* Heidelberg 2008; David W. Shaffer, *How Computer Games Help Children Learn.* New York 2006; Fran C. Blumberg (Hg.), *Learning by Playing. Video Gaming in* Education. Oxford 2014; Greg Toppo, *The Game Believes in You. How Digital Play Can Make Our Kids Smarter.* New York 2015.

[89] Andrea P. Goldin et al., Far Transfer to Language and Math of a Short Software Gaming Intervention. In: *Proceedings of the National Academy of Sciences of the United States of America* 111,17 (2014), 6443–6448. DOI: https://doi.org/10.1073/pnas.1320217111 (letzter Zugriff 22.5.2019).

[90] Jane McGonigal, *Reality is Broken. Why Games Make Us Better and How They Can Change the World*. New York 2013, vgl. auch http://janemcgonigal.com (letzter Zugriff 22.5.2019).

[91] Linda A. Jackson / Edward A. Witt / Alexander Ivan Games / Hiram E. Fitzgerald / Alexander von Eye / Yong Zhao, Information technology use and creativity: Findings from the Children and Technology. In: *Computers in Human Behavior* 28,2 (2012), 370–376. DOI: https://doi.org/10.1016/j.chb.2011.10.006 (beschränkter Zugang); Emily C. Weinstein / Z. Clark / D. DiBartolomeo / Katie Davis, A decline in creativity? It depends on the domain. In: *Creativity Research Journal,* 26,2 (2014), 174–184. DOI: https://doi.org/10.1080/10400419.2014.901082 (beschränkter Zugang).

[92] Z.B. Domenico Giannotti et al., Play to Become a Surgeon. Impact of Nintendo WII Training on Laparoscopic Skills. In: *PLoS ONE* 8,2 (2013), e57372. DOI: https://doi.org/10.1371/journal.pone.0057372 (letzter Zugriff 22.5.2019).

[93] Osvaldo P. Almeida et al., Older Men Who Use Computer Have Lower Risk of Dementia. In: *PLoS ONE* 7,8 (2012), e44239. DOI: https://doi.org/10.1371/journal.pone.0044239 (letzter Zugriff 22.5.2019).

[94] Sandro Franceschini et al., Action Video Games Make Dyslexic Children Read Better. In: *Current Biology* 23,6 (2013), 462–466. DOI: https://doi.org/10.1016/j.cub.2013.01.044 (letzter Zugriff 22.5.2019).

[95] Daphne Bavelier / Richard J. Davidson, Brain training. Games to do you good. In: *Nature* 494,7438 (28.2.2013), 425–426. DOI: https://doi.org/10.1038/494425a (letzter Zugriff 22.5.2019); vgl. auch Peter Vorderer, Jennings Bryant (Hg.), *Playing video games. Motives, responses, and consequences*. Mahwah, NJ 2006 und Thorsten Quandt / Jeffrey Wimmer / Jens Wolling (Hg.), *Die Computerspieler. Studien zur Nutzung von Computergames*. Wiesbaden ²2009.

[96] Howard Gardner / Katie Davis, *The App Generation. How Today's Youth Navigate Identity, Intimacy, and Imagination in a Digital World*. New Haven 2013.

5. Der Computer ist dem Buch sein Tod und andere Falschmeldungen

[1] Vorlesestudie 2012 und 2018 der Stiftung Lesen. Mainz 2012 und 2018, https://www.stiftunglesen.de/download.php?type=document pdf&id=753 und https://www.stiftunglesen.de/presseservice/presse mitteilungen/1024 (letzter Zugriff 22.5.2019).

[2] Petra Stanat / Hans Anand Pant / Katrin Böhme / Dirk Richter (Hg.), *Kompetenzen von Schülerinnen und Schülern am Ende der vierten Jahrgangsstufe in den Fächern Deutschen und Mathematik. Ergebnisse des IQB-Ländervergleichs 2011.* Münster 2012, https://www.iqb.hu-berlin.de/fdz/bt/LV2011/LV_2011_Bericht.pdf (letzter Zugriff 22.5.2019).

[3] Die Leseförderung hat daher die Förderung von Jungen verstärkt in den Blick genommen, vgl. die Rubrik „Leseförderung" z.B. in *Eselsohr. Fachzeitschrift für Kinder- und Jugendmedien,* http://www.eselsohr-leseabenteuer.de (letzter Zugriff 22.5.2019).

[4] Vgl. die Veröffentlichungen des Forschungsprojekts *leo. Literalität von Erwachsenen auf den unteren Kompetenzniveaus,* http://blogs.epb.uni-hamburg.de/leo/ (letzter Zugriff 22.5.2019).

[5] So etwa die Einschätzung von PwC: *Buchmarkt – German Entertainment & Media Outlook 2018–2022.* o.O. 2018, https://www.pwc.de/de/technologie-medien-und-telekommunikation/german-enter tainment-and-media-outlook-2018–2022/buchmarkt.html (letzter Zugriff 22.5.2019).

[6] Scholastic (Hg.), *Kids and Family Reading Report,* o.O. [7]2019, https://www.scholastic.com/readingreport/home.html (letzter Zugriff 22.5.2019).

[7] National Endowment for the Arts (Hg.), *Reading at Risk.* Washington 2004, http://arts.gov/publications/reading-risk-survey-literary-reading-america-0 (letzter Zugriff 22.5.2019).

[8] National Endowment for the Arts (Hg.), *To Read or Not To Read.* Washington 2007, https://www.arts.gov/sites/default/files/ToRead.pdf (letzter Zugriff 22.5.2019).

[9] National Endowment for the Arts (Hg.), *Reading on the Rise.* Washington 2009, http://arts.gov/sites/default/files/ReadingonRise.pdf (letzter Zugriff 22.5.2019).

[10] The Save the Children Fund (Hg.), *Read On. Get On. How reading can help children escape poverty.* London 2014, https://literacytrust.org.uk/policy-and-campaigns/read-on-get-on/ (letzter Zugriff 22.5.2019).

[11] Ina V. S. Mullis / Michael O. Martin / Pierre Foy / Martin Hooper (Hg.): *PIRLS 2016 International Results in Reading.* Amsterdam 2017, https://eric.ed.gov/?id=ED580353 (letzter Zugriff 22.5.2019).

[12] Nicholas Carr, *The Shallows. What the Internet is Doing to Our Brain.* New York 2010.

[13] John Palfrey / Urs Gasser, *Born Digital. Understanding the First Generation of Digital Natives.* New York 2008.

[14] Stiftung Lesen (Hg.), *Lesen in Deutschland 2008. Eine Studie der Stiftung Lesen*, gefördert vom BMBF. Mainz 2008.

[15] Stiftung Lesen. Eine Studienreihe der Stiftung Lesen, https://www.stiftunglesen.de/forschung/forschungsprojekte/lesen-in-deutschland (letzter Zugriff 22.5.2019).

[16] Medienpädagogischer Forschungsverbund Südwest (Hg.), *KIM-Studien 2016. Kindheit, Internet, Medien.* Stuttgart 2017, https://www.mpfs.de/studien/kim-studie/2016/ (letzter Zugriff 22.5.2019).

[17] Zürcher Hochschule für Angewandte Wissenschaften (Hg.), *MIKE. Medien, Interaktion, Kinder, Eltern.* Zürich 2017, https://www.zhaw.ch/storage/psychologie/upload/forschung/medienpsychologie/mike/Bericht_MIKE-Studie_2017.pdf (letzter Zugriff 22.5.2019).

[18] Medienpädagogischer Forschungsverbund Südwest (Hg.), *JIM-Studien 2014. Jugend, Information, (Multi-)Media.* Stuttgart 2014, https://www.mpfs.de/fileadmin/files/Studien/JIM/2014/JIM_Studie_2014.pdf (letzter Zugriff 22.5.2019) und 2016, https://www.mpfs.de/studien/jim-studie/2016/ (letzter Zugriff 22.5.2019), bzw. Zürcher Hochschule für Angewandte Wissenschaften (Hg.), *JAMES 2018. Jugend, Aktivitäten, Medien – Erhebung Schweiz.* Zürich 2018, https://www.zhaw.ch/storage/psychologie/upload/forschung/medienpsychologie/james/2018/Ergebnisbericht_JAMES_2018.pdf (letzter Zugriff 22.5.2019).

[19] Julian Fraillon / John Ainley / Wolfram Schulz / Tim Friedman / Eveline Gebhardt (Hg.), *Preparing for Life in a Digital Age. The IEA International Computer and Information Literacy Study. International Report.* Heidelberg 2014.

[20] Z.B. Heinz Bonfadelli / Ulrich Saxer, *Lesen, Fernsehen und Lernen. Wie Jugendliche Medien nutzen und die Folgen.* Zug 1986; Heinz Bonfadelli / Angela Fritz, Lesen im Alltag von Jugendlichen. In: dies. / Renate Köcher: *Lesesozialisation. Bd. 2: Leseerfahrungen und Lesekarrieren.* Mit einer Synopse von Ulrich Saxer. Studien der Bertelsmann Stiftung. Gütersloh 1993, 10–213.

[21] Wilfried Bos et al. (Hg.), *IGLU-E 2006. Die Länder der Bundesrepublik Deutschland im nationalen und internationalen Vergleich. Zusammenfassung.* Münster 2008, 24 f. bzw. Wilfried Bos et al. (Hg.), *IGLU-E 2006. Die Länder der Bundesrepublik Deutschland im nationalen und internationalen Vergleich.* Münster 2008.

[22] Wilfried Bos et al. (Hg.), *IGLU 2011. Lesekompetenzen von Grundschulkindern in Deutschland im internationalen Vergleich.* Münster 2012, 14 f.

[23] Anke Hußmann et al. (Hg.), *IGLU 2016. Lesekompetenzen von Grundschulkindern in Deutschland im internationalen Vergleich.* Münster 2017.

[24] Stuart J. Ritchie / Timothy C. Bates, Enduring Links from Childhood Mathematics and Reading Achievement to Adult Socioeconomic Status. In: *Psychological Science* 24,7 (2013), 1301–1308. DOI: https://doi.org/10.1177/0956797612466268 (beschränkter Zugang).

[25] Hans Brügelmann, Entwicklung der Rechtschreibung und des Rechtschreibunterrichts. Ein Überblick über empirische Studien. In: *Grundschule aktuell* 124 (2013), 13–17 bzw. auch die Ergebnisse des National Early Literacy Panel seit 2002, http://lincs.ed.gov/earlychildhood/NELP/NELP09.html (letzter Zugriff 22.5.2019).

[26] Scholastic (Hg.), *Kids and Family Reading Report*, o. O. [7]2019, https://www.scholastic.com/readingreport/home.html (letzter Zugriff 22.5.2019).

[27] Amazon Presse, *Deutsche Kindle-Besitzer lesen mehr*, https://amazon-presse.de/dam/jcr:a7db1a69-6fec-4947–94de-ecc39823254a/Deutsche%20Kindle-Besitzer%20lesen%20mehr.pdf (letzter Zugriff 22.5.2019).

[28] Vgl. die E-Book-Studie des Börsenvereins des Deutschen Buchhandels, http://www.boersenverein.de/de/portal/E_Book_Studie/654136 (letzter Zugriff 22.5.2019).

[29] Kathryn Zickuhr / Lee Rainie, *A Snapshot of Reading in America in 2013.* Pew Research Center 2014, http://www.pewinternet.org/2014/01/16/a-snapshot-of-reading-in-america-in-2013/ (letzter Zugriff 22.5.2019).

[30] http://de.statista.com/themen/596/e-books/ (letzter Zugriff 22.5.2019).

[31] Anne Mangen / Bente R. Walgermo / Kolbjørn Brønnick, Reading linear texts on paper versus computer screen. Effects on reading comprehension. In: *International Journal of Educational Research* 58,1 (2013), 61–68. DOI: https://doi.org/10.1016/j.ijer.2012.12.002 (beschränkter Zugang); Jan M. Noyes / Kate J. Garland, Computer-

vs. paper-based tasks: Are they equivalent? In: *Ergonomics* 51,9 (2008), 1352–1375. DOI: https://doi.org/10.1080/00140130802170 387 (beschränkter Zugang).

[32] IfD Allensbach (Hg.), *Allensbacher Kurzbericht 3.7.2014. Allensbacher Markt- und Werbeträgeranalyse (AWA) 2014*, http://www.ifd-allensbach.de/uploads/tx_reportsndocs/PD_2014_11.pdf (letzter Zugriff 22.5.2019).

[33] Simone Benedetto et al., E-Readers and Visual Fatigue. In: *PLoS ONE* 8,12 (2013), e83676. DOI: https://doi.org/10.1371/journal.pone.0083676 (letzter Zugriff 22.5.2019).

[34] Matthew H. Schneps et al., E-Readers Are More Effective than Paper for Some with Dyslexia. In: *PLoS ONE* 8,9 (2013), e75634. DOI: https://doi.org/10.1371/journal.pone.0075634 (letzter Zugriff 22.5.2019).

[35] Lotta C. Larson, Digital Literacies e-Reading and e-Responding: New Tools for the Next Generation of Readers. In: *Journal of Adolescent & Adult Literacy* 53,3 (2009), 255–258.

[36] Pam A. Mueller / Daniel M. Oppenheimer, The Pen is Mightier Than the Keyboard: Advantages of Longhand Over Laptop Note Taking. In: *Psychological Science* 25,6 (2014), 1159–1168. DOI: https://doi.org/10.1177/0956797614524581 (beschränkter Zugang).

[37] Jessica Horst, Context and repetition in word learning. In: *Frontiers in Psychology* 4,149 (2013), 1–11. DOI: https://doi.org/10.3389/fpsyg.2013.00149 (letzter Zugriff 22.5.2019).

[38] Angela Nyhout / Daniela K. O'Neill, Mothers' complex talk when sharing books with their toddlers: Book genre matters. In: *First Language* 33,2 (2013), 115–131. DOI: https://doi.org/10.1177/014 2723713479438 (beschränkter Zugang).

[39] Julia Parish-Morris et al., Once Upon a Time: Parent-Child Dialogue and Storybook Reading in the Electronic Era. In: *Mind, Brain, and Education* 7,3 (2013), 200–211. DOI: https://doi.org/10.1111/mbe.12028 (beschränkter Zugang); Cynthia Chiong et al., *Comparing parent-child co-reading on print, basic, and enhanced e-book platforms*, The Joan Ganz Cooney Center Quick Report, 2012, https://joanganzcooneycenter.org/publication/quickreport-print-books-vs-e-books/ (letzter Zugriff 22.5.2019).

6. Das Ende des Literaturbetriebs wie wir ihn kannten

[1] Vgl. die Daten zum Unternehmen auf den Blogposts, https://company.wattpad.com/blog/2019/8/15/wattpad-announces-80-million-monthly-user-milestone (letzter Zugriff 22.5.2019).

[2] David Streitfeld, Web Fiction, Serialized and Social. In: *The New York Times* (23.3.2014), B1, http://www.nytimes.com/2014/03/24/technology/web-fiction-serialized-and-social.html?_r=0 (letzter Zugriff 22.5.2019).

[3] Vgl. bspw. Anna Todd, *After*. New York 2014, bzw. Anna Todd, *After passion*. Aus dem amerikanischen Englisch von Corinna Vierkant-Enßlin und Nicole Hölsken. München 2015 und den Blogpost https://company.wattpad.com/blog/2019/8/8/penguin-randomhouse-uk-collaborates-with-wattpad-books-to-bring-global-wattpad-hits-to-readers-in-the-uk (letzter Zugriff 22.5.2019).

[4] Vgl. Gerhard Lauer, Die Literatur, sie lebt! In: *Neue Zürcher Zeitung am Sonntag* (31.8.2019).

[5] Gesine Boesken, *Literarisches Handeln im Internet. Schreib- und Leseräume auf Literaturplattformen*. Konstanz 2010.

[6] Gerhard Lauer, Lyrik im Verein. Zur Mediengeschichte der Lyrik des 19. Jahrhunderts als Massenkunst. In: Steffen Martus / Stefan Scherer / Claudia Stockinger (Hg.), *Lyrik im 19. Jahrhundert. Gattungspoetik als Reflexionsmedium der Kultur*. Bern 2005, 183–204.

[7] Gayle Feldman, *Best and Worst of Times. The Changing Business of Trade Books, 1975–2002*. New York 2003.

[8] Vgl. Jordan Ellenberg, The Summer's Most Unread Books Is … In: *The Wall Street Journal* (3. Juli 2014), http://www.wsj.com/articles/the-summers-most-unread-book-is-1404417569 (letzter Zugriff 22.5.2019, eingeschränkte Verfügbarkeit).

[9] Ben Schwan, Der Spion im E-Book. In: *Heise online* (5.9.2012), http://www.heise.de/tr/artikel/Der-Spion-im-E-Book-1674068.html (letzter Zugriff 22.5.2019).

[10] https://bit.ly/2lJ5Kmw (letzter Zugriff 22.5.2019).

[11] http://www.lovelybooks.de/autor/Shilpi-Somaya-Gowda/Geheime-Tochter-951212442-w/rezension-987804841/ (letzter Zugriff 22.5.2019).

[12] Ebd.

[13] Felix Stalder, *Kultur der Digitalität*. Berlin 2016.

[14] Zitiert nach: Penguin Random House sieht das gedruckte Buch nicht am Ende. Messe eröffnet mit Rekordausstellerzahl. In: *Frankfurter Allgemeine Zeitung* (11.10.2017), 18.

[15] Vgl. die Wirtschaftszahlen des Börsenvereins des Deutschen Buchhandels 2014, http://www.boersenverein.de/sixcms/media.php/1117/Wirtschaftszahlen_2015_Druck.pdf (letzter Zugriff 22.5. 2019).

[16] Börsenverein des deutschen Buchhandels, *Buchmarkt 2016: Verlage und Buchhandlungen stabile Größen im Medienwandel*, https://www.boersenverein.de/de/portal/Presse/158382?presse_id=1321703 bzw. http://www.boersenverein.de/buchmarkt2016 (letzter Zugriff 22.5.2019).

[17] Michael Roesler-Graichen, Studie des Börsenvereins: Der Buchmarkt verliert vor allem jüngere Käufer, 18. Januar 2018. In: *Börsenblatt* (18.1.2018), https://www.boersenblatt.net/artikel-studie_des_boersenvereins.1422566.html (letzter Zugriff 22.5.2019).

[18] www.marahwoolf.com bzw. https://marahwoolf.com/du-musst-dir-schon-selbst-konfetti-in-dein-leben-pusten-hilfe-zur-selbstanalyse-der-deutschen-buchlandschaft/ (letzter Zugriff 22.5.2019).

[19] Vgl. die Website von Oliver Pötzsch, http://www.oliver-poetzsch.de und Holly M. Ward http://www.sexyawesomebooks.com (letzter Zugriff 22.5.2019).

[20] Sherwin Rosen, The Economics of Superstars. In: *American Economic Review* 71,5 (15.12.1981), 845–858.

[21] Michael Meisheit, Wird Selfpublishing schwieriger? In: *Michael Meisheit* (7.6.2015), http://michaelmeisheit.de/2015/06/07/wird-selfpublishing-schwieriger/ (letzter Zugriff 22.5.2019).

[22] Maximilian Probst / Kilian Trotier, Gigant ohne Geist. In: *Die Zeit* 35 (31.8.2012), http://www.zeit.de/2012/35/Verlag-Buchhaendler-Amazon/seite-6 (letzter Zugriff 22.5.2019).

[23] Detlef Bluhm (Hg.), *Bücherdämmerung. Über die Zukunft der Buchkultur*. Darmstadt 2014; Michael Hagner, *Zur Sache des Buches*. Göttingen 2015.

[24] Dan Nosowitz, A Penny for Your Books. In: *The New York Times Magazine* (26.10.2015), https://www.nytimes.com/2015/10/25/magazine/a-penny-for-your-books.html (letzter Zugriff 22.5.2019).

[25] Kai-Hinrich Renner / Simone Wermelskirchen, Literaturfestivals in Deutschland. Lesen und Lesen lassen. In: *Handelsblatt* (6.12.2015).

7. Mutmaßungen über die Zukunft von Buch und Lesen

[1] https://lessigforpresident.com (letzter Zugriff 22.5.2019).

[2] http://mcafee16.com (letzter Zugriff 22.5.2019).

[3] http://insidesearch.blogspot.de/2015/11/the-google-app-now-understands-you.html (letzter Zugriff 22.5.2019).

[4] Klint Finley, Tech Time Warp of the Week: WIRED's First Investor Predicts the Future at the First TED. In: *Wired* (20.3.2015), http://www.wired.com/2015/03/wireds-first-investor-speaks-first-ted/ (letzter Zugriff 22.5.2019).

[5] Max Roser, Literacy, In: *Published online at OurWorldInData.org,* (2015), https://ourworldindata.org/global-rise-of-education (letzter Zugriff 22.5.2019).

[6] www.nerdfighteria.com (letzter Zugriff 22.5.2019).

[7] Henning Lobin, *Engelbarts Traum. Wie der Computer uns Lesen und Schreiben abnimmt.* Frankfurt/M. 2014.

[8] https://storycorps.org (letzter Zugriff 22.5.2019).

[9] Jeffrey Schnapp, *Knowledge Design. Herrenhausen Lectures.* Hannover 2014.

[10] Adam D. I. Kramer / Jamie E. Guillory / Jeffrey T. Hancock, Experimental Evidence of Massive-Scale Emotional Contagion Through Social Networks. In: *Proceedings of the National Academy of Sciences* 111,24 (2014), 8788–8790. DOI: https://doi.org/10.1073/pnas.1320040111 (letzter Zugriff 22.5.2019). Eine Übersicht über die Kritik an Ethik und Validität des Experiments, http://laboratorium.net/archive/2014/06/30/the_facebook_emotional_manipulation_study_source (letzter Zugriff 22.5.2019).

[11] Elliot Harmon, Why Is Facebook Inspecting Your Private Videos?, Electronic Frontier Foundation. Defending Your Rights in the Digital World (17.11.2015), https://www.eff.org/deeplinks/2015/11/why-facebook-inspecting-your-private-videos (letzter Zugriff 22.5.2019).

[12] Joe Biden, The digital revolution could destroy the middle class. Davos 2016 auf dem World Economic Forum: *Mastering the Fourth Industrial Revolution,* https://www.weforum.org/agenda/2016/01/the-digital-revolution-could-destroy-the-middle-class-warns-joe-biden/ (letzter Zugriff 22.5.2019).

[13] World Economic Forum, *Industrial Internet of Things. Unleashing Potential of Connected Products and Services,* http://reports.weforum.org/industrial-internet-of-things/ (letzter Zugriff 22.5.2019).

[14] Jeffrey Masten / Peter Stallybrass / Nancy Vickers (Hg.), *Language Machines. Technologies of Literary and Cultural Production.* New York 1997.

[15] N. Katherine Hayles, How We Read: Close, Hyper, Machine. In: *ADE Bulletin* 150 (2010), 62–79.

[16] Philippe Wampfler, *Digitaler Deutschunterricht. Neue Medien produktiv nutzen.* Göttingen 2017.

[17] Erik Champion, *Playing with the Past.* London 2011.

[18] http://ovgrealestate.nl (letzter Zugriff 22.5.2019).

[19] http://www.undatarevolution.org/report/ (letzter Zugriff 22.5.2019).

[20] https://www.weforum.org/events/world-economic-forum-annual-meeting-2015/sessions/future-digital-economy (letzter Zugriff 22.5.2019).

[21] Ray Kurzweil, *How to Create a Mind. The Secret of Human Thoughts Revealed.* New York 2012.

[22] Marc Goodman, *Future Crimes. Everything is Connected, Everyone is Vulnerable and What We Can Do About it.* New York 2015.

[23] Marc Goodman / Andrew Hessel, The Bio-crime Prophecy. DNA Hacking the Biggest Opportunity Since Cyber Attacks. In: *Wired* (28.5.2013), http://www.wired.co.uk/magazine/archive/2013/06/feature-bio-crime/the-bio-crime-prophecy (letzter Zugriff 22.5.2019).

[24] Elizabeth Dwoskin, Microsoft's Satya Nadella, For One. Welcomes Our New AI Overlords. In: *Digits. Tech News & Analysis From the WSJ* (13.11.2015), http://blogs.wsj.com/digits/2015/11/13/microsofts-satya-nadella-for-one-welcomes-our-new-ai-overlords/ (beschränkter Zugriff).

[25] Staff Writer (The Drum): IBM Watson & The Drum team up for first magazine edited with AI. In: *The Drum* (15.6.2015), http://www.thedrum.com/news/2016/06/15/ibm-watson-drum-team-first-magazine-edited-ai (letzter Zugriff 22.5.2019).

[26] Sam Hill, A Neural Network Wrote the Next ‚Game of Thrones‘ Book Because George R. R. Martin Hasn't. In: *Motherboard. Tech by Vice* (28.8.2017), https://motherboard.vice.com/en_us/article/evvq3n/game-of-thrones-winds-of-winter-neural-network (letzter Zugriff 22.5.2019).

[27] World Economic Forum, *Creative Disruption. The impact of emerging technologies on the creative economy* (Februar 2018), http://www3.weforum.org/docs/39655_CREATIVE-DISRUPTION.pdf oder *The Future of Jobs Report 2018*, https://www.weforum.org/reports/the-future-of-jobs-report-2018; Bank of America, *Creative

Disruption   (30.4.2015),   https://robo-hunter.com/uploads/files/ 567d305f9f453.pdf (letzter Zugriff 22.5.2019).

[28] Mara Hvistendahl, Inside China's Vast New Experiment in Social Ranking. In: *Wired* (14.12.2017), https://www.wired.com/story/age-of-social-credit/ (letzter Zugriff 22.5.2019).

[29] Ikuesan Richard Adeyemi / Shukor Abd Razak / Mazleena Salleh, Understanding Online Behavior. Exploring the Probability of Online Personality Trait Using Supervised Machine-Learning Approach. In: *Frontiers in ICT* 3,8 (31.3.2016). DOI: http://dx.doi.org/10.3389/fict. 2016.00008 (letzter Zugriff 22.5.2019).

[30] Julia Greenberg, Behind Uber and Lyft, the Gig Economy is Growing. In: *Wired* (29.7.2015), http://www.wired.com/2015/07/behind -uber-lyft-gig-economy-growing/ (letzter Zugriff 22.5.2019).

[31] Cass Sunstein, *Republic.com*. Boston 2001.

[32] Cathy O'Neil, *Weapons of Math Destruction. How Big Data Increases Inequality and Threatens Democracy*. New York 2016, vgl. auch ihren Blog www.mathbabe.org (letzter Zugriff 22.5.2019).

[33] Kate Crawford, Can an Algorithm be Agonistic? Ten Scenes from Life in Calculated Publics. In: *Science, Technology & Human Values*, 41,1 (2016), 77–92. DOI: https://doi.org/10.1177%2F016224391558 9635 (beschränkter Zugriff) bzw. Kate Crawford, The Anxieties of Big Data. In: *The New Inquiry* (30. Mai 2014), https://thenew inquiry.com/the-anxieties-of-big-data/ (letzter Zugriff 22.5.2019).

[34] Harald Welzer, *Die smarte Diktatur. Der Angriff auf unsere Freiheit*. Frankfurt/M. 2016.

[35] Liang Jun, China's First Intelligent Security Robot Debuts in Chongjing. In: *People's Daily Online* (26.4.2016), http://en.people. cn/n3/2016/0426/c90000–9049431.html (letzter Zugriff 22.5.2019).

[36] Vladislav Biryukov, Ihr Gesicht kann nicht ausgetauscht werden. In: *Kaspersky lab Daily* (22.4.2016), https://blog.kaspersky.de/ findface-experiment/7505/ (letzter Zugriff 22.5.2019).

[37] Gary King / Jennifer Pan / Margaret E. Roberts, Reverse-Engineering Censorship in China. Randomized Experimentation and Participant Observation. In: *Science* 345,6199 (2014), 1–10. DOI: https://doi.org/10.1126/science.1251722 (beschränkter Zugriff); außerdem Gary King / Jennifer Pan / Magaret E. Roberts, How the Chinese Government Fabricates Social Media Posts for Strategic Distraction, not Engaged Argument. In: *American Political Science Review* 111,3 (2017), 484–501. DOI: https://doi.org/10.1017/S00030 55417000144 (letzter Zugriff 22.5.2019).

[38] Vgl. Alec Ross, *The Industries of the Future*. New York 2016.

[39] Adriaan van der Weel, *Changing our Textual Minds. Towards a Digital Order of Knowledge*. Manchester 2011.

[40] Marcella Atzori, Blockchain Technology and Decentralized Governance: Is the State Still Necessary? In: *Social Science Research Network* (1.12.2015). DOI: http://dx.doi.org/10.2139/ssrn.2709713 (letzter Zugriff 22.5.2019).

[41] Felix Stalder, *Kultur der Digitalität*. Berlin 2016; Clay Shirky, *Here Comes Everybody. The Power of Organizing Without Organizations*. New York 2008.

[42] Helen Margetts / Peter John / Scott Hale / Taha Yasseri, *Political Turbulence. How Social Media Shape Collective Action*. New York 2015; R. Ali / J. Barrdear / R. Clews / J. Southgate, The Economics of Digital Currencies. In: *Bank of England Quarterly Bulletin* 54,3 (2014), 276–86.

[43] Merve Alanyali / Tobias Preis / Helen S. Moat, Tracking Protests Using Geotagged *Flickr* Photographs. In: *PLoSONE* 11,3 (2016), e0150466. DOI: https://doi.org/10.1371/journal.pone.0150466 (letzter Zugriff 22.5.2019).

[44] Mohamed ElBaradei, Wael Ghonim. Spokesman for a Revolution. In: *Time Magazin. The 2011 Time 100* (21.4.2011), http://content.time.com/time/specials/packages/article/0,28804,2066367_2066369_2066437,00.html (letzter Zugriff 22.5.2019).

[45] Jordan Robertson / Michael Riley / Andrew Willis, How to Hack an Election. Andrés Sepúlveda rigged elections throughout Latin America for almost a decade. He tells his story for the first time. In: *Bloomberg Businessweek* (31.3.2016), http://www.bloomberg.com/features/2016-how-to-hack-an-election/ (letzter Zugriff 22.5.2019).

[46] Wael Ghonim, Let's Design Social Media that Drives Real Change. In: *TEDGlobal>Geneva*, https://www.ted.com/talks/wael_ghonim_let_s_design_social_media_that_drives_real_change/transcript?language=en#t-562276 (letzter Zugriff 22.5.2019).

[47] Philip N. Howard, Let's Build Pro-Democracy Twitter Bots. In: *Slate* (31.12.2012), http://www.slate.com/blogs/future_tense/2012/12/31/twitter_bots_for_democracy_could_combat_authoritarian_governments_50_cent.html (letzter Zugriff 22.5.2019); vgl. auch Samuel Woolley / Phil Howard, Bots Unite to Automate the Presidential Election. In: *Wired Business* (15.5.2016), https://www.wired.com/2016/05/twitterbots-2/ (letzter Zugriff 22.5.2019).

[48] *Connecting the World with Better Maps. Data-Assisted Population Distribution Mapping*, https://fbinternetorg.files.wordpress.com/20

16/02/population_density_final_mj2_ym_tt2113.pdf (beschränkter Zugriff).

[49] Steven J. Cooke / Scott G. Hinch / Martin Wikelski / Russel D. Andrews / Louise J. Kuchel / Thomas G. Wolcott / Patrick J. Butler, Biotelemetry: a mechanistic approach to ecology. In: *TRENDS in Ecology and Evolution* 19,6 (2004), 334–343. DOI: https://dx.doi.org/10.1016/j.tree.2004.04.003 (beschränkter Zugriff).

[50] Adam Mann, Core Concept: Computational social science. In: *Proceedings of the National Academy of Sciences of the United States of America* 113,3 (2016), 468–470. DOI: https://doi.org/10.1073/pnas.1524881113 (letzter Zugriff 22.5.2019).

[51] Alex Pentland, *Social Physics. How Good Ideas Spread. The Lessons from the New Science.* New York 2014.

[52] T. Franklin Waddell, S. Shyam Sundar, Joshua Auriemma, Can Customizing an Avatar Motivate Exercise Intentions and Health Behaviors Among Those with Low Health Ideals? In: *Cyberpsychology, Behavior, and Social Networking* 18,11 (2015), 687–690. DOI: https://doi.org/10.1089/cyber.2014.0356 (beschränkter Zugriff).

[53] http://www.msxiaoice.com (letzter Zugriff 22.5.2019).

[54] Yongdong Wang, Your Next Best Friend Might be a Robot. In: *Nautilus* (4.2.2016), http://nautil.us/issue/33/attraction/your-next-new-best-friend-might-be-a-robot (letzter Zugriff 22.5.2019).

[55] Mark O. Riedl / Brent Harrison, Using Stories to Teach Human Values to Artificial Agents, *AAAI Papers*, http://www.cc.gatech.edu/~riedl/pubs/aaai-ethics16.pdf (letzter Zugriff 22.5.2019).

[56] Alex Kantrowitz, Google is Feeding Romance Novels to its Artificial Intelligence Engine to Make its Products More Conversational. In: *BuzzFeed* (4.5.2016), https://www.buzzfeed.com/alexkantrowitz/googles-artificial-intelligence-engine-reads-romance-novels?utm_term=.apEK1YlEx#.bvQbWVQwG (letzter Zugriff 22.5.2019).

[57] Microsoft Research, Holoportation, http://research.microsoft.com/en-us/projects/holoportation/default.aspx (letzter Zugriff 22.5.2019).

[58] Manfred Furger, Bibliotheken: Weg damit! In: *Neue Züricher Zeitung* (7.2.2016), http://www.nzz.ch/nzzas/nzz-am-sonntag/bibliotheken-weg-mit-den-buechern-interview-rafael-ball-eth-ld.5093 (beschränkter Zugriff).

[59] Letter of Ms. Alexandra Elbakyan to Judge Robert W. Sweet, zitiert nach Michael Rosenwald, This Student put 50 Million Research Articles Online. In: *Washington Post* (30. März 2016), https://www.washingtonpost.com/local/this-student-put-50-million-stolen-

research-articles-online-and-theyre-free/2016/03/30/7714ffb4-eaf7-11e5-b0fd-073d5930a7b7_story.html (letzter Zugriff 22. 5. 2019).

[60] *Nature*'s 10. Ten people who mattered this year. In: *Nature* 540,7634 (19. 12. 2016), http://www.nature.com/news/nature-s-10-1. 21157#/elbakyan (letzter Zugriff 22. 5. 2019).

[61] United States Department of Justice, *Alleged Hacker Charged with Stealing over Four Million Documents From MIT Network*, https://web.archive.org/web/20120526080523/http://www.justice.gov/usao/ma/news/2011/July/SwartzAaronPR.html (letzter Zugriff 22. 5. 2019).

[62] *Green Gables Fables*, https://twitter.com/ggfables (letzter Zugriff 22. 5. 2019) bzw. https://anneofgreengables.fandom.com/wiki/Green _Gables_Fables (letzter Zugriff 22. 5. 2019).

[63] Reif Larsen, *Entrances and Exits*. 2016, https://play.google.com/store/books/details/Reif_Larsen_Entrances_Exits?id=p_taCwAAQB AJ (letzter Zugriff 22. 5. 2019).

[64] Iain Pears, Why You Need an App to Understand my Novel. In: *The Guardian* (20. 8. 2015), http://www.theguardian.com/books/20 15/aug/20/novel-use-for-app-iain-pears-arcadia (letzter Zugriff 22. 5. 2019).

[65] The Reader, http://www.thereader.org.uk/ (letzter Zugriff 22. 5. 2019); vgl. auch Blake Morrison, The Reading Cure. In: *The Guardian* (5. 1. 2008), http://www.theguardian.com/books/2008/jan /05/fiction.scienceandnature (letzter Zugriff 22. 5. 2019); Centre for Research into Reading, Literature and Society, University of Liverpool, https://www.liverpool.ac.uk/humanities-social-sciences-health -medicine-technology/reading-literature-and-society/ (letzter Zugriff 22. 5. 2019).

[66] Joe Lambert, *Digital Storytelling. Capturing Lives, Creating Community.* New York 2002.

[67] Adrian Chen, The Laborers Who Keep Dick Pics and Beheadings out of Your Facebook Feed. In: *Wired* (23. 10. 2014), http://www. wired.com/2014/10/content-moderation/ (letzter Zugriff 22. 5. 2019).

[68] Axel Bruns, *Are Filter bubbles Real?* Cambridge 2019.

[69] Seth Flaxman / Sharad Goel / Justin Rao, Filter Bubbles, Echo Chambers, and Online News Consumption. In: *Public Opinion Quarterly* 80, S1 (2016), 298–320. DOI: https://doi.org/10.1093/poq/nfw006 (beschränkter Zugriff).

[70] Eytan Bakshy / Solomon Messing / Lada Adamic, Exposure to ideologically diverse news and opinion on Facebook. In: *Science*

348,6239 (2015), 1130–1132. DOI: https://doi.org/10.1126/science. aaa1160 (beschränkter Zugriff).

[71] Edward Snowden, Governments can reduce our dignity to that of tagged animals. In: *The Guardian* (3.5.2016), http://www.the guardian.com/us-news/2016/may/03/edward-snowden-assassination -complex-governments-tagged-animals-drone-warfare-whistle blower (letzter Zugriff 22.5.2019) bzw. sein Vorwort zu Jeremy Scahill, *The Assassination Complex. Inside the Government's Secret Drone Warfare Programme.* New York 2016.

[72] Arjen Stolk / Lennart Verhagen / Ivan Toni, Conceptual Alignment. How Brains Achieve Mutal Understanding. In: *Trends in Cognitive Sciences* 20,3 (2016), 180–191. DOI: https://doi.org/10.10 16/j.tics.2015.11.007 (beschränkter Zugriff); vgl. auch Reinhard Sprenger, *Radikal digital. Weil der Mensch den Unterschied macht.* München 2018.

[73] Wendell Wallach / Colin Allen, *Moral Machines. Teaching Robots Right from Wrong.* Oxford 2008, vgl. auch deren Blog http:// moralmachines.blogspot.de/ (letzter Zugriff 22.5.2019).

[74] Volodymyr Mnih et al. (2015), Human-level control through deep reinforcement learning. In: *Nature* 518, 529–533. DOI: https://doi. org/10.1038/nature14236 (beschränkter Zugriff).

[75] Nick Bostrom, *Superintelligence. Paths, Dangers, Strategies.* Oxford 2014.

[76] Amy Mitchell, Galen Stocking, Katerina E. Matsa, *Long-Form Reading Shows Signs of Life in Our Mobile News World.* Pew Research Center, 202.419.4372, https://www.journalism.org/2016/05/05/long-form-reading-shows-signs-of-life-in-our-mobile-news-world/ (letzter Zugriff 22.5.2019).

[77] Adriaan van der Weel, *Changing our textual minds. Towards a digital order of knowledge.* Manchester 2011.

[78] Michael Pilz, Zum Status der Rezension im deutschen Feuilleton. Versuch einer Bilanz in Kurven und Balken. In: *www.literaturkritik. at* (1.2.2016), https://www.uibk.ac.at/literaturkritik/zeitschrift/138 6022.html (letzter Zugriff 22.5.2019).

[79] Somers, James: Torching the Modern-Day Library of Alexandria. In: *The Atlantic* (20. April 2017), https://www.theatlantic.com/ technology/archive/2017/04/the-tragedy-of-google-books/523320/ The Atlantic (letzter Zugriff 10.10.2019).

[80] Léveillé Gauvin, Drawing Listener Attention in Popular Music. Testing Five Musical Features Arising from the Theory of Attention

Economy. In: *Musicae Scientiae* 22,3 (2018), 291–304. DOI: https://doi.org/10.1177%2F1029864917698010 (beschränkter Zugriff).

[81] Michael Bhaskar, *Curation. The Power of Selection in a World of Excess*. London 2016.

[82] Steven Johnson, The Creative Apocalypse That Wasn't. In: *The New York Times Magazine* (19. 8. 2015), http://www.nytimes.com/2015/08/23/magazine/the-creative-apocalypse-that-wasnt.html?utm_content=buffer485c0&utm_medium=social&utm_source=twitter.com&utm_campaign=buffer&_r=1 (letzter Zugriff 22. 5. 2019).

8. Die digitale Verbürgerlichung des Lesens

[1] Cramer, Florian, What Is ‚Post-digital'? In: David Berry, Michael Dieter (Hg.), *Postdigital Aesthetics. Art, Computation and Design*. New York 2015, 12–26.

[2] Marshall McLuhan / Quentin Fiore, *The Medium is the Massage [!]. An Inventory of Effects*. Berkeley 1967.

[3] Reuters Institute / University of Oxford, Digital News Report, http://www.digitalnewsreport.org/ (letzter Zugriff 22. 5. 2019).

[4] Andrew Geuss et al., Fake News, Facebook Ads, and Misperceptions. Assessing Information Quality in the 2018 U.S. midterm Election Campaign, http://www.dartmouth.edu/~nyhan/fake-news-2018.pdf (letzter Zugriff 22. 5. 2019), vgl. auch David Lazer et al., The Science of Fake News. In: *Science* 359,6380 (2018), 1094–1096. DOI: https://doi.org/10.1126/science.aao2998 (letzter Zugriff 22. 5. 2019).

[5] Robert Darnton, *Literaten im Untergrund. Schreiben und Publizieren im vorrevolutionären Frankreich*. München 1985.

[6] Andrew Przybylski / Netta Weinstein, A Large-Scale Test of the Goldilocks Hypothesis. Quantifying the Relations Between Digital-Screen use and the Mental Well-Being of Adolescents. In: *Psychological Science* 28,2 (2017), 204–215. DOI: https://doi.org/10.1177%2F0956797616678438 (beschränkter Zugriff).

[7] Allen Lau, The Master Plan. In: *Wattpad* (30. 11. 2016), https://company.wattpad.com/blog/2016/11/30/the-master-plan (letzter Zugriff 22. 5. 2019).

FSC
www.fsc.org
MIX
Papier | Fördert
gute Waldnutzung
FSC® C083411

Zeitfracht Medien GmbH
Ferdinand-Jühlke-Straße 7
99095 Erfurt, Deutschland
produktsicherheit@kolibri360.de